beck'sche reihe

bsr

Das Individuum ist das Element der vom Menschen erfahrenen Welt. Es gibt die Struktur vor, in der sich der Mensch nicht nur notwendig selbst versteht, sondern auf die er alles zu beziehen hat, was ihm überhaupt verständlich sein soll. Die Individualität verlangt somit eine metaphysische Betrachtung, die den ganzen Horizont der Welterfahrung abschreitet. Dabei zeigt sich, dass Weltdeutung nur auf dem Wege der Selbstauslegung möglich ist. Es ist die Selbstauslegung eines Wesens, das ursprünglich und durchgängig mit seiner Welt verbunden ist. (Aus der *Einleitung*)

Volker Gerhardt, geb. 1944, ist Professor für Philosophie an der Humboldt-Universität zu Berlin. Er hat zahlreiche Werke zur Rechts- und Staatsphilosophie, Ethik und Ästhetik vorgelegt, darunter zuletzt „Selbstbestimmung. Das Prinzip der Individualität“ (1999). Bei C. H. Beck ist von ihm erschienen „Friedrich Nietzsche“ (Reihe Denker, ^{3}1999).

Volker Gerhardt

Individualität

Das Element der Welt

Verlag C. H. Beck

Die Deutsche Bibliothek – CIP-Einheitsaufnahme

Volker Gerhardt:
Individualität / Das Element der Welt / Volker Gerhardt. –
Orig.-Ausg., – München : Beck, 2000
(Bech'sche Reihe ; 1381)
ISBN 3 406 45921 8

Originalausgabe
ISBN 3 406 45921 8

Umschlagentwurf: +malsy, Bremen

Satz: Fotosatz Janß, Pfungstadt
Druck und Bindung: C. H. Beck'sche Buchdruckerei, Nördlingen
Printed in Germany

www.beck.de

Inhalt

Vorwort

Zukunft hat nur, wer sie mit seinen Hoffnungen füllt. Davon lässt die Zukunft, die sich die Menschheit gegenwärtig einräumt, nicht viel erkennen. Das Unbehagen in und an der Kultur ist so groß, dass sich kaum noch einer Künftiges auszumalen erlaubt, das nicht aus einer prolongierten Katastrophe besteht.

Niemand weiß, was die Zukunft bringt. Aber wir versagen vor unserer eigenen Gegenwart, wenn wir ihr keine positiven Effekte mehr zugestehen. Es gibt Autoren, die sich bewusst in Schweigen hüllen, weil sie sich angesichts der erwarteten Veränderungen bereits als völlig antiquiert erleben. Sie halten sich für Nachfahren des 18. Jahrhunderts und meinen schon am Ende des 20. Jahrhunderts, sie seien hoffnungslos veraltet. Und wenn sie dann doch ihr Schweigen brechen, reden sie wie Kassandra und schreiben über das 21. wie der Autor des Frankenstein über das 20. Jahrhundert.

Gegen ein Gefühl kann man schlecht argumentieren, erst recht nicht gegen ein Lebensgefühl. Vielleicht aber hilft es, wenn man darauf aufmerksam macht, dass der Mensch des 20. Jahrhunderts gar nicht so modern ist, wie er glaubt. Die Moderne überschätzt sich auch darin, dass sie vorgibt, einen neuen Menschen geschaffen zu haben. Tatsächlich hat sie nur den Typus profiliert, der schon die Antike prägte. Dort tritt uns das sich selbst bestimmende Individuum erstmals in vollem Selbstbewusstsein entgegen, und es spricht wenig dafür, dass die Individualität erst im Athen des 5. vorchristlichen Jahrhunderts entstanden ist. Schon Homer besingt in der *Odyssee* ein mit allen Facetten der Subjektivität ausgestattetes Individuum, und es gibt Hinweise auf Vorläufer des Helden in Mesopotamien, Ägypten und Israel.

Aber selbst wenn erst Athen die Wiege des modernen Menschen gewesen wäre, hätte er bis heute eine beachtliche Geschichte hinter sich. Sie hat ihn Veränderungen unterworfen, die er keineswegs bloß einfach überstanden hat: In einer Entwicklung, von der gewiss niemand auch nur einen kleinen Abschnitt wiederholen möchte, hat sich der Mensch eine Lebensform gegeben, mit der er zwar nie zufrieden ist, die er aber gegen keinen früheren Zustand wirklich eintauschen möchte.

Der Mensch ist also viel älter, viel robuster, viel entwicklungsfähiger und – mitten im Schrecken der Welt – viel zufriedener, als er glaubt. Wenn er sich heute darin gefällt, wenigstens ein vollkommener Versager der Zukunft zu sein, dann spinnt er sich nur selbstgefällig in die Rousseauismen und Romantizismen des 18. und 19. Jahrhunderts ein. Dann spielt er mit der Distanz zur Aufklärung, zur Wissenschaft, zur Technik und zur modernen Zivilisation. Das bringt den Genuss ästhetischer Erfahrungen, die natürlich niemand missen möchte. Aber wo und wann hätte die ästhetische Kulturkritik mit ihren Prognosen jemals Recht gehabt?

Im vorliegenden Buch werden keine Prognosen gemacht. Es ist darauf beschränkt, die Verfassung des Menschen zu beschreiben und seine Stellung im Zusammenhang des Lebens auszuloten. Das ist ein Vorhaben, für das man keine anderen Motive braucht als das der Erkenntnis. Aber mit der Erkenntnis treten die Bedingungen und Ziele des menschlichen Daseins stärker hervor. Gesetzt, sie sind nur annähernd so, wie in diesem Buch skizziert, dann geben sie auch eine Perspektive für das menschliche Handeln vor. Dann haben Individualität und die ihr notwendig zugehörende Humanität nicht nur eine uns immer noch herausfordernde Vergangenheit, sondern auch eine Zukunft, die uns das Beste abverlangt.

In der *Selbstbestimmung* habe ich das *Prinzip* der Individualität zu erfassen und in seiner Bedeutung für das Handeln des Menschen kenntlich zu machen versucht.* Dabei blieb bewusst offen, was eigentlich unter *Individualität* zu verstehen ist. Denn das Individuum stellt uns vor eine Reihe grundlegender Probleme, die nicht beiläufig behandelt werden können. Sie sollen hier erörtert werden. Es ist in einem vergleichsweise schmalen Buch aber nicht möglich, das Thema erschöpfend zu bearbeiten. Deshalb soll schon die Form des Textes kenntlich machen, dass er nur eine *Skizze* ist. Die systematische Ausführung des Vorhabens dürfte die Kräfte eines Einzelnen ohnehin übersteigen. Gleichwohl habe ich die Absicht,

* Selbstbestimmung. Das Prinzip der Individualität, Stuttgart 1999. Die Verweise auf diesen Text erfolgen unter Angabe der arabischen Ziffer für Kapitel und Abschnitt (z. B. 3.9).

die in den sieben Kapiteln umrissenen Probleme in nächster Zukunft eingehender zu behandeln.

Mein Dank gilt den Hörern meiner Vorlesung im Sommer 1999, die sich eine kurzfristige Themenänderung und eine von Woche zu Woche zunehmende Ausweitung des Gedankens gefallen ließen. Ohne ihre geduldige Aufmerksamkeit hätte der Text nicht entstehen können. Für wertvolle Mitarbeit habe ich Jacqueline Karl, Nicole Krull, Steffi Schadow, Norbert Herold, Reinhard Mehring und Hector Wittwer zu danken.

Berlin, den 25. Mai 2000 *Volker Gerhardt*

Einleitung:
Das Individuum und seine Welt

Philosophieren heißt,
„die Wahrheit und uns selbst
auf die Probe stellen."

(Platon, *Protagoras* 348 a)

1 *Kein Paradigmenwechsel.* Die Moderne lebt von Anfang an aus einer habituellen Selbstüberschätzung. Um ihre Progressivität plausibel zu machen, muss sie die Antike als naiv und harmonistisch disqualifizieren, obwohl sie so gut wie alles, was sie zur eigenen Profilierung nutzt, aus eben dieser Antike bezieht. Natürlich gibt es Unterschiede: Die Neuzeit radikalisiert das durch die Renaissance wieder belebte Erbe; sie ist der epochal gewordene Extremismus. Die sich fortlaufend selbst überbietende Moderne treibt alles auf die Spitze, auf der sich natürlich nur schlecht leben lässt. So beschleunigt sich die Hektik der Geschichte selbst.

Unter diesen Bedingungen kommt es darauf an, die intellektuelle Kontinuität über zweieinhalbtausend Jahre hinweg bewusst zu machen. Das könnte uns wirksamer vor Diagnosen schützen, wie sie vorvorgestern die Debatte über die so genannte Postmoderne, vorgestern die Suche nach einer „zweiten Moderne" und gestern die allseitige Erregung über das angebliche Ende der Humanität bestimmten. Der Gewinn eines die Jahrtausende überspannenden Epochenbewusstseins liegt vor allem darin, dass wir erkennen, wie alt die uns heute bedrängenden Probleme sind. Das erlaubt uns nicht nur, gelassener mit ihnen umzugehen: Wir können auch auf Lösungsverfahren setzen, die schon eine Tradition der Erprobung mitsamt einer bemerkenswerten Theoriegeschichte hinter sich haben.

Das gilt vor allem für die Probleme der menschlichen Selbstbeziehung. Es zeugt von extremer Kurzsichtigkeit, wenn bis heute die Ansicht vertreten wird, die Subjektivität sei erst mit dem cartesischen Zweifel in die Welt gekommen. Wer glaubt, das Selbstbewusstsein habe sich mit dem „Ich denke“ Kants konstituiert, der kann auch leicht der Illusion verfallen, das Konstrukt dieser Einheit sei mit der romantischen Verzweiflung über die aufgeklärte Vernunft bereits wieder verloren gegangen. Und wer immerhin so weit geht, die Entstehung der Subjektivität mit der Intimität der Augustinischen Gottesbeziehung beginnen zu lassen, der sieht ihr Ende mit dem angeblichen Tode Gottes besiegelt.

Doch Diagnosen dieser Art sind kaum mehr als intellektueller Reformations- und Revolutionsersatz. Die ersten Deklarationen über das Ende des Subjekts kamen von abtrünnigen Theologen, die ihren trivialen Unglauben geschichtsphilosophisch zu legitimieren suchten. Im zwanzigsten Jahrhundert folgten dann die ausgerechnet von der Politik ins Abseits gestellten Marxisten, die um jeden Preis eine neue Epoche wollten und die sich bis heute in der Erfindung neuer Paradigmen überbieten. Doch wer wirklich radikal denken will, sollte nicht zu viel von der Geschichte reden. Und wer eine Epoche sucht, die bis heute nicht überwunden ist, braucht nur auf die Antike zurückzugehen.

2 *Revision der Moderne.* Nachdem wir es nicht mehr nötig haben, uns als modern auszuzeichnen, können wir den uns überlieferten Zusammenhang gelassen überblicken und ohne epochale Ansprüche allein auf den Erkenntnisgewinn in der Sache achten. Wir nehmen die alten Fragen der Metaphysik wieder auf, ohne uns erneut um das Geschwätz über ihr angebliches Ende zu kümmern. Wir greifen einen aktuellen Topos, den der Individualität, heraus und zeigen, dass er schon immer unverzichtbar war – spätestens seit sich die Menschen schriftlich über die Ansprüche und Ziele ihres Handelns verständigen. Wir lassen eine Reihe eingefleischter Überzeugungen des neuzeitlichen Denkens nicht länger gelten; dies aber nicht, weil wir den nächsten Paradigmenwechsel nicht abwarten können, sondern weil diese Überzeugungen der Problemlage des menschlichen Daseins nicht angemessen sind.

Das gilt beispielsweise von der heute allgemein geteilten Überzeugung von der Subjektivität des Selbstbewusstseins; es gilt von der These, der zufolge Sein und Sollen in jedem Fall strikt geschieden sind; es trifft auf die kategoriale Trennung von Poiesis und Praxis zu, die sich heute in vielen Schattierungen wiederholt und ein angemessenes Verhältnis zum Leben, zum Handeln und zur

Technik nicht aufkommen lässt; es berührt das Verhältnis von Körper und Geist, von Wille und Vernunft, von Person und Institution sowie von Besonderem und Allgemeinem; es gilt von der Relation des Ganzen zu seinem Teil – mit allem, was daraus für die Bedeutung von Symbol und Repräsentation folgt. Es tangiert das moralische Selbstverhältnis des Menschen, dem auch noch im „Diskurs der Moderne" zugemutet wird, von sich und seinen eigenen Ansprüchen abzusehen, wenn er als „gut" oder „gerecht" gelten können soll.

Schließlich berührt es die Selbstversicherung des Menschen durch eine Instanz, die ihm unendlich überlegen und dennoch verwandt sein muss, um seinem Dasein eine durch nichts Endliches eingeschränkte Bedeutung zu verleihen. Schon Sokrates war der Ansicht, dass es gute Gründe gebe, dieser Instanz den „Namen Gottes" zu lassen (*Phaidros* 229c/d). Einen besseren Ausdruck haben wir, so scheint mir, bis heute nicht.

3 *Die empirische Realität als der einzige metaphysische Ort des Menschen.* Das Individuum ist das Element der vom Menschen erfahrenen Welt. Es gibt die Struktur vor, in der sich der Mensch nicht nur notwendig selbst versteht, sondern auf die er alles zu beziehen hat, was ihm überhaupt verständlich sein soll. Die Individualität verlangt somit eine metaphysische Betrachtung, die den ganzen Horizont der Welterfahrung abschreitet. Dabei zeigt sich, dass Weltdeutung nur auf dem Wege der Selbstauslegung möglich ist. Es ist die Selbstauslegung eines Wesens, das ursprünglich und durchgängig mit seiner Welt verbunden ist.

Der weit reichende sachliche Anspruch der Überlegung zielt darauf, den bis heute in allen Spielarten des Holismus, der Hermeneutik und der Transzendentalphilosophie nachwirkenden Idealismus zu überwinden. Die Welt ist ein realer Zusammenhang, in den wir – als handelnde und erkennende Wesen – durchgängig und vollständig eingebunden sind. Folglich ist der *empirische Realismus* die einzig angemessene Form der theoretischen Erschließung der Welt.

Auch unsere geistigen Leistungen haben ihre Bedeutung nur im Einsatz unter den realen Konditionen der menschlichen Welt. Deshalb nimmt man dem Geist nichts von seiner Bedeutung, wenn man die empirische Realität als den einzigen metaphysischen Ort benennt, an dem er überhaupt zur Geltung kommen kann. Das hat nichts mit einer Reduktion auf physikalische Gesetzmäßigkeiten zu tun. Durch sie würde der Geist zur natürlichen Wirkung natürlicher Ursachen – und wäre bereits dadurch in seiner Eigenart verkannt. Der Intellekt hat eine irreduzible Sonderstellung im Dasein des Menschen. Doch er hat sie allein durch die *Funktion*, die er darin wahrnimmt. Er lässt sich somit nur im begrifflich vollzogenen Lebenszusammenhang verstehen – und dies auch nur durch jene, die *selbst* über Geist verfügen. Für Seele und Vernunft, Selbst und Selbstbewusstsein gilt das entsprechend. Und alle diese Leistungen setzen die an uns selbst erfahrene Individualität voraus.

4 *Idealismus der Praxis.* Durch den auf alle faktischen Elemente des Daseins ausgedehnten empirischen Realismus wird der Idealismus nicht völlig obsolet. Zwar können wir auf den von Kant so genannten transzendentalen Idealismus verzichten, weil es gar keinen ontologischen Anlass gibt, die angebliche Kluft zwischen Subjekt und Objekt zu überbrücken. Denn wir sind mit unseren Begriffen ursprünglich bei den Dingen, die es zu begreifen gilt. Doch der Idealismus bleibt unverzichtbar, wenn es gilt, den Abstand zwischen gegenwärtigem Wissen und künftigem Erfolg nach unserem Maß zu messen. Das ist nötig, wann immer wir *handeln.* Da die Zukunft unserem Wissen notwendig Schranken setzt, brauchen wir Ideen und Ideale, um die temporale Asymmetrie des theoretischen Wissens auszugleichen.

Schon im Erkennen organisieren wir das, was wir „Wirklichkeit“ nennen. Aber erst im Handeln wird klar, warum dies geschieht. Folglich gehören die Ideen und Ideale dem praktischen Komplex unseres Lebens zu. Sie begründen den unabdingbaren Idealismus der Praxis. Und wem es anders nicht gelingt, der kann sich durch Unverzichtbarkeit praktischer Ideen davon überzeugen lassen, dass wir auf begriffliche Vorleistungen, auf die organisierende Kraft unseres Geistes in keinem Zusammenhang verzichten können.

Da es – angesichts der immer noch nicht abgeflauten Konjunktur „utopischer“ Ziele – nicht selbstverständlich ist, dass Ideen und Ideale der erfahrenen Realität so nahe wie möglich bleiben sollten (weil sie sich so um so eher verwirklichen lassen), sei eigens betont, dass zwischen praktischem Idealismus und empirischem Realismus ein Begründungsverhältnis besteht. Wann immer der Mensch etwas wirklich will, stellt er sein Ideal unter den Anspruch auf Realität. Schon das Wahrheitsverlangen des genauen Wissens erwächst in der Hoffnung auf den Erfolg des eigenen Tuns. Der aber lässt sich im sozio-kulturellen Rahmen des menschlichen Daseins weder erwarten noch sichern, wenn er nicht in der mit seinesgleichen geteilten Wirklichkeit angestrebt, erklärt und gerechtfertigt wird.

5 *Philosophieren aus dem Leben für das Leben.* Wer heute auf sich hält, muss mindestens an einem „Paradigmenwechsel" beteiligt sein, eine „Kehre" machen oder seinen speziellen *turn* hinter sich haben; besser noch, er ist gerade dabei, einer neuen Epoche den Weg zu bereiten. Aber selbst die neuen Epochen werden heute mit dem Rücken zur Zukunft ausgerufen. Man ist vollauf damit beschäftigt, sich seine eigene Vergangenheit zurechtzulegen. In der Regel hat sich damit der Beitrag zu den Fragen der Gegenwart erschöpft.

Das ist nur ein Beispiel für die Selbstvergessenheit der gegenwärtigen Philosophie. Natürlich wird sie niemand davon abhalten wollen, über die Geschichte nachzudenken. Aber schon für die Hinwendung zur Geschichte braucht die Philosophie Gründe, die sich auf die stets erhoffte Bewältigung der Gegenwart beziehen.

Bis ins 19. Jahrhundert hinein hat die Philosophie sich dieser Aufgabe gestellt. Dann wurde sie vom Geist des Historismus so gründlich ausgehöhlt, dass auch die produktiven Denker des 20. Jahrhunderts in ihrem Bann geblieben sind. Entweder wagten sie sich, wie Simmel oder Cassirer, kaum aus dem fortwährend umgewälzten historischen Stoff hervor, oder sie mieden, wie Wittgenstein, die Geschichte ganz. Andere, wie etwa Husserl, Carnap oder Whitehead, konnten sich nur durch strikte Orientierung an einem wissenschaftlichen Methodenideal bei einer Sache halten und erneuerten so den Fehler, der zur romantischen Revolte gegen Schulphilosophie und Systemdenken geführt hatte.

Heute wissen wir, dass Kant seine beispiellose Produktivität nicht zuletzt durch den Systemzwang seines Denkens hat entfalten können. Dennoch teilt er mit den Großen seiner Epoche die Schwäche, die Philosophie methodologisch an der Lehrbarkeit der Wissenschaft zu orientieren. Gewiss hat er gegen die „Schulphilosophie" polemisiert und hat in glänzenden Essays vorgeführt, wie sich die Philosophie den Zeitfragen stellen kann. Aber er hat nur wenig dazu beigetragen, uns von der philosophischen Schulmeisterei zu befreien. Die in seinem Namen fortgeführte Philosophie ist längst zu einer weltweit betriebenen Scholastik geworden.

6 *Nachdenken über das, was wir sind.* Ein Denken, wie es Sokrates vorgeführt hat, ein Philosophieren aus dem Leben für das Leben, eine Selbstbesinnung, die niemals bloß Theorie, sondern immer auch Praxis ist, das hat es in der Neuzeit nur in wenigen Ausnahmefällen gegeben. Nennt man die Namen von Montaigne, La Rochefoucauld, Pascal, Rousseau, Lichtenberg, Schopenhauer oder Nietzsche, sieht jeder darin bloß den Kontrapunkt zur „eigentlichen" Philosophie, die ihre Sterne in Descartes, Hobbes, Spinoza, Leibniz, Kant oder Hegel hat. Man braucht aber nur an die unbefangener einsetzenden Theoretiker des amerikanischen Pragmatismus, vor allem an James und Dewey zu denken, um augenblicklich zu erkennen, dass Lebensnähe kein Synonym für Beliebigkeit ist. Auch manche großen englischen Denker, wie etwa Moore, Russell oder Ayer, haben vor Augen geführt, dass vieles möglich ist, wenn man nur den begrifflichen Anspruch der Philosophie nicht preisgibt, Probleme des menschlichen Daseins aufzunehmen, für die es keine festen Zuständigkeiten einzelner Disziplinen gibt. Dabei braucht man jedoch nicht, wie Bergson, in gesuchte Opposition zu den Wissenschaften zu gehen, um einen philosophischen Zugang zu den Grundfragen des menschlichen Daseins zu finden.

Es liegt also nichts an einem Gegensatz zu den Philosophen der Schule. Sie leisten unerlässliche Arbeit, sofern sie auch nur einen Weg ins Denken eröffnen. Und wenn sie ihr Metier kennen, werden sie nicht glauben machen, dass die Schule schon alles ist. Also werden sie auch Verständnis dafür haben, dass man sich den Problemen zuwendet, die sich heute aufdrängen. Vielleicht verstehen sie sogar, dass man dies in der Sprache tut, in der sich uns die Fragen stellen. Deshalb keine „Kehre", kein „Zurück zu", keine „große Loslösung", wie Nietzsche sie verhieß; nur ein Nachdenken über das, was wir sind, damit wir uns einstellen können auf das, was mutmaßlich kommt. Es ist zugleich der Versuch, die eigene Lebendigkeit in ihren zeitlichen Grenzen und mit ihren stets beschränkten Möglichkeiten zu denken. Damit haben wir auch die Chance, der produktivsten Wissenschaft der letzten Jahrzehnte, nämlich der *Biologie*, näher zu kommen und den Anspruch auf die *Einheit des Wissens* nicht aufzugeben.

7 *Produktive Ausrichtung auf Künftiges.* Die Philosophie des vergangenen Jahrhunderts war das Opfer ihrer eigenen Geschichte. Diese Geschichte reicht tief, und sie ist bedeutungsvoll. Schließlich verwahrt die Tradition des philosophischen Denkens den in über zweitausendfünfhundert Jahren immer wieder neu unternommenen Versuch des Menschen, sich selbst in seiner Welt zu verstehen. So ist die Philosophie zur ersten Kulturwissenschaft mit einer nahezu ununterbrochenen Überlieferung geworden; ihre vielfältigen und hoch individualisierten Spiegelungen des menschlichen Daseins stehen gleichrangig neben Kunst und Religion.

Von daher ist es verständlich, dass sich die Philosophie zunehmend an ihrer eigenen Geschichte orientiert. Doch inzwischen ist daraus eine Art Selbstzweck geworden. Die Theoriebildung scheint ihr Ziel allein in der Bewältigung des Gewesenen zu finden. Dabei legen sich die einen ihre Perlenschnur kleiner Fortschritte zurecht, denen sie mit absoluter Folgerichtigkeit ihr eigenes Glanzstück hinzufügen; die anderen ahmen den revolutionären Gestus von Rousseau, Marx und Nietzsche nach und wollen die bekannte Philosophiegeschichte mit einem Schlag hinter sich lassen, um bei einer unbekannten älteren anzusetzen. Dieses Verfahren ist mit Heidegger zur literarischen Mode geworden.[1] Die Geschichtsphilosophie befriedigt den Sensationalismus eines Zeitalters, das es nicht erwarten kann, in eine neue Epoche überzugehen. Die Moderne, die eigentlich gar keinen Anfang hat, kann ihr Ende nicht abwarten.

Dass die Philosophie sich an diesem Epochenzirkus beteiligt, ist blamabel. Sie ist angetreten, um Probleme zu bedenken, die sich dem menschlichen Dasein stellen. Sie sucht, wie andere Wissenschaften auch, den Hergang und die Verfassung der Welt zu ermitteln, und sie tut dies, um Möglichkeiten des Handelns, mindestens aber des Verstehens zu eröffnen. Dabei ist ihr besonderes Interesse auf die *Selbsterkenntnis des Einzelnen* gerichtet. Spätestens seit So-

1 So überbietet Levinas den kaum noch überbietbaren Heidegger durch etwas schlechthin Unüberbietbares, das dann durch die Methode der permanenten Überbietung in der *différance* durch Derrida in den Prozess der unablässigen Selbstüberbietung eingebracht wird.

krates steht das philosophische Denken unter dem Anspruch der individuellen Existenz.

Mit diesem Interesse stellt sich das Philosophieren quer zum Verlauf der menschlichen Geschichte. Denn niemand kann seine Befriedigung in etwas finden, das entweder schon war oder noch nicht ist. Will man den Einzelnen aber dennoch im Kontext historischer Entwicklung begreifen, hat man ihm Ziele zu erläutern, die er aus der Geschichte aufnehmen und als Bedingung der Zukunft begreifen kann. Davon ist gegenwärtig so gut wie gar keine Rede mehr. Abgesehen von der verbreiteten Hoffnung auf eine schlagartige Änderung gibt es heute kein Nachdenken über die Zukunft des Menschen mehr. Natürlich entwirft man „Szenarien" möglicher Katastrophen; vielleicht fällt dabei auch einmal eine weniger bedrohliche Vision politischer Verständigung und sozialer Gerechtigkeit ab. Doch die Kraft zur Selbstdeutung mit Blick auf die eigene Zukunft fehlt.

Mit der Reflexion auf die *Individualität* als das tragende Element der Welt wird zumindest die Bedingung für eine produktive Ausrichtung auf Künftiges freigelegt. Wir erkennen nicht nur, wie lang unser historischer Vorlauf mindestens ist, sondern gewinnen aus ihm auch das Vertrauen in unseren eigenen Anteil an einer unter den eigenen Ansprüchen stehenden Zukunft. Niemand kann seine Gegenwart als befriedigend erfahren, wenn er nicht dem von ihm exemplarisch gelebten Typus des Individuums eine Zukunft offen hält.

8 *Theorie als Flucht vor der Individualität.* Individualität ist der elementare Tatbestand unserer Welt. Alles ist individuell, und alles will sich, sofern es wollen kann, in seiner Individualität erhalten. Daher ist das Individuelle schon in seinem puren Dasein der Ursprung des menschlichen Handelns, und in seinem unvermeidlichen Anspruch ist es dessen normierendes Ziel. Als ursprünglicher Tatbestand ist es ein vorrangiges Problem der theoretischen Philosophie; als alle antreibender Zweck wird es zur primären Aufgabe der praktischen Philosophie.

Doch die theoretische Philosophie hat, nach einem viel versprechenden und bis heute nicht wirklich verstandenen Auftakt bei Platon und Aristoteles, das Problem bald aus dem Auge verloren. Die spätmittelalterliche Scholastik wusste zwar noch von dem Anspruch, im Begriff des „Wesens" *essentia* und *existentia* als Einheit zu denken. Doch der auf sie folgende Nominalismus hat dies gleich wieder verworfen, obgleich er seinen Ausgangspunkt ausdrücklich beim Individuum als der Basis allen Erkennens nahm. Damit wurde er zwar zur herrschenden Epistemologie der Moderne, doch nur der *gegen* den Nominalismus antretende Leibniz hatte einen Begriff davon. Er versuchte, das Individuum von innen her zu denken. Alle anderen aber nahmen die Individualität der Gegenstände und Ereignisse kommentarlos hin und fragten lediglich, wie man von ihnen zu allgemeinen Begriffen und notwendigen Aussagen gelangen kann. Aus der Theorie wurde eine subtile Flucht vor der Individualität.

So ist es bis heute geblieben. Auch die deskriptive Metaphysik Peter F. Strawsons, die zu den bedeutendsten Leistungen der modernen Philosophie gehört, bleibt auf die Frage der Begriffs- und Theoriebildung beschränkt. Das Individuelle selbst, obgleich ausdrücklich als Ausgangs- und Bezugspunkt allen Denkens identifiziert, wird nicht analysiert. Gleichwohl ist es, dank Strawson, als großes Thema der Philosophie endlich wieder in den Blick gerückt.

9 *Das Versagen der praktischen Philosophie.* Die praktische Philosophie hat vor dem Individuum vollkommen versagt. Obgleich man auch hier in der platonisch-aristotelischen Tugendkonzeption die Bemühung des Einzelnen um sein Bestes oder um seine Mitte vor Augen hatte, obgleich die Renaissance der antiken Philosophie, in und mit der die Moderne entstand, vom Wert des Einzelnen wusste und Pico della Mirandola, Montaigne und Hobbes ihr Denken darauf gründeten, wurde der Begriff in der Ethik noch nicht einmal zum Thema. Erst über Außenseiter wie Schleiermacher, Schopenhauer, Kierkegaard, Nietzsche und Simmel ist er wieder ins Gespräch gekommen. Selbst Dilthey, dessen Hermeneutik von einem wachen Gespür für das Individuelle getragen ist, hat sich davon in seiner Ethik nichts anmerken lassen.

So blieb der Begriff des Individuums im ethischen Diskurs des 20. Jahrhunderts weitgehend folgenlos. Die „Rehabilitierung der praktischen Philosophie", die nach 1968 durchaus sensibel auf den Bankrott der soziologischen Verheißungen reagierte, sprach wieder nur von „Gesetz" und „Imperativ", ohne zu sehen, dass die ethischen Normen ihren Sinn allein daraus beziehen, dass sie von Individuen verstanden, von ihnen auf sich selbst bezogen und ernst genommen werden. In dem die Moderne begleitenden politischen Streit über den angeblich alle Traditionsbestände gefährdenden „Individualismus" hat die Ethik praktisch keine Rolle gespielt. Sie handelt zwar von der „Würde" des Menschen und hält sich heute viel darauf zugute, das „Glück" und das „gute Leben" wieder entdeckt zu haben. Nur der einzelne Mensch, auf den das alles bezogen ist, der es verstehen, von sich aus aufnehmen und angehen soll – eben der wird nicht näher betrachtet. „Gesetz" und „Prinzip", „Wert" und „Gut", gelegentlich auch der Begriff der „Maxime" werden immer von neuem analysiert; aber das Individuum, das allen diesen Begriffen erst ihren Sinn verleiht, bleibt unbeachtet.

Eine Ausnahme bilden die Theorien des politischen Liberalismus. Sie haben ihren Bezugspunkt, die Freiheit des Einzelnen, stets ausdrücklich gemacht. Gleichwohl mussten wir auch hier erleben, dass sie auf den kommunitaristischen Angriff nicht vorbereitet waren und am Ende ihren Ausgangspunkt mehr schlecht als recht verteidigt haben. Heute sind sie eher durch das Faktum der sozialen Individualisierung in den reichen Zivilisationen des Westens gerechtfertigt als durch die Qualität ihrer Argumentation – was man nicht zuletzt daran sehen kann, dass dem Begriff des Individualismus bis heute der Geruch des Anarchischen anhaftet. Individualität scheint in unüberwindlicher Opposition zur Solidarität zu stehen. Dabei könnte sich jeder leicht einsichtig machen, dass Solidarität, die ihren Namen verdient, nur von selbstbewussten Individuen erwiesen werden kann.

10 *Die substanzielle Funktion des Individuums: Vom Ich zum All.* Der vorliegende Text enthält den Versuch, das Individuelle in seiner substanziellen Funktion zu denken. Er ist eine Skizze nach Punkten. Die Abfolge der Ziffern gibt keine zwingende Reihenfolge vor, wie dies bei den Zahlen selbst der Fall ist. Man kann also aus der Reihe springen und dennoch etwas verstehen. Gleichwohl ist die Zählung ein Indiz für die angestrebte Folgerichtigkeit des Gedankens. Auf sie kann im Interesse der Sache nicht verzichtet werden. Denn die größte Schwierigkeit der Darstellung liegt in ihrer methodischen Anlage.

Streng genommen hätte der Gedanke bei der Selbstbeschreibung *des* Individuums anzusetzen, das den Gedanken entwickelt. Denn tatsächlich exemplifiziert sich der begriffliche Gehalt von Individualität nur am eigenen Ich. Das ist der reflexive *psychologisch-biographische Ausgangspunkt*. Auf ihn muss jeder in jedem Punkt der Darstellung zurückgehen können. Nur eine bei unseren eigenen Leistungen ansetzende und bis auf die existentiellen Erfahrungen zurückgehende Beschreibung unserer selbst kann die Bedingungen unseres stets nur individuell gegebenen Daseins eruieren. Dabei sind wir, wie bei jeder Erkenntnis, von der Erwartung geleitet, dass sich allgemeine Konditionen des individuellen Lebens ausmachen lassen. Wo dies gelingt, vollzieht sich der Übergang von der *biographisch-psychologischen Darstellung* zur philosophischen *Anthropologie* und von ihr zur *Ontologie* und zur *Metaphysik*.

Vom eigenen Ich aber kann man nicht ohne Bezug zum Ich eines Gegenüber sprechen. Man hat also im Gang der Beschreibung zur *Individualität von meinesgleichen* überzugehen, um sich im nächsten Schritt der Tatsache zu vergewissern, dass sich das so beschriebene Ensemble selbstbewusster Individuen nur in dem uns vertrauten *historischen Kontext* darstellen, verstehen und entwickeln kann. Dieser Kontext hat seine innere Verbindung dadurch, dass er *kulturelle Merkmale* erkennen lässt, über die er auch mit entfernten Lebensräumen in Verbindung steht. Also hat man ihm insgesamt eine *kulturelle Dimension* zuzugestehen, die ihrerseits aber nicht nur auf basale *gesellschaftliche Strukturen*, sondern letztlich immer auch auf *natürliche Gegebenheiten* verweist.

Die Relation von Kultur und Natur gründet sich freilich nicht nur auf ein vorzeitliches Verbindungsstück, nicht nur auf einen irgendwann einmal definitiv erfolgten Übergang von der Natur- in die Kulturgeschichte. Die Bildung der Kultur aus Natur vollzieht sich in jedem Akt des menschlichen Lebens. Wir können uns in keinem Augenblick vom Leben suspendieren, um bloße Kultur, bloße Technik oder reine Kunst zu sein.

Also haben wir unsere Individualität auch auf die *Naturbedingungen unseres Lebens* zu beziehen. Die aber sind ihrerseits nicht unabhängig von der *Natur überhaupt*. Die Physiologie, um nur ein Beispiel zu nennen, basiert auf den Gesetzen, die uns Biologie, Chemie und Physik zur Verfügung stellen. Sie legt die psychischen Dispositionen fest und bestimmt die Grundlagen unserer intellektuellen Organisation.

11 *Ontologie.* Wollten wir den weitläufigen Beschreibungsbogen konsequent abschreiten, kämen wir von der *Biographie*, *Psychologie* und *Anthropologie* über die *Historiographie* zur *Kulturtheorie* und von ihr zur *Biologie*, *Physiologie* und *Physik*, die uns, wenn wir denn nach einem philosophischen Abschluss des theoretischen Unternehmens suchen, am Ende zur *Ontologie* und zur *Metaphysik* zu führen hätte. Beide beschreiben in einer dann nicht mehr überbietbaren Allgemeinheit die Elemente unserer *Welterfahrung*, die ihrerseits nicht von der *Selbsterfahrung* zu trennen ist.

Die Ontologie ist nicht, wie viele meinen, auf ein bestimmtes Gegenstandsmodell der Welt festgelegt; sie rechnet nicht *per se* mit einer substanziellen Gegebenheit der Dinge. Kant hat in seiner Transzendentalphilosophie eine Ontologie der Erscheinungen entworfen, in Nietzsches Lehre vom Willen zur Macht ist eine Ontologie des Scheins enthalten; Heidegger hat sich an einer Ontologie des Daseins versucht. Schon Platon skizziert im *Theaitetos* (156 a–160 e, 181 b–182 e) – und zwar im Anschluss an Heraklit – die Grundzüge einer radikal perspektivistisch-individualistischen Ontologie des Werdens, die einmal mehr erkennen lässt, dass Nietzsche ein genauer Leser der platonischen Dialoge ist. Jede Ontologie aber kann ihrerseits wieder mit einer speziellen Metaphysik verbunden sein, durch die der Mensch seinen Ort in dem von ihm begriffenen Ganzen zu bestimmen sucht.[2]

12 *Metaphysik.* Die Philosophie der Gegenwart ist durch das Missverständnis ihrer eigenen kritischen Tradition so ängstlich geworden, dass sie von der Metaphysik nicht mehr zu sprechen wagt; manche Denker sind so töricht zu glauben, es sei etwas damit erreicht, wenn sie den Begriff des Absoluten vermei-

2 „Spezielle Metaphysik" (*metaphysica specialis*) ist ein *terminus technicus* der Schulphilosophie. Unter ihren Titel fällt die Beschäftigung mit den Themen „Gott", „Welt" und „Seele". „Allgemeine Metaphysik" (*metaphysica generalis*) ist der scholastische Obertitel der Ontologie, die sich mit den allgemeinen Bedingungen des Seins überhaupt zu befassen hat. Kants Transzendentalphilosophie macht bekanntlich die Metaphysik nicht überflüssig; sie eröffnet lediglich einen neuen Zugang sowohl zur allgemeinen wie zur speziellen Metaphysik. In dem hier eingeschlagenen Weg folge ich im Prinzip dem Vorschlag Kants, der seinerseits der Forderung des Sokrates, von der Selbsterkenntnis auszugehen, folgt.

den. Dabei gibt jeder Physiker, der über Einsteins Relativitätstheorie oder die These vom Urknall spricht, ein Beispiel dafür, dass der Gedanke eines Ganzen schlechterdings unvermeidlich ist. Schon die einfache Rede von der Endlichkeit des menschlichen Daseins setzt die Vorstellung von etwas Unendlichem – und damit von etwas Absolutem – voraus. Sie ist insofern niemals frei von metaphysischen Annahmen.

Die Philosophie hat diese metaphysische Dimension des menschlichen Welterlebens bewusst zu machen. Sie kann sich nicht darauf beschränken, nur einzelne Tatbestände – mit Bezug auf einzelne Fragen – zu deuten; vielmehr hat sie das Ganze der Erfahrung abzuschreiten. Wo sie dies tut, bewegt sie sich in den Bahnen der Metaphysik. Natürlich bleibt es ihr unbenommen, sich dafür neue Namen auszudenken. Wenn sie jedoch die Kontinuität in der sachlichen Aufgabe bestreitet, weiß sie offensichtlich nicht, was sie tut.

13 *Vom All zum Ich.* Der skizzierte Weg vom Ich zum All ist natürlich nicht leicht zu gehen. Deshalb kehre ich im Vertrauen auf die kulturell versicherte, von Wissenschaft und Technik heute überall und jederzeit in Anspruch genommene „objektive" Weltperspektive die Beschreibungsrichtung einfach um: Ich beginne mit der ontologischen Charakterisierung der physischen Dinge, um von ihr aus Schritt für Schritt auf die Selbsterfahrung von menschlicher Individualität zuzugehen. Ihren letzten Akt hat die Beschreibung daher in dem Versuch, nicht nur das *kulturelle*, *politische* und *ethische*, sondern auch das *ästhetische* Moment der individuellen Selbsterfahrung einzuholen. Am Ende dieses Wegs vom ontologisch aufgefassten All zum Ich steht die Reflexion auf die *religiöse* Selbsteinbindung des Menschen in eine Welt, die er nur von sich aus *denken*, aber eben nicht von sich aus *machen* kann.

Die Systematik, die nicht zwingend in ein System münden muss, sichert nicht nur den Zusammenhang in der Sache. Sie ist auch unerlässlich, wenn die Verbindung zum denkenden Ich nicht abreißen soll. Nur in der Konsequenz der einzelnen Schritte bleibt die Verbindung zum denkenden Menschen gewahrt; nur sie lässt hoffen, dass man sich in seiner intellektuellen Entwicklung weder der Welt noch sich selbst entfremdet; sie allein bietet die Gewähr für den Nachvollzug einer Überlegung durch andere. Also muss man – auch gegen Nietzsche – das systematische Denken als ein Gebot der Redlichkeit verteidigen.

14 *Die Geschichtlichkeit der Individualität.* Die Geschichte interessiert heute mehr als die Sache. Wie vieles andere ist auch das eine Folge der Allgegenwart der Medien. Da man auf jeden Text, jedes Bild und jedes beliebige Dokument in kürzester Zeit einen Zugriff hat, treten die nicht mit gleicher Verlässlichkeit fassbaren Probleme der Gegenwart in den Hintergrund. Wer aber unverwandt auf die Geschichte achtet, hat, wie gesagt, die Zukunft im Rücken.

Um die historische Dimension der systematischen Darstellung wenigstens anzudeuten, wird im Text gelegentlich auf die antiken Quellen der Überlegung verwiesen. Platon verdanke ich hier beinahe alles. Aristoteles steht an zweiter Stelle, dann folgt der immer wieder unterschätzte Cicero. Montaigne und Hobbes, Spinoza und Leibniz, Kant und Lichtenberg haben wesentliche Eindrücke verstärkt. Nietzsche schließlich hat die ganze Überlieferung grell beleuchtet. Nach ihm sind mir Georg Simmel, John Dewey, Paul Valéry, Ernst Cassirer, Karl Jaspers, Karl Löwith und Hannah Arendt wichtig. Wer aber auch anderen Spuren nachgehen will, sei auf die im Literaturverzeichnis aufgeführten Arbeiten von Gottfried Boehm, Louis Dumont, Panajotis Kondylis, Enno Rudolph, Oswald Schwemmer, Gilbert Simondon und Charles Taylor sowie auf die Sammlung von Kuno Lorenz verwiesen.

Gleichwohl ist es angebracht, wenigstens einige Bemerkungen zur Geschichtlichkeit des Problems nachzutragen. Die systematische Form könnte sonst den Eindruck erwecken, wir hielten unser Thema für zeitlos. Tatsächlich aber ist das Problem der Individualität auf das engste mit der Zeit verbunden. Denn jedes Individuum ist bereits in seiner Existenz auf den Augenblick bezogen, in dem es wahrgenommen wird. Als Individuum ist es nur in der Gegenwart der Erkenntnis durch ein gleichzeitig mit ihm anwesendes Individuum. In dieser Relation ist es dem zeitlichen Wandel unterworfen. Es hat also an sich selbst eine geschichtliche Dimension.

15 *Die Historizität des Lebens.* Die Geschichtlichkeit tritt mit besonderer Deutlichkeit hervor, sobald wir das Leben als die Elementarbedingung der Individualität erkennen. Dann sind wir nicht nur auf die jeweiligen Lebensgrenzen des einzelnen Wesens verwiesen, sondern können auch die Entwicklungsdynamik der Gattung erkennen, in die jedes Individuum in allem, was immer es hat, eingebunden ist. Die beständige Generation der Gattung enthält natürlich auch den Grundimpuls zur Geschichte, auf die sich zu besinnen jedoch nur dem auf seine eigene Einsicht angewiesenen Individuum einfallen kann. Das Leben ist durch seinen inneren Zeitbezug in sich historisch verfasst – und dies sowohl in der organischen Entfaltung des einzelnen Lebewesens wie auch in der Entwicklung seiner Population.

Diese Geschichte umfasst größere Räume, als das landläufige historische Bewusstsein annimmt. Wer die Geschichtlichkeit eines Themas betont, der meint in der Regel, dass sich etwas schnell verändert hat, dass es heute bereits ganz anders ist, als es gestern war. Unter dem herrschenden Vorbehalt der Hermeneutik wird aus dieser Überzeugung dann auch gleich die These, man könne das so schnell Vergangene eigentlich nicht mehr verstehen.

Doch so eilig hat es die Geschichte nicht. Natürlich gibt es plötzliche Veränderungen und revolutionäre Sprünge. Aber schon deren Reichweite wird in der Regel überschätzt. Die Brüche, die etwa von den Zeitgenossen mit den Jahren 1517, 1789 oder 1917 angenommen wurden, sind im Rückblick so einschneidend nicht. Sie bahnen sich seit längerem an, sind von zahlreichen Außenbedingungen abhängig, die durch ihr Bestehen immer auch für Kontinuität sorgen; schließlich werden sie durch zahlreiche Begleitumstände und Folgeereignisse mediatisiert. So sind selbst die Revolutionen nur Zeichen eines allmählichen Übergangs im Kettenzug der Geschichte. Eins hängt am anderen, und letztlich ist alles mit allem verwoben.

Nur die unaufhebbare Unübersichtlichkeit seiner Lebensverhältnisse verschafft dem Individuum die Erfahrung der Kontingenz. Es gibt den Zufall allein schon deshalb, weil wir nicht alles im Blick haben können. Möglicherweise gibt es ihn aus keinem anderen Grund. Die Erfahrung der Kontingenz ist freilich in der Spontaneität des Von-selbst-Anfangens begründet, die wir nur aus den individuierenden Akten unseres Selbstbewusstseins kennen.

Wenn wir nicht *jetzt* etwas wahrnehmen könnten, fehlte uns das Sensorium auch für den Zufall.

Damit ist dreierlei gesagt: Es gibt *erstens* große, in sich kohärente historische Räume. Diese in Kontinuität stehenden epochalen Räume benötigen wir *zweitens* schon deshalb, weil sie die Erkenntnisbedingung für Abweichungen und Brüche darstellen. Und *drittens* steht jede historische Erkenntnis, wie alles Erkennen, unter der individuierenden Bedingung der Spontaneität. Daraus folgt, dass es selbstbewusste Individualität geben muss, seit es bewusst gemachte und gebrauchte Erkenntnis gibt.

16 *Antike und christliche Profilierung der Individualität.* Die Entwicklung des (sich selbst begrifflich fassenden) Individuums reicht weit in die Zivilisationsgeschichte des Menschen zurück. Es wäre viel zu kurz gegriffen, den historischen Auftritt des Individuums mit der Entstehung spezifisch christlicher Welterfahrung zu verknüpfen. Noch abwegiger wäre, ihn mit dem Aufkommen des Kapitalismus oder mit der Romantik oder vielleicht auch erst mit dem steigenden Reichtum der wissenschaftlich-technischen Zivilisation zu datieren. Das Individuum und sein (Selbst-)Begriff sind älter als alle diese gesellschaftlichen und kulturhistorischen Formationen, was nicht zuletzt daraus erhellt, dass sie sämtlich von der seit langem tragenden Leistung selbstbewusster Individuen abhängig sind.

Richtig ist allerdings, dass sich die Individualität unter den genannten Bedingungen schärfer konturiert. Da gibt es die den Einzelnen profilierende Herausforderung durch einen als Person begriffenen Gott. Das Liebesgebot der christlichen Religion, die Menschwerdung Gottes in seinem Sohn und die theologisch ermöglichte Zwiesprache mit Gott dem Vater haben im Prozess der okzidentalen Individualisierung zweifellos stimulierend gewirkt. Hier ist Hegel und seinen Nachfolgern zuzustimmen. Doch es wäre völlig verfehlt, im Christentum das Initial der Individualisierung zu erkennen. Man braucht nur die Frage zu stellen, warum das Christentum nicht unter allen Bedingungen so individualisierend gewirkt hat wie im Missionsbereich der römischen Kirche, und man muss auf den historischen Primat der christlichen Konfession verzichten. Im ganzen byzantinischen Raum hat sich die Individualität über mehr als ein Jahrtausend hinweg nicht entfaltet, obgleich sie unter einem viel inniger vertretenen Glaubensgebot gestanden hat. Wie konnte es dazu kommen?

Die Antwort ist einfach: Weil hier die Fäden zur Antike schon früh durchschnitten worden sind. Auch wenn ein Großteil der antiken Schriften bis 1452 in Athen verblieben war, so hat es unter der Herrschaft der orthodoxen Kirche keine um Erkenntnis bemühte Auseinandersetzung mit dem vorchristlichen Erbe gegeben. Man lebte in einer weitgehend selbst geschaffenen Tradition und hielt das Fremde auf Distanz. Das war im Westen anders. Spätestens seit Augustinus gründete sich die römisch-katholische Theologie auf die Rezeption der lateinischen Überlieferung. Die aber war, insbesondere in der Aufnahme Ciceros, mit griechischer Klassik gesättigt. Über den Neuplatonismus war sie ebenfalls gegenwärtig. Die bis heute gültige christliche Dogmatik wurde dann wesentlich in Auseinandersetzung mit den Schriften des Aristoteles entwickelt. Die individualisierende Vertiefung des christlichen Glaubens erfolgte somit in einer verstärkten Hinwendung zur griechischen Philosophie. In der aber war die Individualität bereits voll ausgebildet, auch wenn sie, soweit wir wissen, nicht mit Inbrunst bis ins eigene Innere verfolgt worden ist.

17 *Innerlichkeit und Expansion.* Der christliche Gott hat gewiss zu einer Steigerung der religiösen Selbsterfahrung geführt, zumal er durch die Selbstbehauptung in einem teils gleichgültigen, teils feindlichen Umfeld ein aktives Bekenntnis des Einzelnen verlangte. Insofern führt die Verbreitung des Evangeliums zu einer Vertiefung individueller Selbsterfahrung und, aufs Ganze gesehen, zu einer Radikalisierung von Individualität. Sie findet einen unübersehbaren Ausdruck in der spätmittelalterlichen Mystik, insbesondere in den Schriften des Meister Eckhart. Begrifflich ausgedeutet wird sie von Nikolaus von Kues: *Individua vero sunt actu, in quibus sunt contracte universa.*[3] Ihm folgen Pico della Mirandola, Montaigne und Hobbes, der die individualistische Prämis-

3 „Wirklich jedoch sind allein die Individuen, in denen sich [jeweils] das Universum zusammenzieht.“ (Nikolaus von Kues, *De docta ignorantia*, II, 6) Entsprechend am selben Ort: *Solum enim singulare actu est, in quo universalia sunt contracte ipsum* („Nur das Einzelne nämlich ist aktuell wirklich; in ihm ist das Allgemeine in zusammengezogener Weise es selbst.“)

se des neuzeitlichen Denkens vielleicht am schärfsten artikuliert und vielleicht auch deshalb zu einem der prägnantesten politischen Denker avancierte. Gäbe es tatsächlich die vielfach unterstellte Opposition zwischen Individuum und Staat, wäre diese Karriere gar nicht möglich gewesen.

Die Neuzeit, die sich mit der Wiederbelebung der Antike im 15. Jahrhundert Bahn bricht, zeichnet sich vor allem durch neue Markt- und Produktionsmechanismen aus. Sie führen zu einer Differenzierung der gesellschaftlichen Aufgaben, steigern die Entwicklung von Wissenschaft und Technik ins Unabsehbare, schaffen eine unerhörte Vielfalt von nur auf sich selbst verweisenden Künsten und häufen einen selbst in den alten Imperien des Orients nicht erzielten Reichtum an. Damit schaffen sie günstige Bedingungen zur Entfaltung der Individualität. Aber die Neuzeit hat die Individualität nicht erfunden. Vielmehr nimmt sie – vermittelt und verstärkt über den Humanismus der Renaissance – ein bedeutendes Erbe der Antike auf (3.4/5).

18 *Individuelle Innovation in Politik und Kultur.* Wir wissen schon aus Platons halb mythologischer, halb soziologischer Schilderung der Entstehung der *polis*, wie der bloße Bevölkerungsanstieg auf kleinem Raum eine Vervielfältigung von Bedürfnissen bewirkt. Die entfalteten Interessen ziehen ihrerseits die Multiplikation von Tätigkeiten nach, die zur Befriedigung nötig werden. So wird aus der auf die Elementarbedürfnisse ausgerichteten „notwendigen Stadt" die „üppige Stadt", in der jeder Luxus durch eine eigene Berufssparte bedient wird. Diese Diversifikation führt schon in der antiken *polis* zu einem Individualisierungsschub, den Platon in seinen Dialogen aufmerksam registriert. In Rom wiederholt sich diese Entwicklung in einem weit über die Stadt hinaus reichenden Rahmen.

Dass die neuzeitliche Entwicklung eine erneute Steigerung bringt, kann schwerlich bestritten werden, zumal hier ein zusätzliches Moment zu einer weiteren Dynamisierung führt: Auch wenn die Eroberung der außereuropäischen Kontinente unermesslichen Reichtum in die Mutterländer schwemmt, so kann dessen Verwertung und Vermehrung nur durch die Entwicklung von Wissenschaft und Technik gelingen. Die europäische Kultur, die alsbald selbst durch ein rapides Bevölkerungswachstum unter Druck gerät, kann sich nur dadurch erhalten, dass sie auf immer neue Entdeckungen und Erfindungen setzt. Seit der Renaissance ist die neuzeitliche Gesellschaft eine Innovationskultur. Sie ist darauf angewiesen, dass immer wieder etwas *Neues* entwickelt wird.

Das Neue aber kann nur durch Individuen erkannt und bewertet werden. So sehr daher der wissenschaftliche Geist auf allgemeine Kenntnisse und auf überall verlässlich wirksame Techniken setzen muss, so sehr ist er vorab auf die Produktivität von Einzelnen angewiesen. Die Logik der neuzeitlichen Wissenschaft ist auf das Genie berechnet. Aber gerade Genies kommen nur als Individuen vor.

19 *Schriftlichkeit und Individualität.* Geniale Einzelleistungen bestimmen die Entwicklung der menschlichen Kultur nicht erst unter neuzeitlichen Bedingungen. Auch die Entstehung der Philosophie verdankt sich originären Köpfen, deren Singularität schon den Zeitgenossen auffällig war. Erinnert sei an Thales, Heraklit oder Sokrates. Ihre Einzigartigkeit bot bereits in der Antike Stoff zur Bildung von Typen, die Nachfolge und Nachahmung erleichterten. Sie haben die Formen des philosophischen Lebens unabhängig von der Tradition durch Texte bestimmt.

Platon steht am Anfang der (erhaltenen) schriftlichen Überlieferung der Philosophie. Deshalb hat es heute natürlich einen besonderen Reiz, aus ihm den Urheber einer „ungeschriebenen" Lehre zu machen. Doch das Resultat dieser Versuche ist dürftig. Sie laufen am Ende auf einen einzigen Satz hinaus, dem zufolge das Gute das Eine und das Eine das Gute ist. Da man den Satz auch bei Platon geschrieben finden kann, ist nicht recht zu erkennen, warum man sich deshalb von etwas ablenken lassen sollte, das Platon von höchster Wichtigkeit war. Und das ist der Gedanke, der sich eben auch im geschriebenen Dialog entfaltet.

Wir geben gerne zu, dass Platon der gesprochene Dialog wichtiger gewesen sein mag als der geschriebene. Der geschriebene aber hat den Vorteil, dass er den offenkundigen Nachteil der Schriftlichkeit jederzeit selbst deutlich werden lässt. Denn der Leser wird mit jedem Wortwechsel darauf gestoßen, dass der geschriebene Text nur das Surrogat der lebendigen Rede ist.

Darauf will Platon die Aufmerksamkeit lenken. Wenn es bei der epochalen Einsicht des Sokrates bleiben soll, dass alles Philosophieren auf Selbsterkenntnis zielt, dann kommt alles darauf an, das eigenständige Denken einzuüben. „Einüben" sagt eigentlich schon zu viel, denn „einüben" kann man es streng genommen nur bei sich selbst. Andere kann man lediglich „anregen", indem man ihnen das Denken vorführt und sie durch theoretische oder praktische Impulse herausfordert, sich ihre eigenen Gedanken zu machen.

Die theoretische Herausforderung könnte in einer Abhandlung, einer Spruchsammlung oder einem Gedicht bestehen. Das war die (weitgehend verlorene) schriftliche Überlieferung philosophischer Einsichten bis zur Zeit des Sokrates. Doch dessen Art zu denken regte einige seiner Hörer an, die gesprochenen Dialoge aufzuschreiben oder sie neu zu erfinden. So kam zum Genus der epischen Erzählung, des poetischen Liedes sowie des tragischen oder komischen Schauspiels die neue Form des Dialogs hinzu. Diese literarische Innovation nahm der junge Platon auf und führte sie – gleichsam aus dem Stand – auf einen nach ihm nie mehr erreichten Gipfel.[4]

Der philosophische Vorzug dieser literarischen Form liegt darin, dass sie durch die Inszenierung eines realen Geschehens auch einen praktischen Impuls zum Selbstdenken geben kann. Die dramatisch zugespitzte Form des Gesprächs und die mögliche Identifikation mit den vorgeführten Personen fordern die eigene Stellungnahme des Lesers heraus. Damit haben wir, auch wenn uns nur die toten Buchstaben vor Augen stehen, die größtmögliche Nähe zum lebendigen Philosophieren, auf das letztlich alles ankommt. Im Dialog wird das Individuum denkend vorgeführt, um jeden Leser zu einem selbst denkenden Individuum zu machen. Platon gibt der spätestens mit Sokrates einsetzenden Epoche der Individualität den angemessenen literarischen Ausdruck.

20 *Ethik der Individualität.* Alle Aussagen Platons liegen in Form von individuellen Äußerungen vor. Entweder spricht er in den Briefen über sich selbst oder er lässt Personen als Dialogpartner sprechen. Kein uns von Platon überlieferter Satz ist unabhängig von der individuellen Perspektive eines Sprechers, der in seiner Eigenart durch die Gesprächsführung charakterisiert ist. Nicht selten werden auch situative Umstände und biographische Besonderheiten geschildert. Nimmt man noch hinzu, dass die meisten Dialogpartner den ersten Lesern historisch wohl bekannte Per-

4 Dazu: Ch. H. Kahn, Plato and the Socratic Dialogue, 1996, 1ff.

sonen des öffentlichen Lebens waren, dann wird niemand die auffällige Individualisierung des Denkens in Abrede stellen können.

Wenn dies gegenwärtig ist, wird augenblicklich klar, wie abrupt die stilistische Wende ist, die sich – aus unserer Sicht – mit Platons Schüler Aristoteles vollzieht. Dessen Werk liegt heute nur in Form von Abhandlungen vor, die als Nachschriften von Vorträgen entstanden sind. Zwar hat Aristoteles selbst noch Dialoge geschrieben, doch in seiner Schule wurde das schon nach wenigen Generationen nicht mehr für wichtig erachtet. In der Schule kam alles auf den lehrhaften Charakter allgemeiner Erkenntnis an, und die individuellen Äußerungen des Lehrers wurden als unerheblich beiseite geschoben. Die Philosophie besteht nun selbst aus Schulfächern: aus *Logik*, *Ethik* und *Physik* – einschließlich dessen, was später *Metaphysik* genannt wird. Die Bedürfnisse der allgemeinen Vermittlung stehen im Vordergrund.

Die Schüler scheinen zu übersehen, dass Aristoteles selbst gar nicht auf Distanz zur individuellen Verfassung des Menschen geht. Es ist vielmehr so, dass er seine Ethik vollkommen auf die Selbsteinschätzung des Einzelnen abstellt. Jeder muss von sich aus die ihm zuträgliche „Mitte" zwischen den Extremen suchen und danach das tun, was in seinen Kräften steht. Hätten wir die Absicht, eine historische Untersuchung über das Problem der Individualität zu schreiben, verdiente Aristoteles gleich nach Platon die größte Aufmerksamkeit. Denn er hat ein feines Gespür für die individuellen Besonderheiten nicht nur der Menschen, sondern auch der politischen Verfassungen und der geographischen Regionen. Platons ungeheure These, der zufolge die höchste und umfassende Tugend darin besteht, dass jeder das Seine tue (*Politeia* 433 b), wird von Aristoteles in ein begrifflich bestimmtes Verfahren umgesetzt, das es jedem Einzelnen ermöglicht, das Seine nicht nur zu erkennen, sondern auch zu tun. Individualität der Person und Situativität des Handelns sind implizite Voraussetzungen der ethischen Analyse. Das „gute Leben" ist natürlich allgemeinen physischen und politischen Bedingungen unterworfen; es untersteht der kriteriellen Bewertung durch die ethischen Begriffe; aber es kann immer nur das Leben des einzelnen Menschen sein, der seine eigene Wahl zu treffen hat.

21 *Kein Begriff ohne Individuum.* Die größere philosophische Leistung des Aristoteles könnte darin gesehen werden, dass er eine von Platon nur metaphorisch beantwortete Frage einer strengen begrifflichen Analyse unterzieht und zu einer, wie ich meine, eindeutigen Antwort führt: Es ist die Frage nach dem *Wesen des Seienden*. Um die Prägnanz der Aristotelischen Darstellung zu würdigen, muss freilich die weniger bekannte Vorarbeit seines Lehrers in Erinnerung gerufen werden.

In Abgrenzung gegenüber den Sophisten hatte Platon in immer neuen Anläufen den *begrifflichen Charakter* jeder Aussage über Seiendes bewusst gemacht. Dadurch waren die mögliche Verbindlichkeit und die Wahrheitsfähigkeit menschlicher Rede gesichert. Im gleichen Beweisgang aber hatte Platon die Versuchung abzuwehren, mit dem Aufweis der in jeder Erkenntnis wirksamen Begriffe alles Seiende festzuschreiben. Damit wäre buchstäblich alles Sein in die Form des Begriffs überführt.

Die dramatische Konsequenz dieser restlosen Logifizierung von allem und jedem stand bereits den Gesprächspartnern des Sokrates vor Augen: Dann nämlich gäbe es nur noch das *Sein*, nicht aber das *Nicht-Sein*. Mit dem Nicht-Sein entfiele das *Werden*, das ja als Übergang vom (Noch-)Nicht zum Sein verstanden werden kann. Gäbe es aber kein Werden, gäbe es auch keine *Bewegung*. Also stände alles still. Tatsächlich hatten Parmenides und seine Schüler diese These, in der die Logik über den Augenschein triumphiert, mit größtem Scharfsinn verteidigt.

Platon gelingt es, die Vereinbarkeit des begrifflich gefassten Seins *(on)* mit Ruhe *(stasis)* und Bewegung *(kinesis)* zu zeigen. Aber er muss ein zusätzliches Begriffspaar zu Hilfe nehmen: das Verschiedene oder die Differenz *(thateron)* und das Selbe oder Identische *(tauton)* (*Sophistes* 254 d/e). Damit bindet Platon die Geltung der Begriffe an ihren *Gebrauch* – und zwar an den Gebrauch in der Sphäre einzelner Dinge. Es muss etwas bestimmbar Einzelnes in einer Menge von Einzelnem geben, um überhaupt sinnvoll von *etwas* sprechen zu können. Nur wenn etwas von etwas unterschieden werden kann, tritt der *logos* in Funktion; *wenn* aber überhaupt etwas von etwas unterschieden wird, ist er bereits tätig.

Gegen die Sophisten kann Platon daher geltend machen, dass der *logos* immer im Spiel ist, sobald überhaupt Unterschiede gemacht werden; Begriffe also sind unverzichtbar. Gegen Parmenides kann er darauf bestehen, dass die Begriffe auf Werden und Vielfalt angewiesen sind. Die Begriffe sind damit ursprünglich an ihren Bezug auf individuelle Gegebenheiten gebunden. Eine Welt aus reinen Begriffen wäre ein Widerspruch in sich.

Welche Folge diese von Platon auch mit sprach- und handlungstheoretischen Argumenten (*Theaitetos* 206c–210b) untermauerte Einsicht für die Deutung der so genannten Ideenlehre hat, mag hier offen bleiben. Entscheidend ist an dieser Stelle nur, dass Platon nicht allein auf der Seite des Denkenden, sondern auch auf dem Feld des Gedachten das Individuum für unverzichtbar hält. Nach heutigem Sprachgebrauch: Subjekt wie Objekt können nur als Individuen begriffen werden. Alles ist notwendig individuell, denn ohne Individuen gäbe es niemanden, der Begriffe benötigt und gebraucht, und es gäbe schon gar nichts, worauf sie sich beziehen. Sie wären ohne Sinn (für ein denkendes Wesen) und ohne Bedeutung (in Bezug auf eine Sache).

22 *Die Substanz als Individuum.* Man wüsste gern, wie Platon seine Ontologie der Individualität mit der in bildreichen Wendungen vorgetragenen Ideenlehre vereinbart. In ihr beschreibt er eine Sphäre reiner Begriffe, die von den einzelnen Dingen der Erscheinungswelt völlig unabhängig zu sein scheinen. Aristoteles unterzieht diese Lehre einer vernichtenden Kritik und tut so, als sei sie Platons ganzes ontologisches Vermächtnis (*Metaphysik* 998a 11 – 1004b 35). Wir werten dies als ein produktives Missverständnis, das Aristoteles hilft, seine eigene Auffassung vom Verhältnis des Seienden zum Begriff zu pointieren. Knapp zusammengefasst besagt es Folgendes:

Wenn wir etwas wirklich begreifen, dann ist der Begriff von diesem Etwas eben das, was ihm wesentlich ist. Er benennt das, was dieses Etwas ausmacht, worauf es ankommt. Davon geht Aristoteles aus, wenn er den heute so verdächtigen und durchaus zu Unrecht verworfenen Begriff des „Wesens" *(ousia)* einführt. Wesen oder Substanz ist das „Was" *(ti)* oder das „Dieses-da" *(tode ti)*, das wir an bestimmter Stelle in eindeutiger Weise benennen (*Metaphysik* 1028a 2 – 25). Wenn wir ein gewisses Etwas vor unseren Augen etwa als „Feuer" bezeichnen, dann mag es noch so flüchtig und wechselhaft sein: Wir haben es dennoch in dem erfasst, was uns an ihm wesentlich ist. Es ist nicht „Wasser", nicht „Rauch", nicht einfach „Luft“, sondern es ist „Feuer“. Und darin hat es, um es noch einmal auch in der Kongruenz zu dem bis heute üblichen Sprachgebrauch zu betonen, sein „Wesen“. Die begrifflich bestimmte Substanz ist damit nichts anderes als dieses „Einzelne“ *(hekaston)*. Und so, wie es als dieses bestimmte Einzelne begriffen ist, ist es individuell. Aristoteles spricht vom Unteilbaren *(atomon)*.

Die Substanz – also das, was die von uns erkannte Wirklichkeit ausmacht – ist demnach individuell. Das ist die eindeutig und anschaulich herausgearbeitete These des Aristoteles. Sie passt gut zu Platons Ontologie der Individualität. Doch das muss uns hier nicht weiter beschäftigen. Auch die weiterführenden Überlegungen des Aristoteles zur komplexen Verbindung von sinnlichen und begrifflichen Momenten in der Substanz können wir übergehen. Denn entscheidend ist, dass mit der von Aristoteles inaugurierten Wissenschaft vom Seienden, dass mit der schulmäßigen Einrichtung der Ontologie im 4. vorchristlichen Jahrhundert, ja, überhaupt mit der disziplinären Institutionalisierung der Philosophie die epistemische Priorität des Individuums ausdrücklich gemacht wird: Selbst Individuum, hat jeder stets von Individuellem auszugehen, wenn er etwas Bestimmtes denken, sagen oder tun will.

23 *Wiederentdeckung von innen her.* Der von Aristoteles behauptete Gegensatz zu Platon beschäftigt die Philosophie noch heute. Ihren Höhepunkt hatte die Erörterung im spätmittelalterlichen Universalienstreit, der im Effekt zu einer formellen Distanzierung von beiden Philosophen führte. Der die Neuzeit dominierende Nominalismus verlieh den Einzeldingen eine so weit reichende Selbstständigkeit vor den gleichsam erst von außen hinzutretenden Begriffen, dass auch die Lösung des Aristoteles, die den Begriff als „Formursache“ und damit als inhärierendes Moment des jeweils Einzelnen ansah, als antiquiert erschien. Man glaubte, eine rein empirische Sphäre annehmen zu können, die unabhängig vom Zugriff durch das menschliche Wissen existiere. Spätestens mit Kant hat der Empirismus diese Naivität verloren. Er hätte sich freilich auch schon durch eine vorurteilslose Platon- oder Aristoteles-Lektüre von seinem Irrtum befreien können. Denn was immer als einzelnes Datum oder Faktum angesehen wird, enthält bereits eine begriffliche Bestimmung.

Die Neuzeit hat sich jedoch mit einer anderen Entdeckung interessant gemacht. Sie glaubte das Individuum von innen her entdecken zu können. Der Mensch beschrieb sich als ein mit Eindrükken erfülltes Bewusstsein, das sich nur dieser Eindrücke, nicht aber der Dinge im Außenraum sicher sein könne. Der einzelne Mensch, so wurde und wird es seit Descartes behauptet, habe nur in seiner eigenen Vorstellungswelt ein verlässliches Wissen. Die Existenz äußerer Dinge bleibe so lange ungewiss, wie sie nicht durch eine göttliche oder eine logische Garantie bestätigt werde.

Damit war eine ontologische Priorität der „Subjektivität" beansprucht. Der Selbsterfahrung des Individuums wurde eine eigene, von allem anderen kategorial getrennte Sphäre zugesprochen. In dieser Sphäre war das Subjekt prinzipiell durch nichts Äußeres eingeschränkt. Es konnte souverän über eine Vorstellungswelt verfügen, noch ehe es sich auf die reale Welt einließ. War es in der Lage, sich auch als empirisches Wesen zu sehen, so verfügte es gleich doppelt über sich, zunächst in seinen „inneren" und darauf dann auch in seinen „äußeren" Handlungen.

So wenig überzeugend die Subjektivitätsunterstellung der Moderne auch ist, sie scheint das Selbstbewusstsein des Individuums qua Individuum gestärkt zu haben. Es sind insbesondere die exaltierten metaphysischen und literarischen Reaktionen auf die Subjektivitätsphilosophie, die zu einer stärkeren begrifflichen Akzentuierung des Individualitätsbegriffs geführt haben: Das prominenteste Beispiel ist Leibniz' Konzeption einer Monadologie, in der es nur das Innere einer alles vollkommen auf sich zurückspiegelnden Seele gibt. Selbst die äußere Welt wird zu einem Moment der absolut individualisierten Binnenwelt. Das ist ein Gedanke von atemberaubender Konsequenz. Er scheitert jedoch daran, dass die Seele zwar alles nur aus sich selbst verstehen kann, dabei aber nicht hermetisch („fensterlos") abgeschlossen ist, sondern gerade im Verstehen aus sich heraus geht. Schon im Begriff, ganz gleich worauf er sich bezieht, ist jedes Individuum über sich hinaus.

Eine andere prominente Reaktion auf die Subjektivitätsthese der Moderne haben wir in der romantischen Selbstversenkung ins Gefühl. Auch in ihr wird die Individualität von innen her erkundet. Und da sie sich auf tief im Inneren verborgene Quellen beruft, erscheint das Individuelle als unergründlich, unberechenbar und letztlich rätselhaft. Bei Licht besehen, wird damit nur das elementar

Gegebene, das Sinnliche oder Stoffliche des Individuums exponiert, das schon Aristoteles als unverzichtbares Moment einer jeden Substanz betont. Aber wer wollte bestreiten, dass sich das Individuum im Spiegel seiner Stimmungen reichhaltiger und köstlicher macht? Allein Nietzsches extrovertierte Umkehrung der romantischen Selbstversenkung in der auf genialische Entäußerung bauenden Artisten-Metaphysik belegt, wie sich die Individualität von innen her zur größten kulturellen Bedeutsamkeit potenziert.

Es ist das Verdienst Ernst Cassirers, in Kenntnis der verschlungenen Geschichte der neuzeitlichen Subjektivität und in Anerkennung der selbstbewussten Produktivität des Individuums einen weiten und gleichwohl prägnanten Begriff der Individualität entwickelt zu haben. In seiner Konzeption ist der neuzeitliche Gegensatz von Innen und Außen aufgehoben; die allen Sinn und alle Bedeutung tragende ontologische Dimension ist beachtet; die regenerative Kraft der ästhetischen Kreativität wird erstmals in einen weiten kulturellen Horizont gestellt; und am Ende wird die maßgebende ethische Konjunktion von Individualität und Humanität nicht vergessen. An Cassirers Werk wird deutlich, wie umfassend eine auch nur die wichtigsten historischen und systematischen Aspekte der Individualität behandelnde Untersuchung zu sein hätte.

24 *Eine paläontologische Anregung.* Der Londoner Neurobiologe John R. Skoyles hat Anfang 1999 eine für seine Disziplin offenbar neue Hypothese über die Leistung des menschlichen Gehirns publiziert.[5] Das außerordentliche Größenwachstum des Gehirns, das in der Entwicklungsgeschichte des Menschen im Laufe von drei Millionen Jahren um das Dreifache zunahm, habe, so Skoyles, nichts mit dem zu tun, was der Intelligenztest misst. Nun sind wir ohnehin skeptisch, ob der Intelligenztest eine Leistung misst, die etwas mit der Realität des menschlichen Lebens zu tun hat. Gleichwohl hat die These von Skoyles eine beachtenswerte Pointe: Die Größe des Gehirns, so meint er, stehe in direktem Zusammenhang mit der Zunahme des individuellen Wissens. Skoyles spricht von der *expertise capacity*, die in sozialen Verbänden zwar gestützt und gefördert, aber stets nur von Individuen erworben und ausgeübt wird.

5 J. R. Skoyles, Brain Size and Expertise, 1999, 35 ff.

Dieses individuelle Expertenwissen hat nur wenig mit den allgemeinen Fähigkeiten des Rechnens, Kombinierens und Schließens zu tun. Es besteht im Wesentlichen aus Erfahrungsdaten *(informational chunks)*, die individuell gesammelt und geordnet werden müssen, um ein in der Erfahrung brauchbares Wissen abzugeben. Zwischen diesem individuellen Wissen und dem Intelligenzquotienten gibt es keinen messbaren Zusammenhang – wohl aber zwischen der Lebenszeit und dem Umfang des Wissens. Vermutlich spielen auch die individuelle Aktivität, das jeweilige Interesse und die objektive Chance zu eigener Erfahrung eine Rolle.

Gestützt auf neuere anthropologische Studien sowie auf umfangreiches biographisches und experimentelles Material kommt Skoyles zu dem Ergebnis, dass individuelles Fachwissen bereits in den einfachen Jägerkulturen zu deutlichen Lebensvorteilen geführt hat. Es erlaubt zum Beispiel einem kompetenten Jäger, an einer Fährte abzulesen, von welchem Tier sie stammt, welches Geschlecht und Alter es hat, ob es allein oder in einer Gruppe war, was es gefressen hat und wie alt die Spur ist. Da das Sammeln dieses Fachwissens lange dauert, reift ein Jäger bei diesen Völkern erst im Alter von 40 Jahren zu wahrer Meisterschaft heran. Die jungen Männer werden bei der Jagd stets von erfahrenen Alten begleitet, die Spuren lesen und Anweisungen geben.

Entsprechendes gilt für alle anderen Überlebenstechniken in einer arbeitsteilig organisierten Gesellschaft: etwa für die Herstellung von Werkzeugen und Kultgegenständen, für die Bekämpfung von Krankheiten oder für die sozialen Techniken der Steuerung größerer Gruppen. Die Leitung der Gemeinschaft ist über Jahrtausende hinweg eine Aufgabe, die man nur den älteren Mitgliedern zutraut.

25 *Kurzbiographie der Individualität.* Das Ergebnis der neurobiologischen Studie ist bemerkenswert, wenn vielleicht auch nicht wirklich überraschend. Denn wenn wir uns fragen, was den Menschen vor den anderen Lebewesen auszeichnet, so kommen wir eben nicht nur auf die bekannten körperlichen Merkmale und auch nicht bloß auf eine ständig schrumpfende Liste technischer und intellektueller Fertigkeiten, sondern vor allem auf die mit diesen Fertigkeiten im jeweiligen kulturellen Umfeld nach und nach gesteigerte Individualität. Der Mensch ist das sich ausdrücklich individualisierende Lebewesen. Er kommt – vor seinesgleichen und vor sich selbst – zu sich selbst. Darin aber liegt nicht nur seine Eigenart, sondern auch das Ziel seines Daseins. Also haben wir in seiner Individualität nicht nur das maßgebliche anthropologische Kriterium, nicht nur das ihn selbst steigernde Medium seiner eigenen kulturellen Produktivität, sondern zugleich das ethische Telos seines selbstbewussten Tuns.

Das Individuum, so können wir auch sagen, wird sich im Gang seiner natürlichen Entwicklung zur eigenen Aufgabe. Es ist, wenn wir die Geschichte des Lebens einmal in die Form einer fiktiven Biographie bringen dürfen, am Anfang bloßes physisches Ding; dann schließt es sich in eigene Grenzen ein und organisiert sich selbst; dabei kommt es aus eigenem Impuls zur ursprünglichen Verbindung mit seinesgleichen, denn es teilt sich und paart sich und geht immer wieder selbst aus Teilung von seinesgleichen hervor. Es schafft sich auch seine Welt nach seinem eigenen Schema, denn es kann nur mit dem in wirksame Verbindung treten, das es sich selber angleicht. Im eigenen Werk wird diese Angleichung zum Programm.

Schließlich wird die aus dem Leben emporwachsende Kultur zur Sphäre der sich selbst erfahrenden Individualität, in der das zunehmend selbstbewusste Individuum sich selbst zu erhalten und zu entfalten sucht. Dabei stellt die Kultur ausdrücklich Aufgaben der bewussten Sicherung ihrer eigenen Bedingungen. Das Individuum hat sich als Teil eines selbst gestalteten Zusammenhangs zu begreifen, den es in der Politik sogar nach dem Modell seiner eigenen Zuständigkeit zu verantworten sucht. Kultus, Kunst und Politik bleiben in allem die Sphären der Selbstbestätigung und Selbststeigerung des Individuums, das in Gott seine alles Maß bemessende Grenze findet. Ihr ist es in der ästhetischen Erfahrung persönlich am nächsten, und in der ethischen Selbstverantwortung versucht es sogar, sich von dieser Grenze her selbst zu bestimmen.

In dieser Kurzbiographie der Individualität liegt der Gedankengang der nachfolgenden Skizze beschlossen. Er greift unvermeidlich weit auf höchst Allgemeines aus, geht aber in allem von der unumgänglichen Selbsterfahrung des Menschen aus. Damit dies beim Lesen stets gegenwärtig bleibt, habe ich mich bemüht, so zu sprechen, dass jeder den Gedanken möglichst schon von selbst zu fassen vermag. Damit versuche ich, dem die Philosophie leitenden Ideal der Selbsterkenntnis auch in der unvermeidlich allgemeinen Mitteilung nahe zu kommen.

I. Wissen

1 *Die Individualität der Dinge.* Alles ist individuell. Jedes Sandkorn, jeder Lichtreflex, jede Schaumkrone, jeder Flügelschlag und jeder Wassertropfen kommt so, wie er an *dieser* Stelle zu *dieser* Zeit ist, nur *einmal* vor. In dieser Einmaligkeit hat er *sein* Material und *seine* Gestalt, *seinen* Ort und *seine* Zeit.

Das ist die ontologische Einsicht, von der wir auszugehen haben. Nur im Begriff, nicht aber bei den realen Vorkommnissen der Welt gibt es strikte Gleichheit. Nur der gedachte Kreis ist wirklich rund. Jeder gezeichnete Kreis weist Besonderheiten auf, die ihn von jedem anderen Kreis unterscheiden. Auch ein in Massenauflage gedruckter Kreis kommt auf jedem Blatt gesondert vor. Selbst Serienproduktion bringt – in jedem einzelnen Exemplar – Individuen hervor.

Am Beispiel des Kreises können wir uns überdies klarmachen, dass die ontologische Staffelung der Dinge und Ereignisse gegen unendlich geht. Denn es ist nicht nur der uns vielleicht in einer sorgfältigen Zeichnung vor Augen stehende Kreis, dem wir auf *diesem* Blatt, in *diesem* Raum und in *dieser* Stunde Einmaligkeit zugestehen. Vielmehr gilt für ihn nur etwas, das wir für jedes seiner Segmente und für jeden Punkt auf seiner Linie ebenfalls unterstellen müssen. Es gilt in gleichem Maße für die ihn umgebenden Dinge und natürlich auch für uns, die wir ihn betrachten oder jetzt – als Beispiel wählen.

2 *Die Individualität der Mengen.* Wenn alles individuell ist: Ist dann „alles“ nichts? Oder ist „alles“ etwa auch individuell? Das hängt davon ab, was „alles“ eigentlich meint: „Alles“ meint zunächst die Gesamtheit der Dinge oder Ereignisse, von denen die Rede ist. Im äußersten Fall ist dies die „Welt“. In den alltäglichen Fällen meint „alles“ eben *alles*, was man hat, *alles*, was man mitnehmen muss oder vor der Abreise noch zu tun hat. Man weiß schon als Kind, dass man alles aufessen muss oder zuweilen alles aufzuräumen hat.

Die jeweils gemeinten Dinge und Sachverhalte sind natürlich nicht nur im einzelnen, sondern auch in ihrer jeweils gemeinten Gesamtheit individuell. Wie sollte es auch anders sein? Aus einer Summe von einzelnen Dingen kann selbst immer nur etwas Individuelles werden. Auch wenn noch so viel im Zimmer herum liegt: „Alles“ ist eine bestimmte Anzahl von Spielsachen, die in *diesem* Raum, an *diesem* Tag ein durch und durch individuelles Ensemble von Dingen ergeben. Also ist auch das, was „alles“ umfasst, singulär – unabhängig davon, wie viel es umfasst. Auch wenn man vor der Reise noch -zig Dinge zu erledigen hat, sind diese Dinge ein konkreter Bestand von Aufgaben, den ich zwar nicht einfach durch Zeigen aufweisen, der aber aufgezählt oder durch einzelne Tätigkeiten erledigt werden kann. Sogar die Welt, obgleich sie unzählige Dinge und Ereignisse enthält, muss etwas Individuelles sein, wenn der Begriff von ihr Bedeutung haben soll.

3 *Individualität der Wörter.* Was immer „alles“ in der Sache meint, ist also individuell. Wie aber ist es mit „alles“ selbst? Hier ist eine weitere Unterscheidung nötig: Nachdem wir die gemeinte Sache von dem bezeichnenden Wort abgegrenzt haben, müssen wir fragen, ob nur das *Wort* „alles“ oder dessen *Begriff* in Rede steht. Soll bloß das ausdrücklich gesprochene, geschriebene oder leise vor mich hingesagte Wort gemeint sein, dann ist dies natürlich auch immer ein singuläres Ereignis und insofern individuell. Es kann deutlich oder undeutlich artikuliert, in Hand- oder Maschinenschrift notiert oder – aus einer didaktischen Laune heraus – in seiner französischen Variante vorgestellt werden: In allen diesen Fällen bleibt das Wort individuell. Es ist an einen singulären Akt gebunden, wird hier und jetzt laut oder leise gesprochen oder steht in einer bestimmten Schreibweise auf einem bestimmten Blatt Papier. Das Wort ist somit – wie die einzelnen Dinge selbst – ein Vorkommnis in der realen Welt und teilt als solches das Schicksal aller Dinge und Ereignisse: Es ist jetzt und immer wieder individuell.

Das gilt selbst für den Fall des stummen Denkens, wenn das Wort weder laut gesprochen noch in Gesten ausgedrückt, weder geschrieben noch an der Tafel gezeigt, sondern bloß von mir gedacht wird – und zwar *jetzt*. Wir wissen längst, dass die damit verbundene Aktivität mit Vorgängen in unserem Nervensystem verbunden ist, die sich durch Messungen sichtbar machen lassen. Diese Messungen weisen auf einen Komplex singulärer Vorgänge des Organismus hin, die erkennen lassen, dass auch das zu einem bestimmten Zeitpunkt gedachte, gleichsam tonlos gesprochene „alles“ einen singulären Akt unseres Organismus darstellt. Es gehört somit zu den psychologischen Vorkommnissen, die wir erfragen und protokollieren sowie in ihren physiologischen Korrelaten messen können.

4 *Das Begreifen und der Begriff.* Die psychische und physiologische Realität eines Wortes ist aber nicht dessen *Begriff.* Zwar gehört die Abgrenzung zwischen Wort und Begriff zu den schwierigsten Problemen der Philosophie. Doch so voraussetzungsreich es ist, die Differenz exakt zu fassen, so unbestreitbar ist der Unterschied bereits im alltäglichen Gebrauch: Das Wort ist nur eine Laut- oder Buchstabenfolge – und insofern stets individuell. Zu seiner Funktion als bedeutungsvollem Teil der Sprache kommt das Wort aber nur, wenn in ihm etwas „begriffen“ wird. Worte haben nur Bedeutung, wenn sie für Begriffe stehen. Wir können auch mit Platon sagen: Wenn sie als Begriff *gebraucht* werden.[1]

Das Wort „Buch“ kann die üblicherweise mit ihm verknüpfte Leistung der Bezeichnung eines entsprechenden Gegenstandes nur erbringen, wenn es sich eindeutig auf das gemeinte Buch bezieht. Eben das ist dann das „Begreifen“ des Buches durch die korrekte Verwendung des Wortes. Auf diese Weise kann man das Buch „begreifen“ – ohne es anzufassen. Und eben dies geschieht durch den *Begriff*, den wir durch das Wort „Buch“ (oder irgendein anderes Laut- oder Schriftzeichen) zum Ausdruck bringen. Was sich aber im Akt dieses nicht handgreiflichen Begreifens vollzieht, kann man gleichwohl in Analogie zur Tätigkeit der Hand anschaulich machen:

1 Vor welchen Schwierigkeiten die Beschreibung an dieser und an folgenden Stellen steht, wird deutlich, wenn ich sage, worum es geht: nämlich darum, für den Begriff des „Begriffs“ einen angemessenen Begriff zu finden. Frege, dessen Vorschlägen ich in Aufnahme der alltäglichen Begrifflichkeit weitgehend folge, hat die Schwierigkeit benannt: „Wenn ich von einem Begriff reden will, zwingt mir die Sprache mit kaum entrinnbarer Gewalt einen unpassenden Ausdruck auf, wodurch der Gedanke verdunkelt – fast könnte man sagen – verfälscht wird.“ (G. Frege, Ausführungen über Sinn und Bedeutung, 1973, 29)

Im zupackenden Begreifen vollzieht sich die psycho-physische Verfügung über einen Gegenstand. Ein Mensch nimmt die Sache absichtlich in den Griff und kann so nach seinen Zwecken mit ihm umgehen. Natürlich muss er sich nach den Gegebenheiten der jeweiligen Sache richten: Luft lässt sich nicht mit Händen fassen, für Wasser braucht man ein Gefäß, für das Gefäß hat man einen Henkel. Alles hinreichend Feste, das von der Hand ergriffen und bewegt werden kann, lässt sich, wenn die Umstände es erlauben, der eigenen Verfügung unterstellen. Sofern keine gravierenden Hindernisse entgegenstehen, ist der mit Händen ergriffene physische Gegenstand menschlichen Zwecken dienstbar.

Analog geschieht es in dem durch das Wort angezeigten Begriff: Nur muss es nicht sogleich um eine bestimmte physische Verfügung gehen. Der Begriff berührt die Dinge nicht. Die Disposition ist völlig offen. Das Begriffene wird nur in eine *mögliche* Verfügung genommen. So etwas wie *Möglichkeit* kommt überhaupt erst durch den Begriff in die Welt, in dem er den Horizont für bewusste Handlungschancen eröffnet. Mit der Möglichkeit aber wird auch die *Wirklichkeit* bewusst. Denn sie ist das, was bestimmte Möglichkeiten zulässt und andere verwehrt. Und in dieser Abklärung fällt uns auf, dass wir uns mit den Begriffen immer auch im Bereich des *Notwendigen* bewegen.

Wenn ich ein Buch mit Händen greife, kann ich es aufschlagen und lesen, kann es aber auch bloß beiseite räumen oder in die Bibliothek zurückbringen. Habe ich dagegen einen Begriff von dem Buch, kann ich es in alle – denkbaren – Zusammenhänge stellen und darüber in unbegrenzten Variationen verfügen, ehe ich auch nur eine einzige Handlung ausführe. Vielleicht lasse ich die Handlung ganz. Dann begreife ich das Buch nur in den *Möglichkeiten* des Umgangs mit ihm – Möglichkeiten, die nach der Eigenart des Begriffs *alle* haben, die auch begreifen können. Die Disposition erfolgt bloß in *Gedanken*. Gedanken sind die in einen sinnvollen Zusammenhang gebrachten Begriffe. In ihnen ist das mit Begriffen umgehende Wesen auf einen Sachverhalt bezogen, der ihm selbst etwas *bedeutet*. Diese Bedeutung *für* das mit Begriffen umgehende Wesen ist der *Sinn*. Der Sinn aber zeigt sich in Handlungen, ja, er *ist* die in ihnen wirksame Absicht.[2]

2 Dazu: J. Dewey, Erfahrung und Natur, 1995, 179 u. 184, der den Sinn *(meaning)* als die gemeinsam geteilte Absicht *(intent)* definiert.

5 *Allgemeine Verfügung im Begriff.* Im Begriff wird auch das einzelne Ding zu etwas Allgemeinem. Vielleicht sind meine Augen ebenso wie meine Gedanken auf *dieses* Buch auf dem Tisch gerichtet. Indem ich aber auch nur anfange, darüber nachzudenken, was mit diesem Buch zu geschehen hat, habe ich es *als Buch* genommen und ihm damit einen *allgemeinen* Charakter gegeben, der mir erlaubt, mit ihm so zu verfahren, wie es überhaupt mit Büchern möglich ist. So hat der Begriff selbst *dieses* Buch ganz allgemein *als Buch* begriffen. Und eben dadurch habe ich die Chance, noch vor jedem konkreten Griff nach *diesem* Buch *alle möglichen* Verfügungen über das Buch zu *bedenken*. Nun habe ich es gleichsam *in jeder Hinsicht* – das heißt auch: für jeden möglichen Anderen – „im Griff".

Ist der begriffliche Bezug gegeben, so kann man statt Buch auch „p" oder „book" oder „livre" sagen. Die verschiedenen Laute haben die gleiche Bedeutung, sofern sie sich in den natürlichen Sprachen oder per Konvention auf das Buch beziehen. Gewiss hat das sachlich-nüchterne „p" einen anderen Klang, von dem auch sein Sinn eingefärbt sein kann; ein Dichter wird zu „Buch" ganz andere Assoziationen haben als zu „book" oder „livre"; wer weder Englisch noch Französisch gelernt hat, wird schon das Beispiel nicht verstehen. Doch davon muss hier keine Rede sein, weil es nur die grundlegende Differenz zwischen Wort und Begriff zu illustrieren gilt: Im Unterschied zu den wechselnden Wörtern baut der Begriff eine stabile Beziehung zu der durch ihn begriffenen Sache auf. Sie ist so eng, dass nicht selten so geredet wird, als seien Begriff und Sache ein und dasselbe. Es ist aber nur der Begriff, dem wir diese stabile Verbindung verdanken.

6 *Gleichheit im Begriff.* Der Begriff als bloßes Element eines Gedankens kommt, wie bei der Hand, in den *Leistungen* zum Ausdruck, in die wir die Dinge einbeziehen. Die Leistungen kann man mit Kant, Frege, Simmel oder Cassirer auch *Funktionen* nennen. Im Fall von „alles" heißt dies, dass ich alle in einem bestimmten Begriffsgebrauch gemeinten Dinge *als gleich* behandle: Was immer „alles" in einer konkreten Verwendung auch meint: Es muss aufgegessen oder aufgeräumt werden. So unterschiedlich die Individuen einer Menge auch sein mögen: Wenn sie einheitlich als „alle" begriffen (und eben nicht nur benannt) werden können, dann gelten sie in einer bestimmten Hinsicht *als gleich*; andernfalls könnten sie nicht gleichermaßen gegessen oder aufgeräumt werden.

Damit haben wir das wichtigste Indiz für die elementare Leistung des Begriffs: Er macht es möglich, dass wir Dinge oder Ereignisse so behandeln können, als wären sie (in mindestens einer Hinsicht) *gleich*. Höchst Verschiedenes kann in seinem Zeichen als ein und dasselbe erscheinen. Die Individualität der jeweils begriffenen Dinge bleibt unberücksichtigt, denn die einzelnen Dinge werden als gleiche Elemente der unter den Begriff fallenden Menge angesehen. Im Medium des Begriffs hat das Individuum die Chance, mit höchst verschiedenen Dingen *einheitlich* umzugehen.

Darin liegt der praktische Ursprung des Begriffs, der selbst wieder eminent praktische Folgen hat: So unterschiedlich die Dinge in einem bestimmten Zusammenhang auch sind: Sie können alle *als gleich* behandelt werden. Die Praxis der Gleichbehandlung wird im Begriff generalisiert. In seinem Zeichen verlieren die stets verschiedenen Dinge ihre Differenz: Birnen, Äpfel und Kirschen werden zu Obst; und das für Obst als entscheidend angesehene Merkmal gilt *allgemein*.

7 *Das Allgemeine des Begriffs.* Da der Begriff selbst nichts anderes ist als ein Element eines notwendig allgemeinen Gedankens, muss man ihn selbst als *allgemein* bezeichnen. Denn die Leistung des Begriffs ist ja unabhängig davon, wie ich ihn zum Ausdruck bringe: Ob ich ihn laut oder leise artikuliere, mit einer Geste bedeute oder auf ein Blatt Papier schreibe, entscheidend ist die Herstellung der Allgemeinheit eines Zusammenhangs von einzelnen Elementen. Und diese Herstellung ist nicht nur im Effekt, sondern schon im Verfahren allgemein. Also ist sie selbst etwas Allgemeines. Die Entstehung des Begriffs kann ebenso wenig wie seine Leistung aus einem empirischen Mechanismus abgeleitet werden. Wohl aber kann man den Gebrauch des Begriffs unter die *Verfahren* rechnen, mit und in denen das Individuum mit Individuellem umgeht.

Ein Beispiel mag dies erläutern: Auch wenn jede konkrete Handlung ihre unverwechselbaren Eigenheiten hat, obgleich jedes Auto sein spezifisch eingerichtetes Zündschloss hat (oder zumindest haben soll) und obgleich es eine Vielzahl mechanischer und elektronischer Schlösser gibt: Der Begriff des Zündschlüssels bedeutet, dass da ein handlicher Gegenstand ist, mit dessen Hilfe sich das Fahrzeug entsichern und der Motor zünden lässt. Der Begriff zeigt das *Verfahren* an, und das ist, trotz aller individuellen Unterschiede, allgemein. Und erst in dieser Allgemeinheit hat der Begriff des Zündschlüssels seine Bedeutung. In ihm kommt die *Regel* zum Ausdruck, in der sich einzelnes auf einzelnes bezieht.

8 *Die Begrifflichkeit des individuellen Selbst.* Wer Begriffe gebraucht, begreift sich selbst. Wer sagen kann: „Dies ist ein Buch“, macht nicht nur deutlich, dass er diesen einzelnen Gegenstand (das Buch) als Fall eines Allgemeinen (nämlich als ein Exemplar aus der Gesamtheit der Bücher) begreift, sondern er bezieht es auch in eindeutiger Weise auf sich.

Nehmen wir an, das Buch befinde sich vor ihm auf dem Tisch: Indem er mit dem Demonstrativpronomen darauf verweist, stellt er es in direkten Bezug zu sich selbst. Dabei ist er nicht darauf beschränkt, darauf zu zeigen. Er kann durchaus Verschiedenes damit tun, in Gedanken kann er sogar *alles Mögliche* damit anstellen. Dazu gehört, dass der begriffliche Umgang auch eine jederzeit mögliche Wiederholung einschließt. Die Wiederholung aber impliziert eine Konstanz, die den Täter einbezieht. Wenn ich jetzt etwa „Buch“ sage und wenig später „Attrappe“, ohne zu erklären, warum ich plötzlich zu einer anderen Bezeichnung komme, gerate ich in Widerspruch zu mir selbst. Auch darin zeigt sich, dass die im Begriff unterstellte Stabilität der begriffenen Sache das begreifende Individuum mit einschließt.

Offenkundig ist das bei der soeben illustrierten Verwendung von „alle“. Die mit diesem Ausdruck begrifflich erfasste Gemeinsamkeit schließt ein, dass ich jedes unter „alle“ gefasste Element in der begriffenen Hinsicht als *gleich* behandle. Dabei kann ich mir selbst aber nicht fortlaufend ungleich werden. Im Gegenteil: Solange ich in der begrifflichen Perspektive mit der von mir gedachten Gesamtheit von Individuen stehe, setze ich mich selbst als etwas Gleichbleibendes an. Dass alles aufzuessen oder aufzuräumen ist, gilt nur, solange „ich“ mich dabei als *derselbe* begreife.

Der konstante Selbstbegriff kann sogar trotz offenkundiger Veränderungen durchgehalten werden: Wer isst, verändert sich physisch mit jedem Bissen, den er zu sich nimmt; wer Gastgeber ist, kann am Anfang des Festes in einem völlig anderen Zustand sein als am Ende; wer ein Buch nicht nur aufschlägt, sondern wirklich liest, geht selbst auf einen Zugewinn an Erkenntnis oder Unterhaltung aus. Trotzdem hat er, selbst wenn er nur von *dieser* Mahlzeit oder von *dieser* Lektüre spricht, einen einheitlichen Begriff von sich selbst. Mit der gleichmachenden Funktion des Begreifens macht er sich folglich immer auch selber gleich. Er gewinnt darin seine begrifflich bestimmbare Identität.

9 *Begriff und Naturprozess.* Die Begriffe, so können wir sagen, steigern eine praktische Leistung ins Allgemeine. Wir werden durch sie in die Lage versetzt, völlig unterschiedliche Individuen als gleich zu behandeln. In ihrem Zeichen werden die unter sie gefassten Einzeldinge – bereits rein theoretisch – dem gleichen Schicksal zugeführt. Man denke nur an etwas so Elementares wie eine Handvoll Kartoffeln: Jede hat ihre eigene Gestalt; keine ist der anderen gleich. Dennoch werden sie alle nach dem gleichen Verfahren geschält, gekocht und verzehrt. Dabei steht außer Zweifel, dass der letzte Akt, das Essen, der entscheidende ist. In ihm liegt der Ursprung der Praxis, und hier erkennen wir auch ohne nähere Erläuterung, dass wir die Kartoffeln nicht nur gleich behandeln, sondern dass wir sie *uns* angleichen, sobald wir sie schälen, kochen und essen.

In dieser Angleichung werden wir selber allgemein: Schon vor der Mahlzeit können wir wissen, dass wir Wesen sind, die immer wieder hungrig werden und die ihren Hunger auch durch Kartoffeln stillen können. Wir sind – neben vielen anderen – also die Lebewesen, denen diese Nahrung bekommt. So werden wir in der Einstellung auf die von uns als gleich behandelten Dinge selber Teil einer Beziehung, in der wir einen immer gleichen Stellenwert haben. Jedes singuläre Wesen macht sich den Dingen, die es sich einverleibt, in gewisser Hinsicht gleich. Ja, alles, worauf es sich aus eigenem Bedürfnis bezieht, muss ihm selbst entsprechen, wenn das Bedürfnis befriedigt werden soll.

Das Beispiel zeigt, wie in Bedürfnis und Befriedigung des lebendigen Wesens schon etwas von dem wirksam ist, was erst auf der Ebene des Begreifens zu einem prägnanten Ausdruck findet. Aus den Entsprechungen der Natur, ohne die kein Stoffwechsel und keine Vermehrung möglich wären, macht erst das begriffliche Denken exakte Korrelationen zwischen begrifflichen Elementen, die Gleichheit erfordern.

In den Vorgängen der Natur gibt es ein hohes Maß an Korrelationen: Das Atom muss *exakt* in die Molekülkette passen, die Elemente in einem Kristall müssen vollkommen *gleich* ausgerichtet sein, das Wasser des Flusses fließt in *eine* Richtung, die Chromosomenhälfte muss auf eine ihr *genau* entsprechende andere Hälfte treffen, damit die Zellteilung eingeleitet werden kann. Und haben nicht die prägnant geteilten Zellen in der Regel eine völlig *gleiche* Erbsubstanz, ohne die es keinen Organismus gäbe?

Das ist alles nicht zu leugnen. Aber die Rede von Exaktheit, Richtung oder Gleichheit setzt schon ein begriffliches Verständnis voraus. Und dort, wo sich, wie beim „Passen", Gleichheit als wirksam erweist oder, wie beim „Teilen", das Produkt der Naturvorgänge zu sein scheint, da haben wir das Verfahren der Angleichung und Gleichbehandlung, das sich auch in der Verwendung der Begriffe äußert und das wir erst mit den Begriffen *als gleich* erfassen können. Das, was mich normalerweise mit ziemlicher Gleichmäßigkeit atmen lässt, das führt mich auf der Ebene ausdrücklicher Tätigkeit dazu, Begriffe zu verwenden.

Die grundlegende Entsprechung zu den Prozessen und Verfahren der Natur zeigt, wie sehr die Gleichheit an Vorgänge gebunden ist, die ihrerseits von gleichen Stoffen, gleichen Mitteln und gleichen Bedingungen abhängig sind. Gleichwohl gibt es in allen diesen tragenden Prozessen des Daseins Gleichheit im strengen Sinn erst mit dem Gebrauch des Begriffs. Damit erweist sich, trotz der grundlegenden Parallele zu den Vorgängen der Natur, die Stellung des Begriffs als einzigartig. Und stets erkennen wir die Bindung des Begriffs an das, was ihn – im Medium der Selbstangleichung – verwendet. Das ist das *individuelle Selbst.*

Daran ändert sich auch im Zusammenhang der technisierten Lebenswelt nichts: Wer einen Zündschlüssel gebraucht, macht sich selbst zum abstrakten Teil des abstrakten Verfahrens. „Man" muss den Schlüssel ins Schloss stecken und nach rechts drehen oder den elektronischen Auslöser betätigen; dann kann „man" das Auto so gebrauchen, wie es seiner Konstruktion entspricht. So wird „man" als Individuum Teil eines Verfahrens, dem „man" bereits durch den Gebrauch der Begriffe zugehört. Gleichwohl wirkt in allem „man selbst". „Man selbst" ist immer nur ein Ich.

10 *Die Soziomorphie des Begriffs.* Sobald ein Individuum in Gedanken ist, ist es nicht mehr bei sich allein. Solange es empfindet und fühlt, mag es ganz auf sich selbst bezogen sein. Wenn es aber etwas weiß und in Begriffen denkt, ist es notwendig bei dem Gedachten – und dies notwendig so, dass auch jeder Andere ebenso dabei sein könnte. Natürlich gilt dies nur auf der Ebene der Begriffe; wie sich das Individuum dabei fühlt, mag es wiederum nur für sich selber spüren. Aber als denkendes Wesen ist es unmittelbar bei den begriffenen Dingen – im Verein mit allen möglichen anderen, die den Sinn des in Begriffen gefassten Gedankens verstehen.

So macht sich jeder, der Begriffe gebraucht, „gemein". Das denkende Selbst ist – als begreifendes Subjekt – allgemein. Es ist eben nicht, wie man immer glaubt, „subjektiv", sondern es ist in seiner allgemeinen Ausrichtung auf anderes vor anderen seiner selbst „objektiv". Jeder, der Begriffe gebraucht, wird zum Moment in einem Verfahren, das durch den Begriff geregelt ist. Überdies ist der Mensch im Begreifen einer Sache niemals bloß bei ihr, erst recht nicht, wie der radikale Skeptiker unterstellt, ganz und gar bei sich selbst. Er ist vielmehr immer auch bei *seinesgleichen*. Seinesgleichen sind alle jene, die ihm in dieser Relation des Begreifens unmittelbar entsprechen. Sie nehmen in ihr den *gleichen* Stellenwert ein wie er und begreifen insofern die Sache *ebenso* wie er.

Dazu muss er nicht warten, bis sie ihm in der Sache zustimmen. Das tun sie, wie wir wissen, ohnehin nicht in jedem Fall. Vielmehr ist schon der Akt seines eigenen Begreifens auf die Einheit mit seinesgleichen angelegt. Der Gebrauch der Begriffe geschieht so, als sei das sich darin der Sache angleichende Selbst wie das Selbst eines jeden Anderen, der ebenfalls begreifen kann. Im Denken vollzieht sich nicht nur eine Angleichung zwischen dem Denkenden und seinem Gegenstand, sondern zwischen allen, die denken können. Das Denken ist ein *allgemeines* Begreifen der Dinge. Im Begriff wird die Individualität nicht nur angesichts der Dinge überspielt, sondern auch im Rekurs auf die begreifenden Wesen. Sobald sie in Gedanken sind, machen sie einander gleich und können sich nur auf der Folie der zugrunde liegenden Gleichheit mit ausdrücklichem Bezug auf Individuelles von einander unterscheiden. Der Begriff korreliert seinen Gegenstand somit nicht nur mit dem jeweils erkennenden Selbst, sondern immer auch mit jedem denkbaren anderen Selbst. Er eröffnet die *Sphäre des Wissens*, in die jeder, der über Begriffe verfügt, grundsätzlich einbezogen ist.

11 *Die Begrifflichkeit der Individualität.* Auch die Individualität ist von der Begrifflichkeit nicht ausgenommen. Denn die Individualität der Dinge und Ereignisse erkennen wir nur durch Begriffe. Das Allgemeine ist eine Erkenntnisbedingung des Individuellen – und umgekehrt. Gäbe es nichts Individuelles, hätten wir nichts zu denken. Dabei verdeutlichen wir das Allgemeine zunächst an einem beliebigen Fall, sofern er unter das Allgemeine fällt. Den Fall des Allgemeinen nennen wir das Besondere. Meinen wir jedoch ein ganz bestimmtes Besonderes, nicht irgendein Buch als Fall von Büchern, sondern vielmehr dieses spezielle Buch, in dem ich auch an diesem Tag meinen Gedanken anschaulich zum Ausdruck bringen möchte, dann ist dieses Buch etwas offenkundig Individuelles. Dann wird es, ob es gelingt oder misslingt, zum einzigartigen Bestandteil meines Daseins.

Freilich bedarf es dieser Dramatisierung nicht. Man braucht sich nur die absolute Singularität selbst der unscheinbarsten Situation klarzumachen – in der Verfassung, in der man *jetzt* ist, wird man diesen Augenblick nie wieder erleben. Aber auch unabhängig vom eigenen Erleben ist dieser Moment – des Schreibens wie des Lesens –, so wie er *jetzt* ist, einzigartig. Er kommt so, wie er augenblicklich, an dieser Stelle in eindeutiger, wenn auch nicht in vollständig beschreibbarer Weise neben unzähligen anderen individuellen Dingen ist, nur einmal vor.

Aber dies erkenne ich nur in Begriffen. Also steht die Individualität unter Bedingungen der Konzeptualität, die freilich – wenn überhaupt etwas begriffen werden soll – ihrerseits auf Individuelles angewiesen ist. Jeder Gegenstand steht unter seinem Begriff, und jeder Begriff muss, wenn er überhaupt Bedeutung haben soll, auf etwas verweisen, das wenigstens den Status eines Dinges hat. Eben darin zeigt sich die Unverzichtbarkeit notwendig allgemeiner Begriffe. Auf unser Beispiel bezogen, heißt das: Dieses Buch kann man in seiner Einzigartigkeit nur erfassen, wenn man es überhaupt als ein Buch begreift, wenn man also in der Lage ist, es in seiner Allgemeinheit zu erkennen. Die Individualität der Dinge erfahren wir nur in der Anwendung allgemeiner Begriffe. Das Einzelne tritt als Besonderes hervor: Man muss es immer auch als Fall eines Allgemeinen begreifen können.

12 *Sinnlichkeit und Leiblichkeit der Individualität.* Trotz der Unabdingbarkeit des Begriffs lässt sich die Individualität aller Vorkommnisse nur durch ihre Lage in *Situationen* fassen. Man muss zu einem bestimmten *Augenblick* auf etwas Bestimmtes verweisen können, um die Individualität hervortreten zu lassen. Also ist es der leibunmittelbare Situationsbezug, in dem die Singularität des Begriffenen anschaulich wird. Das Individuum ist hier und jetzt. Es muss selbst Körper unter Körpern sein, wenn ihm die Individualität eines Dinges oder eines Ereignisses bewusst werden können soll. Diese Kondition gilt auch für es selbst. In der überlieferten Sprache der Erkenntnispsychologie könnte man sagen, dass die Individualität nur in der „Anschauung" erfasst werden kann. Es muss die Sphäre der Sinnlichkeit hinzukommen, um etwas als „dieses bestimmte Ding" oder als „dieses Ereignis" auszeichnen zu können.

Wo etwas nicht unmittelbar in den Sinnen gegeben ist, muss es, um überhaupt erkennbar, denkbar oder benennbar zu sein, *erinnert* werden können. So kommt in solchen Fällen eine Leistung des Gedächtnisses hinzu, die ihrerseits zur leibhaftigen Anwendung kommen muss, um zur Identifikation von etwas nicht Gegenwärtigem zu gelangen. Wer im Gedankenexperiment unterstellt, er könne von *bloßen* Gedanken, *reinen* Begriffen oder *absoluten* Ideen ausgehen, der entdeckt in der leiblichen Präsenz der sinnlichen Anschauung das unverzichtbare Medium der Individualisierung. Tatsächlich sind in ihr alle überhaupt auf etwas bezogenen Eindrücke individuell.

Diese Bedingung lässt sich selbst anschaulich zum Ausdruck bringen. Denn die Kondition der Sinnlichkeit ist nur eine aus der Position eines Individuums stammende Umschreibung der Tatsache, dass man auf ein bestimmtes Ding oder Ereignis zeigen oder zugehen können muss. Jedes Vorkommnis ist ein „Dieses-da" *(tode ti).* Man muss entweder direkt mit dem Finger (oder durch eine andere Körperbewegung) darauf hinweisen können, oder man hat durch eine Beschreibung der Lage in Raum und Zeit die Aufmerksamkeit des jeweils mitgemeinten anderen, auf den jeder Bewusstseinsakt ohnehin gerichtet ist, an eben diese Raum-Zeit-Stelle zu lenken, damit auch er „sehen" kann, was gemeint ist. Man geht in der Vorstellung mit dem oder den anderen an den „Ort", an dem das Bezeichnete seine „Bedeutung" hat, und „deutet" (gemeinsam „vor Ort") darauf hin.

So erhält die Aussage ihren jeweils gemeinten *Sinn*, der ebenso wenig von der *Sinnlichkeit* ablösbar ist wie die *Sinnlichkeit* ihrerseits vom *Leib*. Die Sphäre der Sinnlichkeit ist stets an die Wirksamkeit der Lebendigkeit eines Leibes gebunden. Die Individualität der Dinge und Ereignisse ist mit der sich individualisierenden Organisation des Lebens direkt verknüpft; die Sinnlichkeit ist selbst ein Element in der Bewegung des Leibes, der in einer spezifischen Organisation, wie sie sich beim Menschen ausgebildet hat, auch in der sinnlich-begrifflichen Erkenntnis über ein spezifisches Ausdrucksmittel verfügt (*Theaitetos* 153a–157c).

13 *Das Individuelle ist absolut.* Die Sphäre der „reinen" Begriffe muss man als eine Konstruktion ansehen, die immer schon Einzelnes im Zusammenhang mit Einzelnem voraussetzt. Die Begriffe ergeben und erheben sich aus der Sphäre der Sinnlichkeit, längst bevor sie als „reine" Begriffe gedacht werden können. Sie sind nicht mehr als *Funktionen des Gebrauchs* von Individuellem durch ein Individuum für andere Individuen. So gesehen ist das Individuelle *absolut*.

„Absolut" ist es jedoch nur in seiner durchgängigen Relationalität. Wohin man sich auch dreht und wendet: Man hat absolut keine Aussicht, nur auf *ein* Individuum zu stoßen – und auf sonst gar nichts. Vielmehr lässt sich ohne jede Einschränkung behaupten, dass man jederzeit und in allem nur auf Individuen trifft und sich eben dabei *selbst* als Individuum begreift. Insofern ist wirklich alles individuell verfasst. „Absolut" sage ich, um die metaphysische Perspektive kenntlich zu machen, in der bereits diese Aussage steht. Es ist eine Perspektive, die wir notwendigerweise einnehmen, wenn wir über so etwas wie „Wirklichkeit", „Welt" oder auch nur über „Dinge" sprechen.

14 *Individualität als Kontrastphänomen.* Auch wenn alles individuell ist: Vieles erscheint uns trotzdem nicht so – zum Beispiel alles, wovon sich das Individuelle abhebt. Das Läuten des Telefons, das wir auf das eigene Gerät in der Tasche beziehen, tritt aus dem diffusen Lärm der Halle eindeutig hervor. Auch der Lärm selbst, wenn er uns denn beim Warten auf die Ankündigung des Zuges auffällt, wird als etwas Individuelles erfahren; dann ist er auf *diesen* Bahnhof in *dieser* Stadt – vielleicht nur in *diesem* Augenblick allgemeiner Verspätung – bezogen. Aber solange der Lärm nur als Geräusch im Hintergrund erscheint, aus dem ich das Läuten meines Geräts heraushöre, ist er ein diffuses Umfeld, das selbst nicht als etwas Individuelles hervortritt.

Dieses Kontrastphänomen gibt es nicht nur im Verhältnis eines individuierten Gegenstandes zu seiner Umgebung. Auch in Relation zu dem, woraus ein Gegenstand gemacht ist, scheint es eine materiale Masse zu geben, die erst durch die spezifische Form des Gegenstandes zu einem Individuum wird. Ein Akkord zum Beispiel besteht aus einer Anzahl von Tönen, die in der Regel nicht als individuierte Laute wahrgenommen werden; erst ihr Zusammenklang gibt dem Ereignis seinen individuellen Charakter. Der Brei, mit dem ich – Löffel für Löffel – den Kleinen füttere, kann zwar auf dem Teller als etwas Individuelles wahrgenommen werden, das ganz und gar aufzuessen ist. Aber solange ich füttere, hole ich Löffel für Löffel aus der Masse heraus und sorge dafür, dass jeder einzeln in dem kleinen Kerl verschwindet. Und so wenig die Portion (solange sie noch als ungeschiedener Teil des Breis auf dem Teller lag) etwas Individuelles war, so wenig bleibt sie es, wenn sie erst einmal angenommen und geschluckt worden ist. Gleichwohl ist sie nicht zu nichts geworden. Wollten wir sie – etwa aus einem medizinischen Grund – noch als „etwas" identifizieren, hätten wir es im Akt der Erkenntnis zu individualisieren. Dann hätte man bestimmte Spuren zu identifizieren; und wenn die Auflösung im körpereigenen Gewebe schon zu weit fortgeschritten wäre, hätten wir auf die Individualisierung von Resten des Breis im Reagenzglas oder unter dem Mikroskop zu setzen. Die Individualität der Portionen wäre zwar verschwunden; der Brei aber hätte sich keineswegs in nichts aufgelöst. Wäre es anders, brauchten wir gar nicht erst zu essen.

Alles, was wir als *etwas* – und insofern stets als *etwas Individuelles* – erfahren, hebt sich von seinem – im Augenblick der bestimmten Erfahrung dieses Etwas – als nicht individuiert zurücktretenden Umfeld ab. Und etwas ist Individuum nur in dieser Eingrenzung, die sich natürlich nicht verliert, wenn man – abgrenzend – Individuelles mit Individuellem vergleicht. Dann haben die miteinander verglichenen Individuen ein ihnen gemeinsames Umfeld, aus dem sie – mindestens für den Moment des Vergleichs – gemeinsam hervortreten. Und im Vergleich gegen einander gesetzt, konturiert sich ihre Eigenart; dann kommt es zum Effekt der Steigerung der jeweiligen Individualität. Die Wahrnehmung von Individualität ist also selbst schon ein *Akt der Individuierung*, der die Individualität jeweils aus Nicht-Individuellem hervortreten lässt. Diesen epistemischen Akt der Individuierung kann man mit einem heute weit verbreiteten Begriff als *Intention* bezeichnen. In ihr ist ein seiner selbst bewusstes individuelles Wesen auf „etwas" – und damit auf etwas Individuelles – aus.[3]

15 *Das Individuum als Paradigma des Dinges.* Das Verhältnis von Figur und Grund gilt nicht nur für den Außen-, sondern auch für den Binnenaspekt von Individualität. Jedes Individuum ist aus etwas gemacht, das selbst nicht individuell erscheint, sondern erst im Individuum als dessen Träger zur Geltung kommt. Da ist es dann das „Material", das durch seine „Form" erkannt werden kann. Stoff und Form liegen aller Individualität voraus, denn – wie es scheint – kommt es jeweils erst durch ihre „Verbindung" zum einzelnen Gegenstand. Laut oder Brei, Lehm, Holz oder Marmor sind, so gesehen, bloße Stoffe. Erst in dem Etwas, das man aus ihnen formt, haben sie teil an der Individualität des aus ihnen geschaffenen Einzeldings. Damit haben wir das alte metaphysische Problem von Stoff und Form, das die Debatte über die individuellen Gegenstände seit Platon und Aristoteles begleitet und in der scholastischen Metaphysik einen Höhepunkt intellektueller Differenzierung erreicht.

Auch in der „Verbindung" von Stoff und Form scheint das Individuum aus einem intentionalen Akt hervorzugehen, denn es wird nach dem Modell des Herstellens gedacht: Etwas Ungeformtes erhält durch Einwirkung von Kräften seine Gestalt und wird erst durch die Formgebung zum individuellen Ding. Das *Einzel-*

3 Ich lege Wert auf den Zusammenhang der Intention mit anderen Leistungen des Organismus. Die Intention muss zu den originären Impulsen des sich genuin, spontan und gezielt bewegenden Lebewesens gerechnet werden. Obgleich sie kategorial einzigartige Leistungen erbringt, verbleibt sie im Rahmen der üblichen Arbeitsteilung des Organismus.

ding wird als *Werk* gedacht, das in seinem Status als Produkt zwei Prozessmomente, nämlich Stoff und Form, zusammenführt, die erst in dieser Verbindung etwas Individuelles ergeben. Entsprechend wird jedes *Ereignis* nach Analogie einer *Tat* vorgestellt. Wenn etwas bloß passiert, wird es wie eine Tat ohne Täter begriffen; die Unterstellung eines handelnden Subjekts aber bleibt. Insofern legen Praxis und Technik den Grund für alles, was ist – für alles, was in einem bestimmten Sinn „etwas" ist. Über das Werk und die Tat wird das Individuum zum Paradigma des Dinges.

Es ist damit auch das Paradigma des Atoms, das lange Zeit als das kleinste Ding gedacht wurde. Doch kaum hatten die Physiker es entdeckt, da war schon klar, dass es gar nicht unteilbar ist. Deshalb gibt es auch keine Chance, den Atomismus, eine der ältesten philosophischen Theorien überhaupt, zu erneuern. Der Individualismus wird nicht den Anspruch erheben, ihn zu beerben. Aber er kann verständlich machen, warum der Atomismus im lebensweltlichen Denken eine so hohe Plausibilität besitzt: Wir denken selbst den kleinsten Grundbaustein der Welt nach unserem Bild – als ein unteilbares Ganzes, als Individuum. Von daher lässt sich das Individuum mit gutem Grund als Element der Welt verstehen.

16 *Individualität als Indiz der Steigerung.* Individualität tritt aus einem Hintergrund hervor, gegen den sie überhaupt erst als etwas Bestimmtes wahrnehmbar wird; sie konturiert sich in einem eingrenzenden Akt gegenüber ihrem Umfeld zu dem, was sie ist. Natürlich gewinnt sie, worauf die Logiker fast ausschließlich achten, ihre begriffliche Prägnanz erst durch *Abgrenzung* von einem anderen Individuum. Aber sie erscheint auch als das Produkt einer Überlagerung von Stoff durch Form, um sich im Ergebnis als einzelnes Etwas zu präsentieren; sie tritt somit im Material als in sich geschlossene Form hervor.

Das gilt sogar für flüchtige und an den Rändern unscharfe Individuen wie für Wolkenfetzen oder Brandungswellen. Bemerkenswert ist dabei, wie gut jedes Material zu seiner jeweiligen Form zu passen scheint; jedes natürliche Ding bildet eine ideale Einheit aus Stoff und Form. Allerdings kommen im Leben auch krasse Missbildungen vor, wenn etwa die Reproduktion des ganzen Organismus oder einzelner Teile versagt. Überdies kennen wir die „gebrochenen Verhältnisse" im menschlichen Dasein, insbesondere in

Technik und Kunst. In der Regel liegt ein schlichtes Versagen vor; gelegentlich ist es Folge einer Reflexion auf Bedingungen der menschlichen Existenz. Doch auch die unabsichtlich oder demonstrativ missglückten Produkte des Lebens müssen *möglich* sein, sonst kämen sie gar nicht zustande. Also konturiert sich in allem eine spezifische Form der Individualität.

Schließlich gewinnt das erkennende Individuum in der Ausrichtung auf ein bestimmtes Anderes, das dadurch selbst als Individuum hervortritt, ein dynamisches Profil, das es in seiner Selbstbewegung zur Geltung bringen kann. Indem es wahrnimmt, erst recht indem es erkennt, macht es sich an einer Grenze fest und bringt sie zur eingehaltenen Distanz, ohne die da gar kein „Gegenstand" wäre. Der kann aus epistemischer Distanz in seiner Bedeutung wahrgenommen werden. Also wird eine vorgenommene Abgrenzung *uno actu* überwunden. Erkenntnis ist der Bedeutungsgewinn durch Überwindung eines selbst eingelegten Abstands zu etwas Anderem.

Das nenne ich eine *Steigerung* der Individualität des erkennenden Individuums. Es hat nicht nur seine natürliche Grenze in seiner Haut und den eingelagerten Sinnesorganen, sondern es findet eine schärfere Grenzbestimmung in dem erkannten Gegenüber, das es als Individuum fasst, um überhaupt mit ihm umgehen zu können. So nimmt jedes Individuum das Maß an sich selbst. Es gewinnt an jedem bestimmt erkannten Gegenüber eine schärfere Kontur, die es in die Lage versetzt, selbst in bestimmter Weise tätig zu sein.

Damit können wir die Individualität bereits in ihrer elementaren Präsenz als *Effekt einer Steigerung* begreifen. Selbst wo es unmittelbar gegeben zu sein scheint, stellt sich das Individuelle als Folge zugrunde liegender Vorgänge ein: Die Aufmerksamkeit hebt es aus einem (eben dabei) abgeschatteten Umfeld heraus, um es (eben dabei) als etwas vorzustellen, das in sich die gelungene Verbindung von Stoff und Form in einer individuellen Gestalt zum Ausdruck bringt. Die wird im Begriff als „etwas" gefasst, das durch Ausgrenzung vom Umfeld und Abgrenzung von anderen Individuen seine Einheit und seine Prägnanz erhält.

17 *Eine fundamentale Entsprechung: das Individuum und sein Gegenüber.* Die Intention ist immer die eines Individuums, und sie zielt ursprünglich auf Individuelles. Insofern wird im Gegenstand der Erkenntnis etwas gesucht, das dem Erkennenden kategorial entspricht. Das Individuum hat in seinem Gegenstand bereits ein Etwas, das ihm selbst – als etwas – formal entgegenkommt. Es macht sich seine Welt bereits darin kompatibel, dass es sie aus Dingen bestehen lässt, die jeweils nur als Einzeldinge erkennbar sind. Als erkennendes – und damit bereits tätiges – Wesen hat es sich ja selbst als etwas Einzelnes zu verstehen, das über sich nur verfügen kann, wenn es sich selbst als Einheit begreift.

Die Korrespondenz zwischen erkanntem und erkennendem Individuum reicht weit: So begreift jedes Individuum seinen Gegenstand – wie sich selbst – als eine *Einheit*. Die aber ist teilbar wie es selbst. Folglich korrespondiert das Individuum sowohl der *Einheit* wie auch der *Vielheit* in jedem Ding. Das Gleiche gilt für die *Wirksamkeit*, die jedes erkennende Individuum von sich selber kennt. Sie wird auch jedem erkennbaren Ding, zumindest in der Form der *Widerständigkeit*, implantiert. So wird es ausdrücklich zum Element der Kräfte, deren Wirksamkeit den Unter- und Hintergrund unseres Daseins bildet.

Ferner wird alles Erkannte in die Dimension der *Gegenwärtigkeit* gestellt. Es muss *jetzt* und *hier* erfasst werden können. Nun ist aber allein schon durch die Selbstbewegung des wahrnehmenden Individuums offenkundig, dass nicht alles gleichermaßen in einem Augenblick gegenwärtig sein kann. Manches *war* präsent, anderes *wird* es sein. Also ist mit der notwendigen Einbindung des erkannten Gegenstandes in die Gegenwart auch über seine *Zeitlichkeit* entschieden: Weil er in den unterschiedlichen Bewegungsphasen *mehrfach* vorkommen kann, wird er zum Gegenstand in der Zeit. Das Individuum schafft sich allein durch bewusste Eigenbewegung in der Welt einen geschichtlichen Raum, dem alles zugehört, was immer erkannt werden kann. Durch die Priorität der eigenen Bewegung hat der Raum eine – natürlich zeitlich nicht zu fassende – Priorität vor der Zeit. Aber dadurch, dass sich ein seine Bewegung festhaltendes, ein sich erinnerndes Selbst bewegt, ist jede Bewegung im Raum augenblicklich in der Zeit.

Wenn es dem Individuum schließlich gelingt, die Leistungen seiner eigenen Tätigkeit einzuschätzen, teilt es den von ihm erkannten

Dingen und Ereignissen die Stellung zu, die sie in der Dimension des individuellen Handelns haben: Dann sind sie – je nach Situation – *wirklich*, *möglich* oder *notwendig*. So ist die Tätigkeit des Erkennens gerade in ihren grundlegenden Leistungen auf die Selbstbewegung des Individuums bezogen, das etwas ihm Entsprechendes braucht, um damit auf die ihm eigene Weise umgehen zu können. Die Dinge stehen in der Dimension möglichen Verhaltens; sie müssen verfügbar sein – zumindest für eine erneute Erkenntnis –, wenn sie überhaupt etwas bedeuten können sollen. Alles, was überhaupt Bedeutung hat, untersteht den Bedingungen des Individuums, dem es etwas bedeutet. Andere Bedeutung gibt es nicht; jedenfalls ist sie nicht bekannt; wenn sie uns aber bekannt würde, dann nur unter den Bedingungen der Individualität.

18 *Bedeutung nur für Individuelles, aber nur allgemein.* Die Individualität der Dinge ist Ausdruck der Praxis und der Technik eines Wesens, das sich selbst als Einheit in der Vielheit begreifen können muss, um überhaupt tätig sein zu können. Das auf eigene Leistungen angewiesene Individuum muss seine Verfassung auf die Welt der Dinge projizieren, damit es mit ihnen umgehen kann. Der Umgang mit dem jeweils Anderen ist nach dem Modell der Verfügung über sich selbst konzipiert. Die Selbstorganisation, nach der, ja, *als* die wir jedes lebendige Wesen begreifen, enthält naturgemäß auch die Bedingungen für alles, was dieses Wesen so betrifft, dass es ihm etwas bedeutet. Also legt die Selbstorganisation noch den Grund für den Umgang mit dem, was nicht zum Selbst gehört, es aber etwas angeht (4.8).

Alles gewinnt seinen Sinn erst unter den Konditionen des eigenen Tuns. So nimmt auch der Begriff nur etwas auf, was in der Selbstbewegung des Organismus schon angelegt ist. Deshalb muss ein organisch auf sich selbst bezogenes Individuum, damit es von sich aus auf anderes ausgreifen kann, dieses Andere seinen eigenen Bedürfnissen entsprechend organisieren. Natürlich macht es die Dinge nicht selbst, aber es bringt sie in die ihm gemäße *Form*. Wenn dieses Andere dem sich selbst organisierenden Individuum gemäß sein soll, muss es zumindest selbst als individuell aufgefasst werden können. Also individualisiert jedes Individuum das, was es erfährt, und damit alles, was immer es als Element seiner Welt begreift – einschließlich der Welt selbst.

19 *Wahrnehmung von seinesgleichen.* Der erste und wichtigste Akt der Individualisierung von anderem vollzieht sich in der Wahrnehmung von seinesgleichen. Natürlich geschieht das unter der Voraussetzung der eigenen, stets schon individualisierten Selbstorganisation. Man muss geboren sein, um als Individuum agieren und reagieren zu können, und man muss überhaupt auf Wesen der eigenen Art angewiesen sein. Das ist, wie wir wissen, ausnahmslos der Fall.

„Seinesgleichen" sind die lebendigen Wesen der eigenen Art, deren Zusammenwirken jedes Einzelwesen sein Dasein verdankt. Sobald das Individuum zur leiblichen Eigenständigkeit entwickelt ist, greift es nach seinesgleichen aus, damit es ihm durch sein Tun entspricht. Denn anfangs können nur sie Nahrung, Schutz, Pflege und Gelegenheit zum Spiel gewährleisten. Beim Menschen bleibt diese Angewiesenheit auf seinesgleichen grundsätzlich erhalten. Auch wenn er als erwachsenes Wesen vieles von dem, was ihm als Kind geboten werden muss, später selbst erledigen kann, so bleibt er in der Organisation seines sozialen Daseins gleichwohl vollkommen auf seinesgleichen angewiesen.

Das erklärt die Dominanz, die der Wahrnehmung von seinesgleichen zukommt. Und seinesgleichen sieht und begreift jedes einzelne Wesen – der Begriff hält es fest – *wie sich selbst.* Das aber kann nur angesichts der Tatsache der fundamentalen Differenz zwischen den Individuen geschehen. Das Individuum erkennt seinesgleichen nur über den Abgrund der faktischen Alterität hinweg. Denn die Notwendigkeit der selbsttätigen Erhaltung der eigenen Organisation nötigt das Individuum, „aus sich heraus" zu gehen und auf anderes seiner selbst auszugreifen.[4] Dabei stößt es ursprünglich auf anderes, das eben schon dadurch anders ist, weil es nur im „Herausgehen" aus sich selbst erfahren werden kann. Das Andere, so könnte man auch sagen, kommt dadurch in die Welt, dass sich überhaupt etwas auf sich selbst eingrenzt. Indem die Selbstorganisation sich Eigenes schafft, schafft sie sich ursprünglich auch ihr Anderes, auf das sie sich, wenn sie denn das Eigene erhalten und entfalten können soll, notwendig beziehen muss.

Das Andere ist die Opposition des Selbst, das Nicht-Ich des erkennenden Wesens. Aber das erkenne ich nur, indem ich ur-

4 G. Prauss, Die Welt und wir, I/1, 1990, 241 ff.

sprünglich nach ihm greife wie nach mir selbst.[5] Nur im Ausgriff auf das von mir selbst her Vertraute, also auf etwas, worin das Wesen etwas ihm selbst Gemäßes erwartet, kann es überhaupt die Alterität des Anderen erfahren. Die unterlegte Gleichheit (mit sich) ist somit die Bedingung der Erfahrung der Andersheit. Auf diese Weise kann nur ein anderer „meinesgleichen" sein, also Mutter, Vater, Bruder, Schwester oder schließlich jeder andere meiner Gattung oder Art. Trotzdem versteht es sich von selbst, dass ich sie in ihrer Alterität stets nur *wie mich selbst*, nämlich als Individuum erfahre.

20 *Rationalität.* Die Individualität, die das elementare Charakteristikum allen Daseins ist, gibt es nur in der Perspektive eines Wesens, das von sich aus tätig ist und dabei über Begriffe verfügt. Die Begriffe aber gehören in einen Zusammenhang der Erkenntnis, den wir nicht anders denn als *rational* bezeichnen können. Also gibt es die Individualität nur unter Bedingungen der Rationalität. Rationalität meint das begrifflich vollzogene Verstehen von Sachverhalten, so dass sie Gegenstand von Erklärungen und Teil von Begründungen werden können. Bloße „Verständlichkeit", die auch in einem reibungslosen Verkehr gegeben sein kann, reicht nicht aus. Für die Rationalität ist es essentiell, dass sie Probleme bewältigt und Konflikte überwindet, indem sie *Gründe* liefert. Dazu bedarf es des nachvollziehbaren Gebrauchs von Begriffen, die sich angesichts manifester oder methodischer Zweifel bewähren. Gründe sind Begriffe für einen geregelten Wirkungszusammenhang, in dem man sich selbst als Ursache begreift (7.7). Sie stellen die verlässlichen Verbindungen des Denkens und Handelns her und bilden insofern den durchgängigen Grund und Boden der gemeinsamen menschlichen Welt.

5 Das klingt paradox, wenn nicht widersprüchlich. Doch der Mensch (und nicht nur er) greift nach sich selbst und tut dies (wie jedes Daumenlutschen anschaulich macht) nicht selten auch mit sichtlichem Erfolg. Die auf sich selbst ausgreifende Selbstbewegung dürfte eine wesentliche Voraussetzung der Erfahrungsfähigkeit des Menschen sein. Wohl nicht umsonst lässt Platon im Höhlengleichnis die einsichtslosen Bewohner an allen Gliedern gefesselt sein. Sie können noch nicht einmal sich selber, also noch nicht einmal ihren eigenen Leib sehen. In dieser Lage gibt es daher auch keine Chance für sie, sich selbst zu erkennen. Folglich ist ihnen auch jede Erkenntnis der Welt verschlossen *(Politeia* 514 a/b).

Die Verknüpfung von Individualität mit Rationalität scheint allen historischen Aussagen über die angeblich romantische Entdekkung des Individuellen zu widersprechen. Es läuft auch dem seit Goethe immer wieder zitierten *individuum ineffabile est* entgegen.[6] Denn was sich allen Begriffen entzieht, kann schwerlich „rational" genannt werden. Deshalb bedarf die hier behauptete Beziehung der Erläuterung:

Was immer wir erfahren, kommt nur in empirischen Zusammenhängen vor. Es hat seinen Ort und seine Zeit, geht auf physische Einwirkung zurück, bedarf einer sinnlichen Empfindung und ist nicht nur dadurch an die physiologischen Prozesse des Leibes gebunden. Man kann hinzufügen, dass alles, was wir aus der Erfahrung herleiten, auch an Erfahrung gebunden bleibt. Also entkommen sogar begriffliche Abstraktionen, logische Schlussfolgerungen und subtile Spekulationen dem empirischen Kontext der Dinge nicht. Kein „spekulativer Satz" ist ausschließlich spekulativ.

Gleichwohl ist Erfahrung, die für uns nur Bedeutung hat, sofern sie in ihren sachlichen Gehalten begriffen wird, immer auch von Begriffen geprägt. Diese Begriffe können als Begriffe aber nicht empirisch sein. Denn sie haben ihren Ursprung in einem Akt, den wir nicht anders denn als geistig bezeichnen können. Sie treten spontan im Akt des Erkennens auf, und sie haben nur in ihm ihre Bedeutung. Ihre Funktion haben sie im Erklären und Begründen, in zwei Leistungen, ohne die selbstständige Wesen – unter Wahrung ihrer Selbstständigkeit – nicht kooperieren könnten. Sie sind bezogen auf Verfahren des Umgangs mit Einzelnem; ihre Bedeutung liegt im Gebrauch, den sie mit Blick auf einen Sachverhalt von sich selber machen. Erklärung und Begründung ermöglichen eigenständige Individualität im bewussten sozialen Verkehr. Sie haben also selbst schon eine Funktion bei der Sicherung von Individualität im bewusst vollzogenen gesellschaftlichen Prozess. Das macht von ihrer Aufgabe her deutlich, warum Individualität auf Begriffe

6 Goethe, Brief an Lavater v. 20. 9. 1780. Die damit zum Ausdruck gebrachte Einsicht verweist auf das alte Schulproblem der vollständigen Erkennbarkeit eines individuellen Datums. Aus der Position strikter Begrifflichkeit ist diese Vollständigkeit natürlich nicht zu haben, es sei denn, das Individuum wäre selbst nichts anderes als eben der Begriff, der es begreifen soll. Nur wäre es dann kein wirkliches Einzelding mehr. Zu diesem Problem sehr erhellend: M. Hampe, Gesetz und Distanz, 1996, 53 ff.

nicht verzichten kann und somit auch auf einen rationalen Zugang angewiesen ist.

Also können wir von Individuen nur im Kontext des Wissens sprechen. Was Individualität meint, kann allein in einem begrifflichen Zusammenhang deutlich werden, der für Argumentation und Schlussfolgerung offen ist. Darauf zielt die Aussage, dass Individualität nur bemerkt und in ihrer Eigenart erkannt werden kann, wo es um ein rationales Welt- und Selbstverhältnis geht.

21 *Intelligibilität.* Rationalität lässt sich von Intelligibilität nicht leicht unterscheiden, denn beide wirken Hand in Hand. Doch es gibt eine Differenz, die sich anschaulich machen lässt: Während *ratio* den *Zusammenhang der Erfahrung* wahrt, indem sie begriffliche Verbindungen herstellt, eröffnet der Intellekt den *Zugang* zum konkreten Wissen. Er entspricht der *Einsicht*, ohne die wir nichts erkennen und nichts verstehen. Die Ratio dagegen regelt das, was heute, im Anschluss an einen alten Sprachgebrauch, Diskurs genannt wird und eigentlich nicht mehr als das unvermeidliche Hin und Her des Begreifens ist.

Dabei sollte deutlich sein, dass auch die sich vergewissernde Erkenntnis (zu deren impliziten Bedingungen es gehört, dass sie möglichen *Problemen* begegnen können soll) schon beim einzelnen Menschen eine diskursive Struktur aufweist. Ja, so paradox es auch klingt, *weil* es die Begriffe gibt, ist es nicht in jedem Fall erforderlich, dass die Argumentation auf verschiedene soziale Akteure verteilt ist. Tatsächlich kann man auf die Anwesenheit von Diskurspartnern unter Umständen schon deshalb verzichten, weil jede Erkenntnis und jedes Argument eine implizite soziale Struktur aufweist. Alles Denken ist *soziomorph* verfasst (5.7). Die Einsicht aber ist an sich selbst uneinholbar individuell. Sie kommt ursprünglich aus dem einzelnen Wesen und bildet die Grundlage für alles Erkennen und jedes mögliche Wissen.

Und eben diesen Vorgang ursprünglicher, nur aus einem selbst stammender Einsicht nennen wir *intellektuell.* Die unvordenklich individuelle Spontaneität des Begreifens ist der originäre Akt des Intellekts. Mit ihm befinden wir uns in der Sphäre des Wissens, in ihr bewegen wir uns, wann immer wir denken, und in sie kehren wir – *inmitten* der von uns nie verlassenen empirischen Vollzüge – lernend, erkennend oder verstehend jederzeit augenblicklich ein.

Das ist, so kann man auch heute noch mit guten Gründen sagen, die Welt des Geistes. In ihr sind wir zwar unmittelbar bei dem, was wir der Sache nach lernen, erkennen und verstehen, dies aber nur, sofern wir darin unmittelbar bei uns selber sind. Legt die Rationalität den gemeinsamen *Grund*, so verschafft die Intelligenz jedem Einzelnen seinen eigenen *Zugang*.

22 *Die Sphäre des Menschen*. Die Einbindung des Individualitätsbegriffs in den Funktionskreis von Intelligibilität und Rationalität – und damit in die Sphäre des Geistes – könnte dazu verführen, ihn über die Lebenswelt des Menschen zu erheben. Es ist ein uralter Reflex der Philosophie, die Vernunft von allem abzulösen und als eigene, für sich selbst bestehende Substanz zu fassen. Das führt ohne Umweg in die Hypostasierung von Geist und Seele, die ihrerseits die Abwertung der Welt der Körper zur Folge hat. Denn tatsächlich „regieren" Geist und Seele. Sie zeigen sich wesentlich in den Leistungen des Bestimmens über den ganzen Leib. Wenn nun Geist und Seele als „Wesenheiten" verstanden werden, dann haben sie eine notwendig überlegene Position.

Im neuzeitlichen Rationalismus hatte das die ontologische Verselbstständigung „vernünftiger Wesen" zur Folge. Heute führt es vor allem im Fahrwasser der sprachanalytischen Philosophie dazu, die Option der Vernunft auch dressierten Tieren, elektronischen Maschinen oder Besuchern aus dem All offen zu halten. Was Kant mit guten Gründen immerhin noch Gott einräumen wollte, das wird heute – mit beachtlichem ideologischen Eifer – den pädagogischen und technischen Erzeugnissen des Menschen zugestanden. Dass der Mensch über die Fähigkeit zur Vernunft verfügt, gilt demgegenüber als eher zufällig.

Die Universalität der begrifflichen Leistungen enthält offenbar einen großen Reiz, sie über die letztlich ja nur empirisch gegebene Sphäre des Menschen zu erheben und einem – rein logisch – gefassten Reich bloßer Gedanken zu überantworten, bei dem der empirische Mensch gar nicht mehr nötig zu sein scheint. Der Geist scheint überall und unvergänglich zu sein, er beansprucht selbst keine Zeit und keine Energie und hat keinen eindeutig bestimmbaren Ort; der Geist wiegt nichts und leistet auch sonst keinen merklichen physischen Widerstand, er ist nicht auf bestimmte Sinne angewiesen, hat keine Gestalt, kennt Bedürfnisse und Schmerzen offenbar nur als Zustände von belebten Körpern, mit denen er nichts weiter zu tun zu haben scheint, als dass er in allem und jedem, was wir von ihm wissen, auf sie angewiesen ist. Was aber heißt das? Kann die durchgängige Abhängigkeit des Geistes von den physiologischen Zuständen des Wesens, dessen Ausdruck er ist, als bloße „Äußerlichkeit" begriffen werden? Mit Sicherheit nicht.

23 *Selbstbegriff des Menschen.* Die Bedeutung der durchgängigen Angewiesenheit des Geistes auf den menschlichen Leib wird heute – in alter metaphysischer Großzügigkeit – zu einer abstrakten ontologischen Relation zwischen Geist und Körper überhaupt erklärt, so dass es kurioserweise keine Rolle spielt, dass der Geist, den wir kennen, nur aus menschlichen Mündern spricht, aus menschlichen Augen blickt, mit menschlichen Ohren hört und einen Sinn nur aufnehmen, erschließen und äußern kann, sofern er selbst Ausdruck eines leibhaftigen menschlichen Individuums ist. Die sprechenden Apparate sind allesamt nur auf eine effektive Nachahmung des Menschen angelegt, was nicht ausschließt, dass sie ihn in vielen Einzelleistungen übertreffen.

Doch wie dem auch sei: Sicher ist, dass man den stets nur empirisch-psychologisch oder empirisch-kulturell hervortretenden Akten des Geistes nichts Unreines beimischt, wenn man sie in ihrer menschlichen Funktion belässt. Man macht sie auch nicht etwa erst „rein", indem man erklärt, man könne sich denken, dass auch Tiere, Maschinen, Engel oder Wesen aus dem All denken könnten. Denn mit jedem möglichen denkenden Wesen, wenn es denn überhaupt etwas sein soll, kommt nur ein weiteres empirisches Wesen hinzu.

Also gelangt man auf diesem Weg nicht aus der Empirie – und schon gar nicht aus der Pluralität individueller Existenzen – heraus. Die reine Begrifflichkeit tritt immer nur in unserer durch und durch individualisierten Erfahrungswelt hervor, und sie zeigt sich darin nicht etwa als ein besonderer Seinsbereich, sondern allein an bestimmten Vorgängen, *an* denen oder *in* denen wir etwas begreifen. Deshalb empfiehlt es sich, beim Menschen – dem bislang einzigen Wesen, das Mathematik und Logik betreibt, dem bislang einzigen Wesen, das sich aus eigenem Antrieb und mit begrifflichem Anspruch auf sich und seine Welt bezieht, dem einzigen Wesen, das Werke schafft, die es über Generationen hinweg nicht nur versteht und gebraucht, sondern auch genießt – zu bleiben und mit der philosophischen Analyse bei seinen Leistungen einzusetzen.

Zu diesen Leistungen gehört auch der Begriff der Individualität. Er ist letztlich ein *Selbstbegriff des Menschen*, den wir mit guten Gründen auf alle Dinge und Ereignisse des Daseins übertragen. Allerdings müssen wir uns klar machen, wovon wir bei dieser Übertragung absehen und welchen Vorteil sie eben dadurch für uns hat.

24 *Anthropologischer Vorbehalt.* Alle Erkenntnis steht unter einem anthropologischen Vorbehalt. In ihm kommt kein artspezifischer Imperialismus zum Ausdruck, erst recht kein aufwendig verklärter Anthropozentrismus. Der anthropologische Vorbehalt ist lediglich ein Ausdruck der Redlichkeit. Denn wenn wir den konstitutiven Bezug der Erkenntnis auf uns selbst nicht offen legen, geben wir eine über den Menschen hinausgehende Reichweite unserer Aussagen vor, für die wir sachlich keine Gründe haben. Sollten aber nicht-menschliche Wesen (seien es Besucher aus dem All, von uns durch Züchtung und Erziehung konditionierte Tiere oder von uns konstruierte Maschinen) auftreten, die über Erkenntnisse verfügen *wie wir*, können wir den Vorbehalt fallen lassen und die neuen Wesen einbeziehen.

Auf unser Problem bezogen, lautet die anthropologische Selbsteinschränkung: Die Individualität der Dinge und Ereignisse korrespondiert der Individualität, in der – oder genauer: *die* wir selber sind. Die uns in allen Dingen und Ereignissen entgegenkommende Individualität ist somit nur insofern ein Faktum der physischen Welt, als wir sie in unsere Beschreibungsperspektive rücken können. Die Individualität hat ihre Wahrheit immer nur im Bezug auf einen Beobachter, der sich selbst als Individuum versteht. Methodologisch ist sie also stets an einen *Standpunkt* mit zugehöriger *Perspektive* gebunden. Aber hinter dieser methodologischen Einsicht steht der reale Wirkungszusammenhang der Natur. Der epistemologische Bezug ist nur deshalb zwingend, weil in ihm der wirkliche Konnex der Kräfte zu wahren ist. Das geschieht allein dadurch, dass der Beobachter selbst eine Kraft unter Kräften ist.

25 *Die uneinnehmbare Perspektive Gottes.* Die Individualität der Dinge und Ereignisse darf nicht nach dem Muster eines theologischen Realismus aufgefasst werden. Nichts gibt uns die Sicherheit zu meinen, ein Gott sehe Individuen wie wir. Niemand weiß, ob es auch für ihn einzelne Dinge und Ereignisse gäbe; niemand kann behaupten, dass Gott sich selbst als Einheit in einer als Einheit vorkommenden Welt begreift. Dass es so sei oder dass Gott dies zumindest könne, sind bereits Gegenstände des Glaubens, und wir erkennen daran, wie tief der Glaube in uns gegründet ist. Denn der Glaube an Gott beginnt mit dem Glauben daran, dass alles im Wesentlichen so ist, wie wir uns die Welt denken.

Soll der Glaube aber mehr umfassen, dann ist er vom Wissen zu trennen. Dann haben wir uns einzugestehen, dass unser Wissen beschränkt ist, und zwar wesentlich durch uns selbst. Keinen Begriff, auch nicht den der Welt, können wir unabhängig von uns und unseresgleichen bilden. Die erste Eigenschaft der (stets von uns gedachten) Welt besteht ja darin, dass wir selbst zu ihr gehören und durch und durch mit ihr in Verbindung stehen (*Theaitetos* 159 b). Von der tätigen Beziehung, in der wir wirksam sind, von der dichten und durchgängigen Wirklichkeit, in der wir uns nur behaupten können, wenn wir uns als deren bruchlos eingefügtes Element begreifen, lässt sich in unseren Begriffen von Welt und Wirklichkeit unter keinen Umständen absehen. Was wir als separates Ding oder Ereignis begreifen, ist nicht unabhängig von unserer eigenen Wirksamkeit im Geschehen des Daseins; was wir als Tatsache behaupten oder als Sachverhalt begreifen, ist bereits Ausdruck einer logischen Ordnung, die wir nur aus unserem Sprechen und Denken kennen. Die Gesamtheit dieser Ordnung denken wir bereits aus einer Perspektive, die faktisch nur ein Gott einnehmen kann, und wenn wir ihr in unserem Dasein vertrauen, glauben wir an ihn.

II. Welt

1 *Welt als Wirklichkeit.* Auch die Welt kann man behandeln, als sei sie nur ein Begriff. Als Begriff gehört die Welt in den Kontext der Gedanken, mit denen wir alles fassen. Also hat die Welt einen intellektuellen Zuschnitt. Sie hat ihn sogar in herausgehobener Weise: „Welt" als Inbegriff von allem, was überhaupt wirklich war, wirklich ist oder wirklich sein wird, hat durch und durch gedanklichen Charakter. Auch wenn die Dinge der Welt in greifbarer Nähe vor mir liegen, kann sie als ganze nur *erschlossen* werden. „Welt", so unvernünftig sie im einzelnen wie auch im Ganzen erscheinen mag, ist ein Vernunftbegriff. Und es ist diese Herkunft aus einer intellektuellen Leistung, die sich in den philosophischen Analysen des Weltbegriffs wie selbstverständlich in den Vordergrund drängt.

Auch der Begriff eines Automobils ist intellektuell. Aber der damit gemeinte Gegenstand hat eine so offenkundige sinnliche Qualität, dass er in jeder Hinsicht als Produkt industrieller Fertigung und als affektiv besetztes Verkehrsmittel gegenwärtig bleibt. Es würde uns nicht einfallen, es vollkommen zu intellektualisieren. Bei der Welt besteht diese Gefahr schon eher, weil sie uns immer nur in verschwindend kleinen Teilen gegenwärtig ist. Folglich neigen wir zur Vernachlässigung der sinnlichen Gegenwart, ohne die an der Welt natürlich gar nichts weltlich oder wirklich wäre.

Um der Vergeistigung der Welt von Anfang an zu begegnen, hat man ihre *Wirklichkeit* zu betonen. Von dieser Wirklichkeit aber wüssten wir nichts, wenn wir nicht selber *unablässig wirksam* wären. *Wirksamkeit* benennt die Erfahrung von Wirkungen aus der Position des aktiv Tätigen. Anders als bei der bloßen Wirkung bleibt in der Wirksamkeit der Tätige gegenwärtig. Er gehört ihr selber zu. Wirklich ist das, worin wir wirksam sind.[1]

Das wiederum ist bei der adäquaten begrifflichen Beschreibung

1 Zum Begriff der Wirksamkeit *(efficacy)* vgl. J. Dewey, Erfahrung und Natur, 1995, 114.

der Welt entscheidend: Auch ihr gehören wir selber zu – und dies nicht als bloßer Teil der (Un-)Menge von Dingen, die sie umfasst, sondern eben als ein wirksames Element im lückenlosen Zusammenhang aller Ursachen und Wirkungen. Die Ursachen und Wirkungen der Welt bringen uns hervor, tragen, treffen und vernichten uns. Sie wirken außen, und sie wirken innen. Nichts Wirkliches ist uns möglich ohne sie. Die Wirklichkeit der Welt ist kompakt, und damit umschließt sie den Menschen *ganz*.

Erst wenn dies zugestanden ist, haben wir eine Chance zu verstehen, wie der Mensch mitten in der Welt, die ihn ganz und gar durchdringt, als ihr Element *auf sich selbst bezogen* sein und – durch diesen Selbstbezug – in und mit anderen Elementen der Welt wirksam sein kann. Nur *in* dieser Beziehung entfaltet sich das Leben. Nur *in* ihr zeigt sich der Geist.

2 *Teil im Ganzen.* In der dichten, lückenlos durch uns hindurch wirkenden Wirklichkeit, in der wir selber wirksam sind, nehmen wir uns als einen Teil – und insofern als *eines* – wahr, das anderen und anderem *einzeln* gegenübersteht. Die Opposition des einen, der ich selber bin, zu allem anderen, das mir seinerseits stets individuiert gegenübertritt, ist nicht auf mich und die mir begegnenden Dinge beschränkt: Sie scheinen auch untereinander in singulären Beziehungen zu stehen. Alles scheint – unabhängig von meiner eigenen Individuation – nur als Individuum existent zu sein. Einzelnes ist stets nur einzelnem liiert oder konfrontiert. Auch wo etwas in Massen auftritt, ist die Masse aus nichts anderem als aus Individuen gebildet.

So jedenfalls ist die Verfassung der Welt, die wir in unseren *Begriffen* haben. Auch wenn wir uns aus ihr heraus zu denken versuchten, bliebe alles, worauf wir stoßen, nach den Vorgaben unserer Logik eingerichtet. Zwar können wir mit guten Gründen glauben, dass die dem Menschen verwandten Wesen die Welt so ähnlich sehen wie er. Offenkundig nehmen auch die Tiere einzelne Dinge und Ereignisse wahr. Aber ob sie die auch so *begreifen* wie er, werden wir erst wissen, wenn sie sich darüber aus eigenem Antrieb in einer uns verständlichen Sprache äußern.

3 *Urbild des Gegenstands.* Was ein Individuum als seinesgleichen erfährt, ist das Urbild des Gegenstandes. Jedes Ding wird im ersten Umgang vermutlich als so lebendig angenommen wie ein leibhaftiger Artgenosse. Dann aber erweist es sich doch als irgendwie anders. Wie immer es dann im einzelnen auch aufgefasst werden mag, ganz gleich, ob es starke oder geringe Aufmerksamkeit auf sich zieht: Es muss *als einzelner Gegenstand* wahrgenommen werden, um überhaupt als Objekt einer Wahrnehmung in Frage zu kommen. Es ist ein Individuum mit dem Merkmal der formalen Einheit, nur fehlt ihm das Leben, das dem leibhaftigen Artgenossen, auf den man ursprünglich ausgerichtet war, innewohnt.

Die in allem gesuchte Individualität ist also zuerst die von *meinesgleichen*. Jedes höher entwickelte Lebewesen, spätestens von den Säugern aufwärts, sucht nach Gegenständen, die so sind wie das erste Wesen, auf das es angewiesen ist. In der Regel ist das die Mutter. Danach kommen alle anderen, die es nähren, pflegen, schützen und mit ihm spielen. Die Enttäuschung darüber, dass nicht alle Gegenstände dieses Entgegenkommen zeigen, dürfte beim Menschen zum ersten Schub affektiver Vereinzelung führen. Das tote Ding lässt ihn allein. Natürlich kann man es, wie den Teddy oder die Puppe, als etwas Lebendiges ansehen. Die Illusionsfähigkeit reicht weit. Sie ist, wie nicht zuletzt die Tatsache der Individualisierung aller Dinge und Ereignisse zeigt, in ihren elementaren Leistungen unentbehrlich. Doch damit kann man sich nicht auf Dauer vor Enttäuschungen schützen. Der fundamentale Unterschied zwischen tot und lebendig lässt sich nicht ignorieren. In seiner bewussten Erfahrung liegt überdies ein Moment der Steigerung der eigenen Vitalität.

Auch wenn es beim Erwachsenen gelegentlich so scheint, als sei sich der Mensch im Umgang mit den Dingen genug, ist seine affektive, emotionale und intellektuelle Angewiesenheit auf seinesgleichen elementar. Erst in Korrespondenz zum Anderen, selbst wo er sich als feindlich, unverträglich oder vollkommen fremd erweist, kann er sich selbst als etwas erfahren, das sich angemessen auch zu den eigenen Kräften und Fähigkeiten verhält. Gewiss ist der eigene Impuls zum eigenen Verhalten primär. Aber zur Erfahrung der eigenen Kraft und deren Grenze gelangt er nur angesichts von etwas, dem er selbst noch im Scheitern entsprechen können muss – wenn da überhaupt etwas in der Form eines individuierten Ereignisses oder Dinges sein soll.

4 *Eigenbewegung mit Ortsveränderung.* Die Individualität des Erkannten ergibt sich erst in Relation zur Eigenbewegung des erkennenden Individuums. Die allererst in der Erkenntnis auftretende Konturierung des individuellen Selbst gegenüber den individuellen Gegenständen scheint der entwicklungsgeschichtlich weit vorausliegenden Entsprechung zwischen dem Organismus und seinen Gegenständen analog. Und man darf vermuten, dass in der Entsprechung von Einzelwesen und einzelnem Ding eine Korrespondenz zum Ausdruck kommt, die schon den aktiven Umweltbezug von Organismen bestimmt, sobald sie sich als ganze aus einem dominierenden Impuls bewegen können.

Spätestens mit der aus eigenem Impuls und eigener Kraft betriebenen *Ortsveränderung* bezieht sich das Lebewesen ausdrücklich auf etwas, zu dem es sich als einem Ganzen zu positionieren sucht. Es macht in dem Umfeld, in dem es sich selbst bewegt, die Nahrung, den Feind oder den Geschlechtspartner als etwas selbst Bewegliches aus. Oder es nimmt es als etwas wahr, an dem sich etwas bewegen, kennzeichnen oder verändern lässt. Überdies gibt es zahllose Dinge, Plätze und Widersacher, die es umgeht. So kann das Tier eine Nisthöhle ausschlagen, einen Bau graben, sein Revier durch Duftmarken eingrenzen oder schon die bloße Annäherung an den Elektrozaun vermeiden.

Nur durch Umsetzung von Reizen in eine aktive Beziehung auf „etwas" kann sich das voll bewegliche Lebewesen selbst als „etwas" zum wahrgenommenen „etwas" verhalten. Es macht sich also die für sein eigenes Verhalten bedeutsamen Auslöser in elementarer Weise „gleich", um darauf selbst als ein Ganzes reagieren zu können. Auch wenn im strikten Sinn nur seine Artgenossen als „seinesgleichen" bezeichnet werden können, hat es in seinen Objekten allemal etwas, das es sich gleich gemacht hat, um überhaupt den eigenen Kräften gemäß reagieren zu können.

Ehe jedoch die Frage aufkommen kann, ob ein bestimmtes Verhalten den Umständen angemessen ist, muss gewährleistet sein, dass ein Lebewesen überhaupt in seine Umgebung passt. In der Regel ist das durch die erfolgte „Anpassung" des Organismus an seine Umwelt garantiert. Das Lebewesen lässt sich auf die gegebenen Bedingungen ein. Es richtet sich nach seiner Welt. Doch damit bringt es die Welt in Korrespondenz zu den eigenen Bedingungen. Auch die schlimmste Bedrohung muss dem Individuum gemäß sein, wenn sie von ihm erkannt werden können soll. Insofern setzt jedes Lebewesen die Bedingungen für das, was ihm als *Umwelt* entspricht – auch für das, was ihm darin als *Problem* begegnet.

5 *Selbstangleichung eines Ganzen.* Die Individualisierung von Objekten des Verhaltens lässt sich als Vorgang der *Selbstangleichung* verstehen. Ein Lebewesen macht einen Gegenstand, indem es ihn als „etwas" erfasst, sich selber gleich. Es bringt ihn in die ihm selbst entsprechende Lage und kann nur so angemessen auf ihn eingehen. So ist die Umsetzung einer Konfiguration von Reizen in einen Gegenstand bereits der erste Schritt zu seiner Einverleibung.

Bezogen auf den Menschen lässt sich sagen, dass in der affektiven, emotionalen und intellektuellen Intention auf etwas Individuelles die Welt ihre dem Menschen zuträgliche Form erhält. Erkenntnis ist stets schon der erste Akt der Humanisierung der Welt, die notwendig zu „seiner" Welt werden muss, damit er überhaupt in ihr leben kann. Das Erkennen übersetzt die implizite Angleichung von Mensch und Wirklichkeit in Gestalten und Begriffe, die dem Einzelnen – im sachbezogenen Umgang mit seinesgleichen – ein selbstbewusstes Verhalten möglich machen. Wir wissen selbst bei den uns nahe stehenden Tieren nicht, wie sie die Dinge wahrnehmen. Aber wir dürfen sicher sein, dass sie ihre Gegenstände so wahrnehmen, dass sie – als die Einheit, die sie selber sind – nach ihren eigenen Bedingungen darauf reagieren können. Schon dadurch stehen sie dem Menschen überaus nahe. Er allerdings *weiß* von sich, dass er das jeweilige Etwas als eine Gestalt wahrnimmt, mit der er begrifflich umgehen kann, d. h. so als sei sie für ihn und seinesgleichen *gleich*. Und mit diesem Gleichheit unterstellenden Akt setzt die ausdrückliche Individualisierung *des* Wesens ein, das so verfährt.

Das Korrespondenzphänomen, als das sich die Individualität der Dinge auffassen lässt, muss daher auf die allem zugrunde liegende Eigentätigkeit des erkennenden Wesens bezogen werden. Es hat sich in seiner selbst gesteuerten Bewegung notwendig als *Einheit* zu begreifen. Als Einheit, die selbst schon eine von ihm physiologisch erzeugte Handlungsbedingung ist, kann es nur mit Einheiten umgehen. Was sich selbst als ein *Ganzes* steuert, muss auch jeden möglichen Gegenstand seines Tuns *wie ein Ganzes* behandeln können. Die individuelle Einheit der Gegenstände ist die Mindestbedingung für jeden Menschen, wenn er sinnvoll auf etwas reagieren können soll. Wenn der Gegenstand nicht selbst ein verwandtes lebendiges Wesen ist und somit schon von sich aus Individualität in Anspruch nimmt, muss er auf jeden Fall *Einheit* haben, um wenigstens *Gegenstand* sein zu können.

Diese Einheit wird nach dem Vorbild der Einheit eines lebendigen Individuums gedacht. Insofern setzt der Erkennende das Maß für das, was von ihm erkannt werden kann. Und das Grundmaß für alles, was überhaupt als etwas in Frage kommt, ist die Individualität. Sie ist die kategoriale Form, der alles gemäß sein muss, was immer als Gegenstand vorkommen kann. Ihr hat sich selbst noch das vollkommen Fremde zu fügen.

6 *Selbststeigerung durch Selbstauslegung.* Der Satz: „Alles ist individuell" gilt nur für Wesen, die sich selbst als Individuen begreifen und sich in diesem Selbstbegriff als Individuum steigern. Der Satz würde unsinnig, wenn man ihn aus seiner Entsprechung zum erkennenden Menschen löste. Deshalb erledigt sich die Spekulation auf eine mögliche Welt, in der es nur ein einziges Individuum gibt, von selbst.[2] Es ist offenkundig, dass der Satz auf Voraussetzungen beruht, die er mit dem Wesen teilt, das den Satz als sinnvoll begreift.

Die Individualität aller Dinge hängt ursprünglich mit *dem* Individuum zusammen, das die Dinge wahrnimmt und sie sich (bereits damit) angleicht. Bereits in den elementaren Akten der Identifikation von etwas als etwas vollzieht sich eine Selbstauslegung des Menschen, der sich nur so, wie er die Dinge begreift, selbst erkennen kann. Schon der Wahrnehmung von etwas als etwas liegt eine

2 Die Bemerkung ist gegen Hector-Neri Castañeda gerichtet, der die (seiner Meinung nach) mögliche Welt, die nur aus einem Individuum besteht, heranzieht, um zu zeigen, dass die Identität eines Individuums noch nicht durch das Kriterium der Abgrenzung von einem anderen Individuum gesichert ist (Individuation und Verschiedenheit, 1982, 263–287). Der Blick auf die wirkliche Welt reicht aus, um zum gleichen Ergebnis wie Castañeda zu kommen.

Projektion zugrunde, in der sich das einzelne Wesen in einem anderen wieder erkennt.

Die Projektion der Individualität muss im Effekt als eine Selbststeigerung des erkennenden Individuums verstanden werden, wenn sie mit dem Bewusstsein eines Erfolgs verbunden ist. Dem Menschen muss die Eingrenzung von etwas Einzelnem vor einem (eben dadurch) abgeschatteten Hintergrund gelingen, und er muss das wahrgenommene individuelle Ding nach Analogie jenes Vorgangs verstehen können, in dem er selber etwas schafft. Also braucht er Erfolg in seinem eigenen Tun, wenn er in der Lage sein soll, bestimmte Dinge und Ereignisse zu erkennen. Wem buchstäblich alles, was immer er versuchte, misslänge, der könnte weder einen Begriff von sich selbst noch von irgendwelchen Dingen ausbilden. Er bliebe gleichermaßen selbst- wie weltlos.

7 *Verwandtschaft zwischen Mensch und Dingen.* Die ganz und gar aus individuellen Dingen und Ereignissen bestehende Welt ist eine als *Produkt* gedachte Welt, in der sich das Wesen wieder erkennt, das sein Leben als eigene Leistung zu begreifen hat. Damit setzt gelingende Erkenntnis die selbsttätige Bewegung des Wesens voraus, das da erkennt. Es bewegt sich in der Welt, in der Erkenntnisse nicht nur möglich, sondern offenkundig auch nötig sind. Denn die Selbstbewegung des erkennenden Wesens wird von Bedürfnissen angetrieben, in denen sich die Selbsterhaltung Bahn bricht. Es ist somit nicht nur „äußerlich" in der Welt platziert, sondern aus seinem eigenen Impuls so direkt auf die Welt bezogen, dass es befremdlich wäre, das erkennende Wesen mitsamt seiner Erkenntnis nicht unmittelbar zur Welt zu rechnen. Erkanntes und Erkennendes gehören somit bereits in den durchgängigen Wirkungszusammenhang des Daseins.

Das Individuum und sein Gegenstand lassen sich mit Blick auf ihren Ursprung im tätigen Wesen als *verwandt* bezeichnen. Es verbindet sie eine weit reichende Familienähnlichkeit, und das nicht nur, weil sie aus dem gleichen physischen Wirkungskontext stammen. Sie verdanken vielmehr auch ihre epistemische Form ein und derselben sinnlich-geistigen Produktivität, in der sich die Eigentätigkeit eines erkennenden Wesens auf spezifische Weise äußert. Und man nimmt der spezifischen Intellektualität der Erkenntnis nichts von ihrer kategorialen Eigenständigkeit, wenn man zugesteht, dass sie mit den anderen Leistungen des Organismus – der Sinnlichkeit, der Bedürftigkeit oder der äußeren Bewegungsfähigkeit – zusammenstimmt. Diese Stimmigkeit zwischen den intelligiblen, sensiblen, physiologischen und physischen Leistungen des menschlichen Leibes gibt uns Grund genug, dem Geist eine lange Vorgeschichte nicht nur in der Frühzeit des *homo sapiens*, sondern in der Geschichte des Lebens überhaupt einzuräumen.

8 *Die Welt im Spiegel des Selbst.* Bei aller Betonung der ursprünglichen Eigentätigkeit des erkennenden Wesens darf nicht übersehen werden, dass sie nur bei Erfolg fortgesetzt werden kann.[3] Die Selbsttätigkeit muss nicht nur im Organismus durch das Zusammenspiel der Organe sowie durch deren Fähigkeit zum Stoffwechsel getragen sein; sie darf auch beim Ausgreifen auf anderes ihrer selbst nicht ständig ins Leere fassen. Das Etwas, auf das sie sich richtet und das sie für ihre Erfolge benötigt, muss auch tatsächlich dort sein, wo es gebraucht wird. Es muss so beschaffen sein, dass es benutzt oder einverleibt werden kann. Überdies muss unsere Organisation so eingerichtet sein, dass sie tatsächlich an die Stoffe gelangt, die zur Regeneration und Reproduktion nötig sind.

Ein Blick auf unsere Hand genügt, um klar zu machen, dass sie so konstruiert ist, wie sie es ist, um die Dinge greifen und halten zu können, auf die es durchschnittlich ankommt. Sie ist auf grobe wie auf feine Tätigkeiten angelegt und lässt in ihrem Aufbau die Disposition zu vielen verschiedenen Leistungen erkennen. Insofern „spiegelt" sie die Dinge, mit denen sie hauptsächlich zu tun hat. Man braucht zum Vergleich nur die Hand eines Schimpansen zu nehmen, um die Rede von der „Spiegelung" nicht unangemessen zu finden. Da wir aus der Entwicklungsgeschichte der Natur mit ziemlicher Sicherheit wissen, dass die Bäume längst da waren, bevor die Affen sich deren Geäst als Lebensraum eroberten, ist anschaulich genug, dass die Dinge eine prägende Kraft für den Organismus haben.

Die Entsprechung geht also nicht allein vom Organismus aus. Auch wenn es *seine* Antriebskräfte sind, die zum Ausgriff auf die Dinge führen, auch wenn er die Dynamik der individuellen wie der

3 Zur Bedingung des Erfolgs siehe: J. Dewey, Erfahrung und Natur, 1995, 127 ff.

kollektiven Entwicklung in Gang setzt, so ist doch offenkundig, dass er im direkten Gegenhalt von der Welt geprägt wird – von einer Welt, die erst damit zu seiner ihn formenden Umwelt wird. Der Sachzwang der wirklichen Welt ist unbestreitbar, und er prägt seinerseits die Individuen, so sehr sie auch aus eigenen Impulsen, eigenen Spannungen und Erwartungen leben. Es ist eine echte Korrespondenz zwischen dem Organismus und den Dingen seiner Umwelt: Beide Seiten sind wirksam, sobald der Organismus sich aus eigenem Antrieb bewegt.

9 *Der Umgang mit den Dingen: ein Umgang mit uns selbst.* Die These von der Korrespondenz von leiblicher Organisation und individueller Präsenz schließt die Behauptung ein, dass Dinge und Ereignisse erst im tätigen Umgang, erst in der begrifflich aufgenommenen Wahrnehmung zu individuellen Entitäten werden. Die wahrgenommenen Objekte sind etwas Bestimmtes nur *für* den Organismus, der sie flieht oder verfolgt, verzehrt oder begattet. Als individuelle Figuration treten sie erst durch die Eigentätigkeit des lebendigen Wesens aus dem Hintergrund wirksamer Kräfte hervor. Doch darin sind sie nicht „nichts“, auch wenn wir sie nicht schon als begrifflich konturiertes „Etwas“ bezeichnen können.

Aber was sind sie dann? Nun, solange sie nicht als bestimmte Entitäten hervortreten, bilden sie mit allem, was sie umgibt, den Unter- und Hintergrund des Daseins, aus dem alles erst *hervortreten* muss, ehe es *als* etwas *für* etwas – also *als* ein Individuum *für* ein Individuum – mundgerecht, handlich und kenntlich werden soll. Völlig absurd wäre die Annahme, der zunächst wie ein Schatten wirkende Fleck auf meiner Jacke würde erst entstehen, wenn er mir auffällt. Wenn die Aufmerksamkeit allererst die Dinge machte, die in ihr hervortreten, bedürfte es der Aufmerksamkeit nicht.

Aufmerksamkeit kann nicht mehr als das Medium sein, in dem das, was für ein Wesen Bedeutung haben kann, in einer Form präsentiert wird, die dem Wesen die Chance gibt, darauf zu reagieren. Und das ist dann der Fall, wenn das Wesen, dessen Dasein darin besteht, mit sich selber umzugehen, sich den für es selbst bedeutsamen Umstand so präsentiert, dass es tatsächlich mit ihm umgehen kann wie mit sich selbst. Der Umgang mit den Dingen ist also nur möglich, wenn wir darin mit uns selber umgehen können. Wer es nicht versteht, mit seiner Hand zu greifen, dem nützt auch der beste Henkel nichts. Wie die Wahrnehmung der Dinge nach Analogie der Wahrnehmung unserer selbst erfolgt, so richtet sich auch der Umgang mit den Dingen nach dem Umgang mit uns selbst. Wie aber kommen wir vom Selbst zur Welt?

10 *Die Priorität der Außenwelt.* Nach herrschender Meinung stehen wir mit der Frage nach der Relation von Selbst und Welt vor einem der schwierigsten Probleme der Philosophie, nämlich vor dem der *Realität*. Es führt gerade bei den tiefsten Denkern in den Idealismus, der bis heute fast alle philosophischen Theorien dominiert. Beim Phänomenalismus, Repräsentationalismus, Internalismus und bei allen Spielarten des Holismus und des Skeptizismus ist das offenkundig. In allen diesen Ansätzen haben das Selbst, das Selbstbewusstsein und seine „innere" Welt die epistemische Priorität. Somit haben diese Theorien alle das Problem, wie von der „inneren" auf die Existenz der „äußeren Welt" geschlossen werden kann. Bis heute mühen sich viele Theoretiker ab, von der epistemischen Priorität der „1. Person singular", also vom Ich auszugehen. Sie müssen das Du und das Er, Sie, Es als eigene Sphären allererst erschließen und bleiben somit von der *einen* Welt, als die wir die Realität begreifen, ursprünglich getrennt.

Mit dieser Trennung aber löst sich das Denken vom Dasein ab. Wer die Binnenseite seines Erlebens für das Erste hält, der hat nicht nur schlecht beobachtet, sondern er kehrt auch die Rangfolge um, in der sich uns die Probleme stellen. Wir haben Probleme mit unserem Dasein. Wir müssen den Hunger stillen, müssen uns vor Kälte oder Nässe schützen, haben eine Krankheit oder einen Konkurrenten abzuwehren oder wollen, dass uns jemand beachtet. Alle diese Probleme gehören uns nur insofern zu, als wir unmittelbar zur Welt gehören. Wir bewegen uns, wenngleich aus eigenem Antrieb, vollkommen *in* der Welt. Erst wenn uns in der Welt, in der wir durchgängig wirksam sind, kein oder nur ein vergleichsweise mäßiger Erfolg beschieden ist, denken wir über bessere Chancen nach, wobei wir uns selbst als Mittel zur besseren Realisierung des eigenen Ziels erfassen.

Und erst diese durch den Misserfolg veranlasste Reflexion auf uns selbst lässt uns die Binnenseite unseres Erlebens als etwas Besonderes wichtig nehmen. Selbst jemand, der zunächst nur seinen Schmerz beseitigen will, bezieht sich auf den Weltzusammenhang, aus dem ihm der Schmerz entsteht: Er holt den Stein aus dem Schuh, schlägt nach der Mücke, geht zum Arzt, nimmt eine Tablette oder versucht, sich abzulenken. Die „innere Welt" wird dabei von ihm selbst als ein Reaktionsphänomen behandelt. Erst im reaktiven Nachklang werden die Empfindungen, Wahrnehmungen und Gefühle wie das Echo der Welt erlebt.[4] Daran ändert auch die Aufwertung nichts, die alles Seelische in der erotischen und ästhetischen Kommunikation erfährt. Folglich fängt man nicht nur am falschen Ende an, wenn man die Subjektivität des Ich privilegiert, sondern man kehrt auch die Problemfolge um, der sich alle spezifisch menschliche Tätigkeit verdankt.

11 *Realität lässt sich nicht erschließen.* Wenn man sich an die Bedeutung unserer Begriffe hält, kann „real" immer nur „etwas" sein. Da „etwas" aber nur in unserem Umfeld hervortritt und dabei der näheren Bestimmung durch unsere Begriffe bedarf, kann es nur in Relation zu den Leistungen unseres Bewusstseins gedacht werden. Also „ist" es so, wie es als „etwas" wahrgenommen und erkannt werden kann, nur für den menschlichen Geist. Es „gibt" „etwas" nur für das bestimmende Bewusstsein, und was es außerhalb der bewussten Beziehung überhaupt noch sein könnte, erscheint als eine unsinnige Frage. Schließlich „ist" es „etwas" nur in unserem Begriff.

Doch auch wenn die Erkenntnis notwendig auf „etwas" bezogen ist und wir im strikten Sinn nur „etwas" als „seiend" – oder als „nicht-seiend" – bezeichnen können, läuft es der unmittelbaren Gewissheit unseres lebendigen Daseins zuwider, wenn die Wirklichkeit als ganze auf das reduziert wird, was unserer Logik oder Semantik entspricht. Zwar ist es unwiderleglich, dass „real" im strengen Sinn nur „etwas" sein kann. Wenn jedes denkbare „Etwas" bereits der Gestaltung durch die Anschauung und der Bestimmung durch den Begriff unterliegt, muss letztlich alles, was

4 Hier haben dann auch Begriffe wie „Vorstellung" oder „Erinnerung", die aus der Perspektive der „inneren Welt" konzipiert sind, ihren Sinn. Wir erfahren die Welt ursprünglich nicht über eigene Medien der Innenwelt. Sie wird nicht *erst* repräsentiert und *dann* erkannt. Aber mit dem uns möglichen Rückzug auf die Subjektivität der „inneren Welt" brauchen wir ein Medium der Vermittlung, das uns die äußere Welt und ihre Gegenstände – als seien sie unser eigenes Produkt – anschaulich macht.

immer wir begreifen oder verstehen, unseren Begriffen unterworfen sein. Das ist eine zwingende logische Konsequenz.

Gleichwohl ist der korrekte logische Schluss der Komplexität der menschlichen Welterfahrung nicht angemessen. Denn er hebt die in ihm unterstellte Isolation des Selbstbewusstseins nicht auf. Er bleibt von jener Wirklichkeit getrennt, in der das Individuum wirksam ist und das Bewusstsein mit seinen Schlüssen selbst nur eine Funktion wahrnimmt. Da der „Beweis" der äußeren Realität das Selbstbewusstsein mit seinen Begriffen zum unhintergehbaren Ausgangspunkt nimmt und als Realität nur gelten lässt, was in den Begriffen dieses Selbstbewusstseins vorkommt, isoliert er nicht nur das Bewusstsein, sondern darin auch die Welt und führt zwangsläufig in den Idealismus, der notwendig ein metaphysischer Separatismus bleibt. Der logisch einwandfreie Schluss kann für den nicht durch bloße Theorie verblendeten Menschen kaum mehr als ein sophistisches Kunststück sein. Wer darauf hereinfällt, der lässt sich auch beweisen, dass der fliegende Pfeil sein Ziel nie erreicht, und er muss es für unwiderleglich halten, dass Achilles unfähig ist, die Schildkröte zu überholen.

12 *Keine Schöpfung aus dem Nichts.* Schon Platon hat in seiner Kritik des Eleatismus die in jedem Idealismus wirksame Verselbstständigung der Logik ironisiert (*Sophistes* 241c/e; *Parmenides* 131a/b). Zwar können wir uns schlechterdings keine Realität denken, die den Konditionen der Logik widerspricht. Gleichwohl wäre es eine Überschätzung unserer Begriffe, wollten wir aus der logischen Entsprechung von Begriff und Wirklichkeit den Schluss ableiten, unser menschlicher Verstand sei der Schöpfer von allem, was überhaupt ist – nur weil er nach seinen Begriffen darüber befindet, wo und wann „etwas" „ist".

Gewiss sind die Begriffe ursprünglich an allem beteiligt, was immer von Menschen erkannt werden kann. Aber dadurch „machen" sie die Realität noch lange nicht; vielmehr sind sie selbst in ihr immer schon „gemacht". Mag der Verstand auch an der Art, in der wir die Realität konkret erfahren, mitwirken und somit „konstitutiv" beteiligt sein: Er kann trotzdem nicht als Produzent einer Wirklichkeit gelten, in der er selber überhaupt erst wirksam wird. Zu offenkundig ist, dass wir längst Produkte sind, ehe wir auch nur das Geringste selbst hervorbringen können. Und was wir aus eigener Kraft produzieren, stammt nicht aus dem Nichts. Es ist immer nur Mischung, Umwandlung oder Anordnung gegebener Bestände. Jede Produktion ist auf vorhandene Materialien angewiesen, die selbst schon Produkte unvordenklich langer Prozesse sind. An keinem Punkt, weder am Anfang noch am Ende, schert der Prozess der menschlichen Eigentätigkeit aus der Wirklichkeit aus. Deshalb ist nicht zu sehen, warum ausgerechnet das, was die menschliche Welt ausmacht, nicht die wirkliche Welt sein soll.

Gleichwohl ist die Philosophie in das Dilemma zwischen spontaner Konstitution und vorgegebener Realität geraten. Entweder man ist Idealist und zieht sich den Spott des gesunden Menschenverstandes zu. Oder man ist Realist und muss sich der Naivität zeihen lassen, weil man den eigenen Anteil an den Dingen nicht zur Kenntnis nimmt. Ein Drittes scheint es nicht zu geben. Und tatsächlich ist nicht zu sehen, ob sich eine Alternative zum Realismus überhaupt denken, geschweige denn praktisch realisieren lässt.

13 *Der Vorteil der Erkenntnis.* Die Erkenntnis hat, auch wenn sie sich in einem abgeschlossenen logischen Raum bewegt, aus dem es epistemisch kein Entrinnen gibt, ihre Bedeutung immer nur im Kontext des Lebens, in dem sie wirksam ist. Zwar kann sie *als Erkenntnis* stets nur auf Erkenntnis stoßen; selbst das ihr völlig Fremde wird ihr zum logischen Gegenteil des ihr Bekannten und ist ihr somit grundsätzlich bekannt. Gleichwohl kann sie von ihrem Ort im Leben niemals wirklich absehen. Der Erkennende hat ein Bewusstsein davon, dass Erkenntnis für etwas gut ist – oder dass sie etwas verfehlt. Selbst wenn er ausnahmsweise einmal „nichts wissen" will, hat er eine klare Vorstellung davon, was ihm sein ausdrücklich beschränktes Wissen an Vorteilen bringt. Im konkreten Umgang mit der Erkenntnis ist es nicht zuletzt die Gewissheit, dass wir normalerweise nicht getäuscht werden wollen, die uns den in jedem Wissen mitbewussten Vorteil der Erkenntnis offenkundig macht.

Das Erkennen ist dem Wesen, das darüber verfügt, so unverzichtbar wie seine eigene Bewegung – es *ist* Bewegung mit anderen Mitteln, nämlich mindestens aufmerksame Öffnung gegenüber Neuem und in der Regel auch ein Verbinden von Eindrücken sowie ein Ermitteln von Schlüssen. Insofern „bewegt" sich der Erkennende in dem gesellschaftlich eröffneten Raum von Sachverhalten, und er tut dies in Antizipation künftigen Handelns oder Unterlassens. Jedes Erkennen kann als vorweggenommene physische Bewegung begriffen werden. Wie die Sinnesorgane in der latenten und akuten Aufmerksamkeit, wie die Hände beim Greifen und Halten, die Beine beim Gehen und Stehen oder die Werkzeuge des Mundes beim Essen und Trinken, so gehört auch das Erkennen zum organischen Vollzug des individuellen Daseins. Es ist die eigentümliche Beweglichkeit in einer Welt, die das Individuum unmittelbar mit seinesgleichen teilt; in der es *gleichzeitig* mit seinesgleichen bei *ein und derselben* Sache sein kann.

In dieser Leistung ist die Erkenntnis einzigartig und irreduzibel. Mit ihrer Logik schafft sie Verhältnisse, die es unter bloß physischen Bedingungen nicht gibt. Sie bringt *Unmittelbarkeit* und mit ihr *Gleichheit*, *Einheit* und *Ganzheit* mitsamt dem jeweiligen *Gegenteil* hervor – alles Formen, die es nur im Medium ihrer Begriffe gibt. Und die Begriffe verführen dann die Philosophen von Parmenides bis Wittgenstein dazu, jenseits der Begriffe (und ihres Gebrauchs in der Sprache) nichts mehr anzuerkennen, was noch den Titel der „Wirklichkeit" tragen könnte. In der Perspektive der Logik haben sie Recht. Wissen stößt immer nur auf Wissen. In der logischen Untersuchung stellt sich heraus, dass jeder Begriff immer nur begrifflich begreift.

Doch für die Beziehung zwischen dem Geist und jener Welt, in der er als Erkenntnis lebensnotwendig ist, hat das keine Bedeutung. Zwar ist es wichtig, die Fallstricke des Logizismus zu kennen. Man sollte sich auch klarmachen, warum der viel beschworene *linguistic turn* nur noch tiefer in das Dilemma des Idealismus geführt hat; denn er hat sich einen empirisch-sozialen Anschein gegeben und schien dadurch der Geschichte und der Laut produzierenden Natur des Menschen um einiges näher zu sein. Doch indem seine Verfechter bis heute den sprachlichen „Zugang" zur Welt über „Propositionen", also über begriffliche Gehalte suchen, kommen sie bestenfalls dort heraus, wo Kant nicht enden wollte, nämlich bei einer transzendentalen Version der Welt, als deren „Subjekt" nunmehr die Sprache selbst oder ihr Gebrauch fungiert. Da war Kant weiter, indem er wenigstens ein echtes Subjekt, nämlich den „ich"-sagenden Menschen zugrunde legen konnte. In der *Kritik der Urteilskraft* und im *Opus postumum* versucht er, diesen seinen eigenen Grund legenden Menschen als Lebewesen zu denken.

14 *Ein Beweis der Außenwelt ist absurd.* Die einfältigen Formen des Idealismus stammen aus einem missverstandenen Psychologismus. Man denkt sich das Bewusstsein als eine psychische Realität, die nur im Inneren eines jeden Menschen anzutreffen ist und mit der jeder für sich alleine ist. Da diese innere Realität stets nur mit ihren eigenen Mitteln auf die äußere Realität der Dinge und Ereignisse bezogen ist, scheint sie ausschließlich auf das angewiesen zu sein, was ihr im Inneren durch ihre Empfindungen und Vorstellungen übermittelt wird. Was „außen" ist, muss durch eine „innere" Leistung präsentiert werden. Also bleibt das Individuum in allem auf die Imagination seines Bewusstseins angewiesen. Daraus wird dann geschlossen, es komme aus der Sphäre seiner eigenen Innerlichkeit durch nichts und niemanden heraus. Folglich bleibe es ein Gefangener im Käfig seines Selbstbewusstseins.

Da er zudem weiß, dass es Träume, Illusionen und Halluzinationen gibt, hält es der Idealist für möglich, dass auch die über die eigenen Sinne und die eigene Vorstellungstätigkeit vermittelte „äußere Realität" nur eine Einbildung ist. Das beunruhigt ihn. Warum? Warum traut er sich nicht, die „äußere Welt" einfach auf sich beruhen zu lassen? In seiner „inneren Welt" findet er doch schon alles, was sich außen bietet. Ohne sein Interesse an der Außenwelt zu motivieren, sucht er nach Beweisen für die Realität der äußeren Welt. Sie sollen dem im Inneren des Körpers residierenden Ich beglaubigen, dass die ihm durch die Wahrnehmung übermittelten Botschaften tatsächlich von „außen" und somit aus der Wirklichkeit stammen.

Zu glauben, dass ein Beweis hier etwas ausrichten könne, ist die größte Einfältigkeit. Denn wenn der Beweis überhaupt einen Sinn haben soll, muss er die Isolation des Bewusstseins im Inneren des Körpers zur Prämisse machen. Also sind seine Argumente an das im Inneren hausende Selbstbewusstsein gerichtet. Wenn dies aber ein Bewusstsein ist, dem unterstellt wird, dass es den Zeugnissen seiner eigenen Sinne nicht trauen kann, wie soll es dann den von außen kommenden Argumenten Glauben schenken?

Die Lage wird nicht besser, wenn man den Beweis an sich selber adressiert. Sollte ein Ich tatsächlich glauben, ihn nötig zu haben, dann zweifelte es nicht nur am Realitätsgehalt seiner Sinne und am Realitätsbezug seiner Erinnerungen, sondern hätte auch allen Grund, seinen eigenen Argumenten mit Skepsis gegenüber zu stehen. Zwar lässt das nie versiegende Vertrauen in die Logik nicht an der Schlüssigkeit von Schlüssen zweifeln. Doch ob sie irgend etwas Verlässliches über eine äußere Welt zu sagen vermögen, kann im bloßen Schluss niemals offenkundig werden. Man braucht immer ein das Argument bestätigendes Zeugnis der Sinne, wenn es einen Außenbezug beglaubigen können soll.

Doch eben dieses Zeugnis ist ja strittig. Deshalb kommt man aus dem sich abschließenden Selbstbewusstsein im Inneren des Leibes niemals mit einem bloßen Beweis heraus. Diesen Fall intellektueller Hartleibigkeit kann in der Tat nur ein Gott auflösen. Das hat Descartes ganz richtig gesehen. In einer Zeit jedoch, in der noch nicht einmal mehr an Gottesbeweise, geschweige denn an Gott geglaubt wird, hilft der Umweg über ein notwendig existierendes und niemanden täuschendes Wesen nichts.

15 *Das notwendige Ineinander von Innen und Außen.* Der Fehler des Zweifels an der Realität der äußeren Welt besteht in der Annahme eines ins Innere des Leibes eingeschlossenen und bloß auf sich selbst bezogenen Bewusstseins. Das psychologische Missverständnis liegt in der Annahme, dass es im Inneren des Körpers etwas geben könne, was gar keinen eigenen Außenbezug hat. Wie soll das möglich sein? Jedes räumliche Innen ist notwendig auf ein Außen bezogen. Ganz gleich, ob es die Zunge im Mund oder das Blut in den Adern ist, ob es sich um das Gehirn im Schädel oder das Herz in der Brust handelt: Alles ist nur insofern innen, als es ein Außen hat. Jeder mögliche Innenraum setzt einen Außenraum voraus. Warum sollte das bei der Seele anders sein?

Weil sie, so lautet die Antwort, etwas prinzipiell anderes ist als der Körper. Tatsächlich scheint sie keinen Ort im Inneren des Leibes zu haben, und sie ist dort auch nicht so verteilt wie die Nerven oder das Blut. Doch ändert das nur das Geringste am notwendigen Außenbezug der Seele? *Wenn* sie sich selbst als etwas im, an oder mit dem Leib begreift, *dann* partizipiert sie an den Eigentümlichkeiten des Leibes, und der ist nun einmal ein Körper im Raum. Er hat eine Grenze, die mehr oder weniger deutlich das Innen vom Außen trennt. Wenn sich die Psyche als „hinter" den Augen, „unter" der Haut oder „in" der Brust begreift, dann muss sie im Außenraum des Körpers auch ihr eigenes Äußeres haben. Zumindest muss sie den Leib als Sphäre ihres *Ausdrucks* ansehen, ohne den sie gar nichts von sich selber wüsste. Also ist sie – selbst wenn sie reines Innen wäre – notwendig auf Äußeres bezogen. Tatsächlich kann man nur von der Seele sprechen, wo *Ausdruck* ist, der auf *Eindruck* basiert. Deshalb gilt für alle bewussten Vorgänge, dass in ihnen Innen und Außen nicht nur notwendig nebeneinander, sondern *ineinander* sind.

Man braucht also keinen Beweis für die Realität der Welt, sondern es genügt, das Missverständnis einer sich selbst im Inneren des Leibes isolierenden Seele aufzuweisen. Dann erledigt sich der Zweifel an der Existenz der äußeren Wirklichkeit von selbst. Natürlich gibt es den Unterschied zwischen Innen und Außen; es versteht sich auch von selbst, dass es im Inneren von Gebäuden, Gefäßen, Taschen oder organischen Körpern prinzipiell andere Dinge und Vorgänge geben kann als in ihrem jeweiligen Außenraum. Entsprechend kann es im Inneren gravierende Abweichungen von äußeren Bedingungen geben, dies vor allem in organischen Körpern. Also kann ein Bewusstsein auch etwas für sich behalten, ohne deshalb schon in die Position ontologischer Isolation zu geraten. Die Verweisung eines jeden Innen auf ein zugehöriges Außen – und sei es auch nur die Bedeutung einer bloßen Phantasmagorie – kann prinzipiell nicht aufgekündigt werden. Wenn aber außen die Realität sein soll, dann ist sie innen auch und umgekehrt.

Selbst von manifesten Illusionen, desgleichen von Verstellung und Lüge, kann sinnvoll nur mit Bezug auf die „äußere" Wirklichkeit gesprochen werden. Sie können niemals ein Argument gegen die Realität als ganze erbringen. Denn sie führen bewusst oder unbewusst lediglich von *einzelnen* Vorkommnissen ab. Um sie in dieser Wirkung zu erkennen, so dass sie als Täuschung identifiziert werden können, wird in jedem Fall ein sicheres Bewusstsein der Realität benötigt – sowohl beim Täuschenden selbst wie auch bei denen, die den Getäuschten erkennen.

16 *Begriffe gehören zu der Welt, die sie begreifen.* Etwas schwieriger scheint die Lage, wenn der Binnenbezug *rein begrifflich* verstanden wird, wenn hervorgehoben wird, man nehme weder ein physiologisches noch ein psychologisches Innen in Anspruch, sondern spreche von der Selbstbezüglichkeit des bloßen Bewusstseins. Damit soll dann gemeint sein, dass ein Begriff als Begriff sich selbst wieder nur auf Begriffe bezieht. Insofern sei er von der Behauptung räumlicher Existenz unabhängig, und man könne ihn in ein existentielles Niemandsland versetzen, ohne dass er seine Bedeutung verliere. Und da könne es dann sein, dass die Begriffe ein bloßes Glasperlenspiel der Gedanken vollziehen, in dem auch „außen“ und „innen“ bloße Gedanken sind – ohne jeden Bezug auf eine äußere Realität.

Die logische Selbstgenügsamkeit der Begriffe könnte tatsächlich den Verdacht einer hermetischen Isolation des Denkens nähren, wenn die Begriffe autonome Individuen wären, die ihr Gesetz vollkommen eigenständig nur im Verkehr mit ihresgleichen vollziehen. Dann könnte man ihnen eine eigene irreale Existenzform zugestehen, die mit der Realität der körperlich wirksamen Kräfte nur zufällig zu tun hat. Dann bildeten sie ein „Reich“ *sui generis*, an dem der Mensch rein äußerlich – wie ein Chauffeur an der Welt seiner Herrschaft – partizipiert.

Die Weltverdoppelung, allein um dem Begriff sein Eigenrecht zu sichern, verlangt jedoch einen hohen metaphysischen Aufwand, den bislang noch niemand rechtfertigen konnte. Ihr größter Nachteil ist, dass sie den Menschen mit sich selbst entzweit, indem sie ihn zum Bürger zweier Welten macht. Wir verkennen nicht den Stolz, den ein empirisches Wesen empfinden kann, wenn es sich als Mitglied eines göttlichen Reiches wähnt. Doch diesen Stolz kann es auch haben, wenn es sich auf die eigenständige Leistung des Begreifens sowie auf die Fähigkeit selbst bestimmten Handelns besinnt. Und die Freiheit, die es im Begreifen und im Handeln in Anspruch nimmt, hat ihren Sinn allein in der empirischen Welt – sofern sie *in* der Welt und zugleich gegen einige der in ihr wirkenden Kräfte behauptet wird. Wenn wir daher das intellektuelle Selbstbewusstsein des Menschen wirklich fundieren wollen, müssen wir entschieden auf *einer* Welt bestehen, einer Welt, die freilich eine Vielheit von Kräften umfasst. Realität lässt sich nur *in* ihr erkennen. Also gehören die Begriffe zu der Welt, die sie begreifen, zumal sie ihre Bedeutung nur durch Bezug auf Individuelles haben und ihren Sinn nur, sofern sie von Individuen gebraucht werden.

17 *Die Absurdität des Skeptizismus.* Der Mensch verkennt sich selbst, wenn er glaubt, er sei in seinem Bewusstsein von der Welt isoliert. Die Welt ist nicht das faktische Gegenüber, von dem man faktisch getrennt sein kann. Alles, was vorkommt, gehört ihr nicht nur *per definitionem*, sondern auch der Sache nach zu. Denn die Welt ist alles, was es gibt – was wirksam und damit wirklich ist.[5] Dazu gehört auch der Mensch mitsamt seinen Gedanken und Illusionen. Also täuscht er sich über sich selbst, wenn er meint, es könne zwar ihn selbst und seine Gedanken geben: Ob es darüber hinaus aber auch die Welt (die dann so genannte „äußere Welt") gebe – das müsse erst bewiesen werden.

Tatsächlich fordert der metaphysische Skeptiker einen solchen Beweis, der dartun soll, dass er in seinem Bewusstsein mit der „Außenwelt" verbunden ist. Statt den Beweis, wenn er ihn denn persönlich nötig haben sollte, stillschweigend für sich selber zu erbringen, fordert er ihn *allgemein*. Damit aber hat er schon kenntlich gemacht, dass er den Beweis gar nicht braucht. Denn er geht offenkundig von der Tatsache des Bewusstseins anderer aus, die – wo sonst? – außerhalb seines Bewusstseins existieren; andernfalls wären sie ja keine *anderen*. Damit aber erledigt sich die Sache des Beweises von selbst, und der Skeptiker hat lediglich zu fragen, wie er sich eigentlich selbst versteht.

Er müsste dann mindestens erkennen, dass er sich mit seinem radikalen Zweifel im Widerspruch zu sich selbst befindet. Denn sobald er seinen Zweifel äußert, hat er ihm faktisch bereits widersprochen. Wie kann man sich auch nur „äußern" wollen, solange man den Zweifel plausibel machen will, das „Äußere" sei gar nicht existent? Der Skeptiker aber *äußert* sich, und dies sogar in der Erwartung, dass man ihn versteht; andernfalls könnte niemand von seinem absurden Zweifel wissen.

18 *Machterfahrung des Denkens.* Vielleicht kommt der Skeptiker in dem Bemühen um Selbsterkenntnis am Ende auch darauf, dass sein Zweifel sich deshalb so hartnäckig hält, weil er ihm die Unabhängigkeit seines eigenen Denkens vor Augen führt.

5 Um mit dem frühen Wittgenstein zu reden: „alles, was der Fall ist". Das ist, nach seinem Wortgebrauch, „die Gesamtheit der Tatsachen, nicht der Dinge" *(Tractatus logico-philosophicus* 1 u. 1.1). Tatsachen haben einen *logischen* Status. In ihnen kommt „das Bestehen von Sachverhalten" zum Ausdruck; ein Sachverhalt ist eine „Verbindung von Gegenständen (Sachen, Dingen)", die wir sprachlich zum Ausdruck bringen *(Tractatus* 2 u. 2.01). Mit diesem Vorschlag wiederholt Wittgenstein, vermutlich ohne es zu wissen, Platons These, dass Seiendes nur in der Verbindung von Substantiv *(onoma)* und Verb *(rhema)* ausgesagt werden kann *(Sophistes* 262c).

Im Denken lässt sich buchstäblich alles fassen. Und das Größte ist: Es lässt sich auch alles negieren. So kann es sich gebärden, als hätte es Macht über alles.

Die Machterfahrung ist für das Denken wesentlich. Darin hat es seine Freiheit und seine tatsächlich benötigte Beweglichkeit. Es muss alles *anders* denken können, um tatsächlich die Instanz von Möglichkeit und Notwendigkeit zu sein, ohne die es in der Wirklichkeit gar nicht als genuine Leistung zu Einfluss kommen könnte. Aber in eben dieser Funktion hat sich das Denken selbst zu begreifen. Dann wird es aus der Tatsache, dass es die ganze Welt mühelos leugnen kann, nicht auf einen faktischen Standpunkt im Nirgendwo schließen. Denn es ist gerade in den Leistungen universeller Negation an die Handlungsbedingungen in einer mit seinesgleichen zu bewältigenden Lebenslage gebunden.

Exakte Verständigung gelingt nur, wenn *Negationen* möglich sind, ohne die es keine Verallgemeinerung, keinen Widerspruch und keine Zustimmung geben kann. Es gehört zu den in der gemeinsamen Bewältigung von Problemen benötigten Leistungen der Universalisierung, dass man sich selbst in Gedanken aus allem herausnehmen kann. Aber wenn man es tut, so bleibt es ein *Gedanke*, der dazu dient, bewusst – d. h. im Medium sachbezogener Mitteilung – *tätig* zu sein. Wer aber den Gedanken von dieser gleichermaßen auf Realität und Sozialität ausgerichteten Leistung ablöst und ihn so versteht, als befinde er sich im Jenseits der Realität, der hat ihn – schon als Gedanken – nicht verstanden.

Diesen Vorwurf kann man dem metaphysischen Skeptiker nicht ersparen. Er übersieht die Funktion des Denkens im Kontext der Realität und starrt lediglich auf die privaten Effekte seines eigenen Denkens. Das steigert das Machtgefühl der bloßen Reflexion. Tatsächlich gehört der radikale Skeptizismus zu jenen Übungen, in denen der menschliche Geist sich selbst zu imponieren versucht. Der Intellekt bietet seine ganze Definitionsmacht auf, um zu demonstrieren, dass vor ihm sogar die Welt in nichts vergeht. Das ist ein Kunststück ersten Ranges. Schade nur, dass sich der Geist dabei selbst verflüchtigt. Denn mit dem Verlust der wirklichen Welt, an deren Widerstand er allererst seine eigene Wirksamkeit erfährt, wird er buchstäblich gegenstandslos. So bleibt vom Skeptizismus nur ein exaltierter Selbstwiderspruch.

19 *Denken als wirkliche Leistung von wirksamen Individuen.* Gegen Skeptizismus und Idealismus hat man auf der Trivialität zu bestehen, dass wir *in* der Welt sind. Das ist derart trivial, dass es schon abwegig ist, dafür einen eigenen Terminus zu erfinden. Das „In-der-Welt-Sein" hat die Unschärfe, dass sein Gegenteil gar nicht gedacht werden kann. Wenn aber der Mensch in der Welt ist, kann sein Bewusstsein nicht außerhalb derselben sein. Es ist kein „Zugang" zur Welt, kein „Fenster" zum Feld der Realität[6], sondern es ist nichts als Ausdruck der *Präsenz*, in der wir – Ding unter Dingen – gleichzeitig mit anderen unter dem Anspruch stehen, durch den Umgang mit den Dingen über uns selbst zu verfügen. Das Bewusstsein öffnet den Raum des Handelns (5.5). In ihm bin ich nicht „in" mir, sondern vielmehr „außer mir". Im Bezug auf Sachverhalte bin ich unmittelbar außer mir bei meinesgleichen.

Das Bewusstsein, das von seinen Äußerungen nicht zu trennen ist, auch wenn es in sie Einsichten legt, in denen es ganz bei sich selber ist, lässt sich also nicht in einen dichotomischen Kontrast zu der Wirklichkeit bringen, in der es wirksam ist. Also müssen schon die von uns gedachten, erst recht aber die von uns erfahrenen Dinge Ausdruck wirksamer Kräfte sein, die in Relation zu unseren eigenen Kräften stehen. Es gibt eine reale physische Wirkung zwischen dem, was den von uns erfahrenen Dingen zugrunde liegt, und dem, was wir selbst an physischer Wirkung sind. Dieser unablässigen Wechselwirkung zwischen uns und unserer Welt sind wir uns in jeder eigenen Bewegung gewahr. Ohne sie wäre nicht nur das Wollen sinnlos, sondern auch das Denken, das stets auf ein Handeln oder Unterlassen ausgerichtet ist.

Es gehört zur Funktion des Denkens, sich ubiquitär bewegen und sich universell von allem unabhängig machen zu können. Es kann sich „alles", was immer es denkt, so gegenüberstellen, dass es selbst von ihm losgelöst und folglich eigenständig erscheint. In Gedanken kann es sich sogar von sich selbst ablösen und sich selbst als eine autonome reflexive Einheit exponieren. Eben das gehört zur Funktion des Denkens. In seiner habituellen Virtualität durchläuft es Alternativen und erhöht unsere Lebenschancen allein schon im Durchspielen von Möglichkeiten.

6 So nennt es P. Rohs, Feld – Zeit – Ich, 1996, 239.

Dies alles ergibt aber nur einen Sinn, wenn das Denken eine Leistung von wirklichen Individuen ist, die sich damit auf wirkliche Individuen beziehen. Nur im Bewusstsein einer faktischen Trennung von seinesgleichen, mit denen man sich auf exakt dasselbe beziehen können möchte, ohne ihre Selbstständigkeit in Frage zu stellen, hat man es überhaupt nötig, Begriffe zu gebrauchen. Nur weil man Individuum ist, das auf vieles angewiesen ist und das nicht alleine leben kann, muss man sich auf anderes vor anderen beziehen. Und nur wenn man dies *allgemein* tut, hat man die Chance, sich überhaupt verständlich zu machen, denn nur dann kann das andere Individuum *denselben* Sachverhalt erfassen. Und nur unter dem Schutz der begrifflichen Allgemeinheit hat man die Chance, die eigene Individualität zu wahren und die der anderen anzuerkennen.

20 *Gegenseitigkeit von Organismus und Welt.* So unausweichlich die Gefangenschaft im Käfig der Begriffe auch ist, wir können nicht übersehen, dass Denken und Sprechen Elemente in einem *Wirkungszusammenhang* sind. Zwar können wir auch den nur in Begriffen begreifen und nach logischen Regeln erschließen. Gleichwohl zeigt sich an uns selber, dass Begriffliches und Nicht-Begriffliches in einander wirken. Der Geist, in dem wir alles fassen, ist nicht isoliert; er hängt vor allem auch an seinen Opponenten. Also bewegt sich der menschliche Geist in der wirklichen Welt. Er ist selbst ein Wirkungsmoment unter Wirkungsmomenten. Die Korrespondenz von *actio* und *reactio* gilt ausnahmslos.

Nur *in* dieser Gegenseitigkeit kann der Organismus entstehen und überleben. Nur im Kontinuum gegenseitiger Wirksamkeit kann sich seine Organisation als solche profilieren (*Theaitetos* 154 b, 156 a). Folglich kann er seine eigenen Leistungen, ganz gleich ob sie sich auf den Stoffwechsel, das Wachstum, die Ortsbewegung oder auf die begriffliche Bewältigung seiner Umwelt beziehen, nur unter den Bedingungen einer durchgängigen Wirksamkeit realer Kräfte erbringen. Von dieser Gegenseitigkeit ist auch das Bewusstsein des Menschen geprägt, das ursprünglich auf anderes vor anderen seiner selbst bezogen ist. Wenn es ganz für sich zu sein versucht, gelingt dies nur durch einen absichtlichen Rückzug aus der gemeinsamen Welt. Aber auch dabei bliebe es ganz auf die begriffliche Funktion des Denkens beschränkt; die organische Leistung, die in jedem Akt des Denkens immer auch gegeben ist, wäre davon nicht betroffen.

Die Organisation des lebendigen Wesens tritt nicht nur in der Art des Stoffwechsels, in der Präferenz für bestimmte Lebensräume oder in den Formen der Bewegung, sondern vor allem auch im Spannungsbogen von Reiz und Reaktion hervor. Folglich erzeugt ein lebendiges Wesen nicht nur sich selbst, sondern auch die Formen seiner Wahrnehmung. Deshalb darf man getrost von „Weisen der Welterzeugung" durch die sinnlich-geistige Organisation eines Menschen sprechen,[7] ohne Gefahr zu laufen, ihn dadurch in die skeptisch-idealistische Isolation zu bannen. Auch wenn jedes Wesen immer nur seine spezifische Wahrnehmung haben kann, auch wenn die Rede von „Dingen", „Ereignissen" und „Kräften" selbst noch ein Produkt des menschlichen Verstandes ist, so ist das Wesen darin doch nicht allein auf sich gestellt. Das vorgegebene Mit- und Gegeneinander von Kräften bleibt die reale Basis von allem, was der Organismus von sich aus bewirkt. Was immer jemand über sich selber sagt: Es hat nur Bedeutung in einer Welt, als deren Teil – als deren wirksames Element – er sich notwendig auch dann noch begreift, wenn er ihre Existenz in Frage stellt.

21 *Die Welt als Umwelt Gottes?* Der Biologie verdanken wir den Begriff der „Merk- und Wirkwelt", der im Begriff der „Umwelt" längst zur Selbstverständlichkeit geworden ist. Er macht anschaulich, was Kant mit seinem transzendentalen Idealismus meint: Wie jedes Lebewesen teilt auch der Mensch mit seinesgleichen eine spezifische Auffassung seiner Welt. Was er als Wirklichkeit begreift, ist nicht die Wirklichkeit der „Dinge an sich", sondern lediglich die Wirklichkeit der Dinge, wie sie uns „erscheinen". Was immer wir erkennen, ist lediglich auf die Merk- und Wirkwelt des Menschen bezogen. Man kann nicht erwarten, dass andere Lebewesen in den gleichen Lagen *exakt die gleichen Dinge* sehen. Und tatsächlich haben wir verlässliche Kenntnisse darüber, dass anders organisierte Tiere sich nicht nur für ganz andere Vorgänge interessieren, sondern sie auch anders wahrnehmen und anders auf sie reagieren.

7 N. Goodman, Weisen der Welterzeugung, 1984.

Hat man sich aber die Differenz gegenüber den anderen Lebewesen bewusst gemacht, dann lässt sich die eigene Weltsicht nicht mehr als die einzig mögliche behaupten. Dann muss man die Wirklichkeit und Geltung anderer „Welten“ eingestehen. Das sind die „Umwelten“ aller anders organisierten Lebewesen. Also scheint es nur konsequent, neben diesen im Leben wirksamen anderen Umwelten auch noch *mögliche andere Umwelten* einzuräumen, von denen wir im Einzelnen zwar nichts wissen, die wir uns aber prinzipiell als existent denken können. So scheint es am Ende auch keine Schwierigkeit zu bereiten, sich einen „reinen Geist“ zu denken, der weder auf Augen noch auf Ohren noch überhaupt auf Körperliches angewiesen ist. Dem müssen wir selbstverständlich eine andere „Umwelt“ zugestehen, denn zu jedem Geist gehört eine Welt.

So gelangt man schließlich zu der Ansicht, dass ein Gott die Dinge ganz anders begreifen müsste als der auf seine Sinne angewiesene Mensch. Gott ließe sich dadurch definieren, dass er die „Dinge an sich selber“ sieht; ein Pantheist mag annehmen, dass Gott jedes einzelne Ding so sieht, wie es sich selber zu sehen vermöchte. Dem Menschen aber bleibt nur die für seine Konstitution spezifische Umwelt. Er hat sich mit den „Erscheinungen“ zu begnügen. Die „wahre Welt“ wäre die Umwelt Gottes.

Doch welchen Positionswechsel nehmen wir eigentlich vor, wenn wir anstelle des Menschen einen Gott als Betrachter einräumen? Wir wissen es nicht. So gewiss die Anhaltspunkte sind, dass die Tiere gegenüber demselben physischen Gegenstand in einer für sie bestimmten Weise reagieren, so wenig wissen wir, was es heißen könnte, Gott auch nur als „Betrachter“ der Dinge zu denken. Die Vorstellung gibt nur einen Sinn, wenn wir ihn als einen ins Große gerechneten Menschen verstehen. Doch wie groß wir ihn dabei auch immer denken mögen: Wir verkleinern und verharmlosen ihn, wenn wir ihn uns überhaupt ähnlich machen – erst recht bei einer so menschlichen Tätigkeit wie dem Erkennen. Denn wir haben das Erkennen ja nur nötig, weil wir endliche, bedürftige und auf eigenes Handeln angewiesene Wesen sind.

Also bleibt von dem, was Gott von den Dingen wahrnehmen könnte, buchstäblich nichts mehr übrig. Es ist immer *nur unsere eigene Perspektive*, die wir ihm zuschreiben, wenn wir – unter Berufung auf ihn – unsere eigene Sicht der Dinge zu verfremden suchen. Wir verbleiben im Schema des Mensch-Tier-Vergleichs, wenn wir sagen, dass ein Gott alles „anders" wahrnehmen könnte. Denn wir führen uns damit nur vor Augen, was wir bereits mit Blick auf andere Lebewesen wissen können: nämlich dass unsere menschliche Sicht der Dinge nicht alles ist.

22 *Welt als Umwelt des Menschen.* Der Mensch kann seine Perspektive auf die Welt nicht beiseite legen wie eine Brille. Er bleibt an seine Umwelt, die wesentlich seinen physiologischen Bedingungen korrespondiert, gebunden. Von dieser Umwelt kommt er selbst in der größten Abstraktion nicht los. Doch die Abstraktion ist zugleich das, worin er lebt. Gewiss, im Begriff der ja stets auf Natur bezogenen Umwelt schwingt die Vorstellung idyllischer Lebensräume mit. Da scheinen Höhle und Wald „natürlicher" als Haus und Stadt. Aber der Mensch, der unsere Fragen auslöst, lebt *jetzt.* Haus und Stadt sind seine Natur, die über den Boden, das Land und das Klima allemal mit den umgebenden Naturbedingungen verbunden sind. Damit bildet die dünne atmosphärische Hülle der Erde die äußere Bedingung der Umwelt des Menschen.

Wenn wir dies aber zugestehen, dann muss die Erde als ganze als Lebensraum des Menschen gelten. Die Erde aber ist ein Teil des Sonnensystems, das selbst wiederum nicht unabhängig von der Galaxie begriffen werden kann, in der es sich bewegt. Und da, wie wir wissen, auch diese Galaxie nicht für sich allein existiert, hat man weiter zu gehen – eben bis zum Ganzen der Welt. Also kommen wir zu dem Ergebnis, dass die *Umwelt* des Menschen nicht mehr und nicht weniger ist als *seine Welt.* Denn es gibt für den Menschen heute keine feste Grenze zwischen der Erde und dem als Welt gedachten Kosmos mehr.

Ergo: Die Umwelt des Menschen ist seine Welt, genauer: Sie ist die Welt, die er begreift. Es gibt keine andere, von der er sinnvoll denken und sprechen könnte. Der Mensch ist das Wesen, dessen Umwelt die Welt ist. Hinter dieser Welt steht keine Hinterwelt. Denn diese Welt umfasst alles, was immer er mit Sinn und Bedeutung versieht. Zu ihr braucht er auch keinen „Zugang" (von wo aus und wohin – wenn nicht dorthin, wo wir schon sind?). Die Metaphern vom „Zugang" oder auch vom „Jenseits", in dem die einen Gott und die anderen nur unerkennbare Dinge an sich vermuten, sind Folgen der Selbstisolation des Bewusstseins. Nietzsche, der eigentlich dagegen hätte gefeit sein müssen, hat offenbar in vollem Glauben an diese Isolation vom „Bewusstseinszimmer“ gesprochen, aus dem man nicht heraus könne. Das ist eine skeptizistische Beschreibung, die notwendig in eine idealistische übergeht: „Auf dem Rücken eines Tigers in Träumen hängend“ – das ist der Mensch in der Version von Nietzsches dionysischem Idealismus.

Nichts könnte irriger sein als die damit vertretene These. Denn das Bewusstsein ist weder ein Traum noch ein verschlossenes Zimmer. Es ist vielmehr die Offenheit für eine Welt, die jeder mit seinesgleichen teilt. Das Bewusstsein ist unmittelbar bei den Dingen, die es begreift, und direkt bei dem, zu dem es spricht. Die intellektuelle Leistung des Denkens versetzt es direkt in die Welt, die seine Umwelt ist und der es durch den Erfolg seiner Leistungen verpflichtet ist – Leistungen, die ihrerseits von der erfolgten Anpassung an die gegebenen Bedingungen getragen sind.

In der Umwelt des Menschen aber kommen im Prinzip alle Umwelten aller anderen Lebewesen vor. Sie umfasst *per definitionem* „alles“, also auch alle Lebewesen. Folglich gehören ihr auch deren Umwelten zu, die dadurch keineswegs etwa „unwirklich“ werden. Wie könnten wir sonst die Tiere füttern oder von ihnen gefressen werden? Das Äußerste unseres Weltbegriffs ist, dass wir ihn auch noch in seiner Relation auf uns selber denken können. Dabei erhält er die Verfassung eines Gegenstandes, dem die Opposition zum betrachtenden und verfügenden Individuum inhärent ist. Wer wollte behaupten, dass die Welt als ganze „in Wahrheit“ so – und nicht anders sein kann? Doch sogar im Äußersten des Weltbegriffs dominiert unsere Fähigkeit zur Selbstangleichung. Wir machen uns eben „alles“ gleich.

So ist selbst der Begriff der Welt Ausdruck jener Fähigkeiten, in denen sich unsere Selbsttätigkeit entfaltet. Aber dadurch wird die Welt nicht zur „Erscheinung“! Von „was“ denn sollte sie Erscheinung sein – außer von einem „etwas“, das *a priori* zu unserer menschlichen Welt gehört? Folglich ist die Welt, wie wir sie denken, wenn wir dabei nur korrekt und unserem konkreten Wissen entsprechend schließen, nichts anderes als unsere *empirische Welt*.

23 *Vom Idealismus bleibt nur ein Perspektivismus.* Wenn man Ernst mit der aller Erkenntnis zugrunde liegenden Individualität zu machen sucht, löst sich das Problem des Idealismus von selber auf. Man braucht nur davon auszugehen, dass es stets Individuen sind, die etwas erkennen, genauer: die *etwas* immer auch *für sich* erkennen. Wenn man dabei dann nicht vergisst, dass Individuen, die sich Erkenntnis zuschreiben, immer auch lebendige Wesen sind, erweist sich das Dilemma von Realismus und Idealismus als notwendiges Ineinander von physischer Konstitution und organischer Selbstproduktion, zu der auch die intellektuelle Verfertigung von Einheiten gehört, die mit der eigenen Einheit kompatibel sind.

Jedes selbstbewusste Individuum braucht notfalls seine eigene Welt, um sich inmitten des als objektiv erfassten Zusammenhangs der Gegenstände als Individuum auszeichnen zu können. Wenn es *seine* Sicht und *seine* Auffassung auch unter den Bedingungen der ausdrücklich als gemeinsam begriffenen Welt behaupten können will, muss es alles auf seine besondere Lage beziehen können. Und dann hat es *seine* Wahrnehmung, *seine* individuelle Sicht auch im Zusammenhang der begriffenen Verhältnisse zu rechtfertigen. Dazu aber braucht es einen Begriff von *seiner* Welt, zu der seine eigenen Vorbehalte, mitsamt seinen Erwartungen und Hoffnungen gehören. So steht auch noch die Subjektivität im Dienst der Objektivität der Verständigung.

Diesen Begriff von *seiner* Welt aber teilt der Mensch insofern mit seinesgleichen, als er jedem anderen *dessen* eigene Welt zugestehen können muss. Die eigene Welt aber kann von der Welt der anderen sinnvoll nur dann abgegrenzt werden, wenn sie sich allesamt in der von jedem unterstellten *einen* Welt befinden. Diese *eine Welt* ist die Welt, auf die er sich vor und mit allen jenen bezieht, die ihn erkennen lassen, dass sie es in elementaren Fragen ebenso halten wie er. Weiter kann er nicht gehen. Über die Welt von sich und seinesgleichen kommt er nicht hinaus. Hier gilt der anthropologische Vorbehalt. Aber das ist kein Vorbehalt gegenüber der Realität, sondern nur die Erinnerung an eine *Perspektive*, die wir als lebendige Wesen – mitten in der durch unsere Wirksamkeit erschlossenen Wirklichkeit – nicht ablegen können. Diese Erinnerung ist nötig, weil die Natur unserer Begriffe es mit sich bringt, das von uns begriffene Ganze schon für *das* Ganze zu halten. Vom

Idealismus bleibt der *Perspektivismus der menschlichen Welt*, die freilich alles umfasst, was „alles“ fasst.

24 *Individualität als einfache Form.* Im absoluten Ausgangspunkt der menschlichen Perspektive steht das Individuum. In seiner notwendigen Beziehung auf die mit seinesgleichen geteilte Welt aber ist es relational verfasst. Das Individuum ist Individuum nur *für* andere Individuen. In seiner individuellen Besonderheit kann es nur von *seinesgleichen* anerkannt werden – sofern es sich von ihm und anderem *unterscheidet*. Gleichheit und Unterschied gehören somit notwendig zusammen. Wer vorgibt, nur auf die Differenz zu setzen, erkennt nichts; wer in allem die Einheit sucht, steht mit leeren Händen da.

Das Individuum ist selbst als eine *Form* anzusehen, die nur in der alles tragenden, alles umfassenden, alles durchdringenden Wirklichkeit vorkommen kann. Das erkennende Individuum, um das es letztlich geht, ist eine in der Selbstorganisation des Lebens entstehende Form, die sich selbst zu erhalten und zu entfalten sucht. Zu dieser Erhaltung und Entfaltung gehört auch die *Erkenntnis*, mit der es sich *die* Welt erschließt, in der es nach eigenen Einsichten leben kann. Wenn es sich nach seinen eigenen Einsichten selbst bewegen können soll, müssen ihm die Dinge formal entsprechen. Auch die Erkenntnis muss ein Zurechtlegen, Zubereiten und Anverwandeln sein, wenn sie mit den Mechanismen der lebendigen Organisation kompatibel sein soll. Damit wird ihr eigener Status begrifflicher Organisation nicht tangiert. Gleichwohl müssen ihre Leistungen zu den Bedingungen der leiblichen Selbstorganisation passen, wenn sie denn überhaupt eine Bedeutung für den Lebensprozess haben können sollen.

Die einfachste Form aber ist die der Individualisierung selbst. Aus den die Schwellenwerte überschreitenden Reizen wird ein Etwas, das dem eigenen Leib formal insofern entspricht, als ihm die Einheit eines Ganzen zugeschrieben wird, das nach dem gleichen Bewegungsmoment begriffen wird, wie man sich selbst begreift und wie man sich selbst als ein Ganzes einsetzen kann. Und dieses Moment der einheitlichen Wirksamkeit als ein Ganzes ist das der Individualisierung. Aus dem diffusen Hintergrund stets irgendwie wirkender Kräfte formt sich das lebendige Individuum „Gegenstände“ nach seinem eigenen Bild, weil es nur so seinem eigenen

Formprinzip entsprechend, nämlich als individuierte Einheit, reagieren kann.

25 *Das Individuum als Element der Welt.* Die Individualität gehört zu den absoluten Tatbeständen unserer Welt. Das heißt jedoch nicht, dass es einen festen Bestand an Individuen gäbe! Physisch gesehen, hat sich noch jedes einzelne Ding als teilbar erwiesen. Der Kieselstein lässt sich, solange er als Kieselstein wahrnehmbar ist, in immer kleinere Einheiten teilen. Die Spiegelung des Lichts lässt sich sowohl in kleinere Einheiten wie auch in die Spektralfarben zerlegen. Einen Wassertropfen kann man unter günstigen Bedingungen in kleinere Tropfen überführen; wenn er aber zerfällt, setzt er eine ganze Welt von elementaren Teilen frei, von denen wir jedes einzelne nur als Individuum begreifen können.

Hier geht es dem Individuum nicht anders als dem Atom. Von ihrem ursprünglichen Wortsinn her bezeichnen beide Termini das „Unteilbare".[8] Aber selbst wenn man, wie im Fall des Atoms, das Wort für die kleinsten Bausteine der Natur zu reservieren versuchte: Man könnte nicht sicher sein, ob sich nicht noch kleinere Grundeinheiten fänden. Die „Unteilbarkeit" des Individuums ist kein physischer Tatbestand, sondern kann sinnvoll nur aus der Perspektive des Individuums behauptet werden.

Der Begriff des Individuums hat den Vorteil, nicht auf ein physikalisches Minimum eingeschränkt zu sein. Er bezeichnet eine Einheit, die allein dadurch gegeben ist, dass sie in sich sinnvoll erscheint. Sie hat „Unteilbarkeit" nicht nach Art einer gegebenen Eigenschaft, sondern nur im Zusammenhang einer bestimmten Auffassung eines sich selbst als individuelle Einheit begreifenden Wesens. Sie ist eine durch und durch kontextuelle Größe. Deshalb kommen Individuen auch nur in einer wahrgenommenen und als sinnvoll begriffenen Welt zur Geltung. Es ist ein in einer Perspektive aufgefasstes Dasein, in dem sich alles und jedes als individuell erweist. Insofern ist das Individuum das Element der Welt.

Als Element der Welt lebt das Individuum aus Bedingungen, die es nicht selbst gemacht hat. Auch wenn es sich und seine Welt organisiert, gehört es in allem zu der alles tragenden, alles durchwirkenden Realität, der selbst durch den Tod nicht zu entkommen

8 ἄ τομος = unteilbar; *individuum* = Unteilbares, unteilbar.

ist, weil es jedem Teil ebenso ergeht wie dem Individuum als ganzem: Die Auflösung ist nur der Übergang in einen anderen Zustand der in allem wirksamen Realität. Die Formen wechseln im Vordergrund, doch der materiale Hinter- und Untergrund bleibt.

III. Leben

1 *Lebendige Wesen.* Es gibt Dinge auf der Welt, denen selbst an ihrem Dasein gelegen zu sein scheint. Diese Dinge nennen wir lebendige Wesen: Sie haben eine aktive Beziehung zu sich selbst. Sie setzen sich selbst als Mittel zu eigenen Zwecken ein. Sie erhalten sich oder, wie man heute lieber sagt: Sie organisieren sich selbst.

Um von vornherein die alles biologische Wissen tragende Parallele zu den begrifflichen Lebensäußerungen des Menschen zu akzentuieren, kann man die folgende Umschreibung anbieten: Lebendige Wesen bewegen sich in *von ihnen selbst* regulierten räumlichen und zeitlichen Grenzen. Darin organisieren sie sich selbst, indem sie sich *als ein Ganzes* erfassen. Sie nehmen sich gleichsam selbst in den Griff. Sie begreifen sich auf eine durch und durch technisch-praktische Weise selbst. Es ist, als nähmen sie sich in die Hand und würden so zu handelnden Wesen – unbeschadet der terminologischen Gepflogenheit, nach der wir die Selbstbewegung organischer Wesen, die noch nicht über intellektuell erschlossene und rational verknüpfte Begriffe verfügen, als „Verhalten" bezeichnen. Niemand wird bestreiten wollen, dass es einen evolutionären Zusammenhang zwischen tierischem *Verhalten* und menschlichem *Handeln* gibt.

Deshalb darf es auch niemanden wundern, dass der Übergang zwischen Leben und Kultur fließend ist. Wir reservieren den Begriff der Kultur für den spezifischen Zusammenhang des menschlichen Daseins. Gleichwohl lässt der Übergang sich nicht auf ein naturgeschichtliches Datum beziehen, das als die Stunde Null der Kultur anzusehen wäre. Natürlich gibt es zeitliche Anhaltspunkte für die Entstehung von Traditionen des Werkzeuggebrauchs, der Materialgestaltung, der Nahrungsvorsorge, der Domestikation von Tieren, des Totenkults oder der magischen Rituale. In allen Fällen dürfte der bewusst erzeugte Zusammenhang zwischen den Generationen von Bedeutung sein. Das individuelle Lernen ist selbst ein entscheidendes Bildungsmoment der menschlichen Kultur. Dennoch findet der Übergang zwischen Leben und Kultur in jedem Augenblick des menschlichen Daseins statt. Das Leben hört an der Schwelle der Kultur nicht auf; es bleibt vielmehr das alles tragende Fundament und der alles treibende Impuls der kulturellen Existenz des Menschen.

2 *Selbstbezug*. Lebendige Wesen sind nicht nur einfach da wie ein Stern, ein Stein oder ein Fluss, sondern sie tragen durch eigene, aus ihnen selbst kommende Aktivität zur Sicherung ihres Daseins bei. Der Fluss fließt nur ab; er ist nichts als das Wasser, das zwischen seinen Ufern in tiefere Lagen strömt. Fehlt das Wasser, versiegt der Fluss. Natürlich kann man mit Blick auf seine Ufer so lange noch von ihm sprechen, als Hoffnung auf den Zufluss neuen Wassers besteht. Bleibt aber das Wasser dauerhaft aus, gibt es den Fluss nicht mehr.

Auch Lebewesen sind auf Zufuhr von außen angewiesen. Selbst die Stoffe, aus denen sie bestehen, sind ganz und gar aus den Materialien genommen, die sich in ihrer Umwelt finden. Doch sie haben nicht nur einfach ein Ufer als seitliche Begrenzung; es gibt keine Wand, die äußerlich zwischen ihnen und der Außenwelt steht. Der mehrzellige Organismus ist *aus eigener Logik endlich*. Er hat eine selbst geschaffene räumliche Grenze, über die er in einer durch ihn selbst geregelten Beziehung zu seiner Umgebung steht. Er setzt sich auch ein *eigenes Ende* in der Zeit, das durch seine Verwundbarkeit physiologisch stets gegenwärtig ist. Auch Verletzung, Krankheit und Tod sind Ausdruck der Eigentätigkeit des Organismus.

Damit ist gesagt, dass Lebewesen von sich aus tätig sind. Ihre Selbstbewegung erfolgt aus einem „Innen“, das freilich nur durch den Bezug auf ein „Außen“ – *sein* Außen – möglich ist, aber in allem nach *eigenen* Regeln verfährt. Lebewesen sind Einheiten in einem Prozess, in dem sie sich nach eigenen Prinzipien durchhalten. Wollen wir sie in ihrer spontanen Eigentätigkeit beschreiben, kommen wir ohne einen Verweis auf sie „selbst“ nicht aus. Die Struktur der organischen Selbstreferenz ist allgemein, aber ihr jeweiliger Auftritt ist unüberbietbar individuell. Leben gibt es nur, sofern einzelne Exemplare leben.

3 *Die Konzentration der Wirksamkeit.* Allein um eine adäquate Beschreibung lebendiger Wesen geben zu können, müssen wir ihnen ein *Selbst* unterstellen. Ihre Lebendigkeit verstehen wir als Wirksamkeit, in deren gedachtem Ausgangspunkt das Selbst als Integral aller steuernden Impulse und aller genutzten Effekte steht. Ihre äußere Einheit hat die Wirksamkeit in der offenkundigen Koordination der Bewegungen zu Wirkungen, die wir durch den Rückbezug auf leitende Impulse verstehen. Und diese Impulse, so sehr sie auch von äußeren Faktoren getragen oder beeinflusst werden, stammen ursprünglich aus dem lebenden Wesen *selbst*. Den Antrieb zu seinem Dasein hat es in sich *selbst*. Er betrifft es, und es verfolgt ihn – *ganz*.

Tatsächlich zeigt sich die Lebendigkeit eines Wesens in der *Einheit*, die es gerade auch in der Veränderung wahrt. Es ist durch und durch Prozess, den es *von sich aus* stimuliert, dem es *seinen* Rhythmus und *seine* Richtung gibt und dem es *seine* Grenzen setzt. Es erscheint durch und durch bewegt, und es scheint mit dieser Bewegung für jeden Betrachter zwingend als ganzes auf irgend etwas aus zu sein. Seine Selbstbewegung erfolgt nicht nur aus eigenem Antrieb, sondern sie scheint notwendig auf etwas gerichtet. Eben das gibt jeder Selbstbewegung den Charakter konzentrischer Wirksamkeit; sie ist stets und in allem zielorientiert und scheint unter der Koordination eines Programms zu stehen, das die vielfältigen Vorgänge eines Lebewesens unter der durchschnittlichen Direktive der Selbsterhaltung bündelt.

Zunächst indiziert der Begriff des Selbst aber nicht mehr als die Abwesenheit einer direkt wirkenden äußeren Ursache. Das Lebewesen wird von nichts außerhalb seiner selbst, es wird von nichts „Fremdem“ bewegt, sondern es bewegt sich allein aus sich selbst – unbeschadet der Tatsache, dass es durch seinen Stoffwechsel, seine physische Kompatibilität mit seiner Umwelt wie auch durch seine Biographie nahezu vollkommen in ein System von Ursachen eingelassen ist, die nirgendwo anders liegen können als außerhalb seiner selbst. Gleichwohl stammt der das jeweilige Leben initiierende und organisierende Impuls nur aus ihm selbst.

4 *Der Begriff des Lebens.* Eine philosophische Beschreibung des Lebens ist ohne Wert, wenn ihr nicht auch der Biologe zustimmen kann. Was wäre von einer Philosophie zu halten, die sich, abweichend von der zuständigen Einzelwissenschaft, eigene Phänomene zurechtlegte? Wenn es richtig ist, dass wir Menschen *eine* Natur haben und in *einer* Natur leben, kann es auch nicht *zwei* Begriffe vom Leben geben. Selbst dem abwegig speziell erscheinenden Anspruch einer „Biographie" müsste der Biologe zustimmen können, wenn er zugesteht, dass sich Leben zwar in myriadenhafter Vielfalt äußert und dennoch nur in einzelnen Exemplaren auftritt. „Biographie" gibt dann lediglich das Ideal einer Beschreibung an, die dem einzelnen Leben gerecht werden will. Denn der Eindruck des Zusammenhangs der Generationen und die Macht der Populationen mögen noch so gewaltig sein, ja, das Einzelwesen mag durch und durch ein Exemplar seiner Gattung sein: Die Lebendigkeit zeigt sich nur in einer jeweils vollkommen individuierten Gestalt.

Der Biologe muss so tun, als würde er mit seinen Begriffen nur gegebene Sachverhalte benennen; tatsächlich aber geht er über eine Gegenstandsbeschreibung weit hinaus, weil er unentwegt Elemente seiner *Selbstbeschreibung* einmischt. Einem Wesen, das nichts von seiner eigenen Lebendigkeit weiß, könnte er nie erklären, was Leben ist. So ergäbe die Abwesenheit äußerer Ursachen bei der Initiation des Lebens noch lange nicht die „Spontaneität" des ursprünglichen Anfangs – wenn wir das Phänomen nicht aus der Selbsterfahrung der eigenen Lebendigkeit kennten; die spezifische Verlaufsform des Lebensvorgangs als „Selbstorganisation" zu bezeichnen, wäre der blanke *nonsense*, wenn wir nicht aus eigenem Handeln wüssten, was es heißt – mitten in der Welt, von äußeren und inneren Ursachen durchwirkt –, gleichwohl zielbewusst von uns selber auszugehen (4.2).

Damit aber haben die biologischen Begriffe eine Tiefe, die man empirischen Termini leider auch in der philosophischen Analyse nicht zutraut; die weit verbreitete Geringschätzung der Empirie hat ja damit zu tun, dass man sich an geistigen Größen orientiert, die angeblich nur jenseits der Erfahrung zu finden sein sollen. Tatsächlich aber stecken sie nirgendwo anders als *in* der empirischen Welt – sofern der Mensch auch nur versucht, sich in ihr zu bewegen. Das geschieht bereits in der Erkenntnis. Jeder empirische Begriff verweist auf Nicht-Empirisches, das in ihm mit begriffen ist.

Der Begriff des Lebens macht die in allem Begreifen präsente Dimension des Geistes offenkundig: Da ist seit der ersten wissenschaftlichen Beschäftigung mit dem Leben der offenbar unausrottbare Begriff des *Zwecks*, der nicht aus äußeren Bedingungen erklärbar ist, weil seine organisierende Kraft aus der unausdenklichen Mitte des lebendigen Wesens selber kommt. Aristoteles war genötigt, für den Zweck eine eigene Form der Verursachung einzuführen. Kant beließ es bei der Analogie mit dem menschlichen Willen, den wir nur aus der Selbsterfahrung als zwecksetzendes Vermögen kennen. Und eben das bereitet der Biologie seit mehr als hundert Jahren größtes Unbehagen. Deshalb versucht sie den Begriff des Zwecks zu vermeiden und bietet statt dessen technische Ersatzbegriffe an, die aber allesamt den Nachteil haben, dass sie – wie schon der des Zwecks – auf die Leistung des menschlichen Wollens rekurrieren. Also kommen wir bereits bei der auffälligsten Erscheinung des Lebens: seiner aus ihm selbst erfolgenden zweckmäßigen Organisation, um die Selbstreflexion des Erkennenden nicht herum. Im Begreifen des empirischen Phänomens werden wir ganz von selbst in die Sphäre des Geistes gezogen.

So ergeht es uns mit allen anderen Eigentümlichkeiten des Lebens: Wie können wir die prozessuale *Selbstbezüglichkeit* oder die konstitutive *Innen-Außen-Differenz* anders fassen als durch die Analogie zu etwas, das wir nur aus der Selbstreflexion unserer eigenen Befindlichkeit her kennen? Die Reflexion aber ist, so sehr auch sie in Empirisches eingelagert und auf Empirisches bezogen ist, der Prototyp geistiger Tätigkeit. Sie geht auch mit ein, wenn wir nur die selbstgesetzte *Endlichkeit* lebendiger Wesen fassen wollen. Denn die Notwendigkeit eines zeitlichen Endes begreifen wir nur in Abgrenzung zur intellektuellen Konzeption der Unendlichkeit. Wenn wir von Endlichkeit auch nur reden, haben wir die Unendlichkeit mitgedacht.

5 *Selbstvollzug der Eigenart.* Was aber meint, nüchtern betrachtet, der Begriff des Selbst? Was hält sich in der „Selbsterhaltung“ denn eigentlich „selber“ durch? Rein äußerlich ist es immer der lebendige Körper, der eine Trockenperiode, einen harten Winter oder den Angriff eines Fressfeindes übersteht: Das Lebewesen bleibt am Leben, möglicherweise nur durch Flucht. Das physische Ding, das, wie jedes Ding, in jeder spezifischen Lage seine Individualität besitzt, bleibt als physisches Ding erhalten. Entscheidend ist, dass die physiologische Organisation sich in ihrer eigenen Rhythmik bewegen kann. Das Lebewesen hat in seinem eigenen Lebenstakt zu bleiben. Es vollzieht alles in einer für es typischen Ordnung. In ihrer nach eigenem Impuls vollzogenen Dynamik bewahren Pflanze und Tier sich jeweils selbst – und damit immer auch: ihre Individualität. Der Begriff des Selbst indiziert somit die sich aus eigenem Antrieb durchhaltende Singularität.

Die selbst gewahrte Individualität des lebendigen Wesens geht über die des Steins oder des Sterns, gewiss auch über die des Wassertropfens und der Kerzenflamme hinaus. Denn hier ist sie nicht einfach nur in den raum-zeitlichen Koordinaten eines Körpers gegeben, sondern sie kommt in der Selbstbewegung des Wesens immer auch zur Wirksamkeit. Das Lebewesen vollzieht seine Eigenart und ist ihr entsprechend *als Ganzes* tätig. Schon an einem einzigen Lidschlag im Uferschlamm zeigt sich, dass im ganzen Krokodil Leben ist. Zugleich ist klar, dass der durch das geöffnete Auge mögliche Blick für das Lebewesen *als ganzes* Bedeutung hat.

6 *Frontale Organisation.* Die Bewegung des Tieres nimmt es als ganzes mit, betrifft es als ganzes und hat somit auch für das ganze Tier Bedeutung. Damit ist in der gesamten Ausrichtung eine *Einheit* in Anspruch genommen, die sich nicht mehr bloß physisch zum Ausdruck bringen lässt. Fällt der Blick des Tieres auf nichts, was einen über der Reaktionsschwelle liegenden Reiz enthält, erfolgt gar keine sichtbare Bewegung im Schlamm, obgleich das Tier schon in seinem Blick eine Ausrichtung seines Daseins zum Ausdruck bringt. Die Ausrichtung bleibt auch in dem Ergebnis, dass situativ keine Ortsbewegung nötig ist. Auch wenn es sich nicht rührt, lebt es doch nach eigenem Gesetz und aus eigenem Impuls.

Das Leben hat eine frontale Organisation. Es bewegt sich nicht nur auf dem Strahl der Zeit und lässt Puls für Puls, Periode nach Periode hinter sich, sondern es spitzt sich durch seinen selbst produzierten Mangel immer auf Leistungen zu, in denen es sich realisiert. Es sucht sich selbst als ganzes in ein, wie man heute sagt, homöostatisches Gleichgewicht zu bringen, aus dem es durch die Dynamik seiner eigenen Bedürfnisse immer wieder heraus genötigt wird.

So sind alle Vorgänge des Organismus auf etwas aus. Der sie treibende Impuls hat, wie man früher sagte, ein *telos*, ein Ziel, in dem er sich bestimmt. Indem alle aus eigenem Antrieb erfolgenden Vorgänge an ihm selbst einem – wie die Biologen heute sagen – „Programm" folgen, sind sie auf eine Vielzahl von Leistungen ausgerichtet. Die aber lassen sich im Einzelnen nur erbringen, wenn die Energie des gesamten Organismus jeweils in Einzelleistungen gipfelt. Die frontale Organisation konzentriert sich in ihren einzelnen Aktivitäten.

7 *Das pars pro toto der Repräsentation.* Die frontale Organisation mit ihrer Zuspitzung auf einzelne Leistungen beruht, soziologisch gesprochen, auf Arbeitsteilung. Schon die einfache Zelle macht nicht alles auf einmal und lässt nicht jeden ihrer Teile alles machen. Auf kleinstem Raum differenziert sie verschiedene Organisationsbereiche aus, deren Leistungen nicht nur der ganzen Zelle zugute kommen, sondern die auch von dieser Zelle als ganzer getragen werden. Im Zellverband eines hoch entwickelten Organismus wird daraus dann ein vielfältiges System gegenseitiger Aktivitäten in wechselseitiger Abhängigkeit. Und jede einzelne Leistung dient der ganzen Organisation.

Diese *Kooperation* ist der entscheidende Punkt: Sie setzt die Einheit eines Ganzen voraus, in dem die einzelnen Teile als Glieder – als Organ der Organisation – fungieren. Das aber impliziert nicht nur eine alle einzelnen Elemente umfassende Kommunikation, sondern bedeutet auch, dass jedes in seiner speziellen Aufgabe mitwirkende Organ nicht einfach nur ein Teil, sondern auch ein *Stellvertreter des Ganzen* ist. In der Erfüllung einer für das Ganze wesentlichen Aufgabe wird das Organ zum *Repräsentanten* des Organismus.

Gewiss erfolgt diese Repräsentation nicht in dem Umfang, den wir in politischen Körperschaften damit verbinden. Dort sind Repräsentanten in der Lage, die Interessen ihrer Mandanten als eigenständige Individuen wahrzunehmen. Die Folge ist, dass sie ihren Auftrag auch vergessen, verraten oder widerrufen können. Repräsentation unter den Bedingungen der menschlichen Freiheit schließt schwer berechenbare Spielräume ein. Aber sie setzt auch feste Regeln, vielfältige Aufgaben, wechselseitige Abhängigkeiten und die Vorstellung von einem Ganzen voraus, in dem allein die

Stellvertretung sinnvoll ist. Diese Momente sind im Organismus angelegt:

Im Kontext der leiblichen Organisation steht jeder mitwirkende *Teil* des Ganzen für das *Ganze.* Wenn der Panzer der Schildkröte dem äußeren Druck standhält, rettet er das Leben des *ganzen* Tiers; wenn der Giftzahn der Schlange seine tödliche Wirkung tut, trägt er zum Schutz oder zur Ernährung des *ganzen* Wesens bei; wenn die Flügel das Insekt nicht mehr tragen, kann es sich als *ganzes* nicht mehr in Sicherheit bringen. *Pars pro toto* ist das Organisationsprinzip bereits des einzelnen Leibes. Es hält sich in der gesamten Organisation des Lebens durch und trägt – in zunehmender Differenzierung – den hoch individualisierten Aufgabenkanon der Kultur.

8 *Introversion und Extroversion des Lebens.* Jedes Lebewesen gibt sich seine Form. Es wäre aber viel zu wenig, darin nur eine äußere Konfiguration zu sehen, wie sie auch physische Gegenstände haben. Vielmehr prägt sich jeder Organismus – man möchte fast sagen: ausdrücklich – *von innen nach außen hin* aus. Das Lebendige ist von seiner Konstitution her introvertiert *und* extrovertiert. Es ist in seiner internen Selbstorganisation immer auch auf eine einheitliche äußere Erscheinung hin angelegt, in der es sich charakteristisch zur Erscheinung bringt. Daher ist es nicht übertrieben zu sagen, dass sich das Lebewesen in seiner Existenz zu einem für es typischen, ganzheitlichen Ausdruck bringt.

Alles Lebendige macht etwas aus sich. Es gibt sich ein Aussehen und prägt sich auch in seiner Bewegung in einer charakteristischen Weise aus. Wenn man bedenkt, dass Leben in relativ geschlossenen Systemen stattfindet, dass es sich in seiner spezifischen Organisationsform innerhalb selbst produzierter Grenzen vollzieht, verliert diese Beobachtung ihre Trivialität. Dann wird es bemerkenswert, dass die einzelnen Lebensformen nicht nur notwendig auf Äußeres ausgreifen, sondern sich im Äußeren *zeigen.*

Tatsächlich stellen Lebewesen ihre eigene Lebendigkeit zur Schau. Sie präsentieren sich in ihrem Lebensraum. Sobald sie Anlass haben, ihr Umfeld in einem über ihre Körpergrenzen hinausgehenden Maß wahrzunehmen, rechnen sie offenbar selbst mit der Tatsache, wahrgenommen zu werden. Kein Lebewesen scheint davon auszugehen, dass es alleine lebt. Und weitaus die größere Zahl gibt in Aussehen und Verhalten zu erkennen, dass sie darauf aus sind, von anderen Lebewesen wahrgenommen zu werden. Äußere Gestalt und erkennbarer Bewegungsvollzug setzen ein Wahrnehmungsfeld voraus, in dem sie selbst erkannt werden können. Nur weil dies so ist, kann ein so unerhörter Aufwand an Tarnung, mimetischer Einfügung ins optische, akustische oder olfaktorische Umfeld betrieben werden.

Natürlich können sich die Lebewesen in alledem nur als *die* Einheiten präsentieren, die sie selber sind. Markanten Zeichen – etwa zur Täuschung, zur Abschreckung, zur Erhöhung der geschlechtlichen Attraktivität – ist aber zu entnehmen, dass sie ihren Ausdruck mit dem Effekt konzentrierter Wirksamkeit nutzen. Ihre Darstellung sowohl gegenüber ihresgleichen wie auch gegenüber möglichen Feinden lässt erkennen, dass sogar hier die organische Arbeitsteilung wirksam ist. Die für andere wahrnehmbare Erscheinungsform hat die Funktion eines Organs. Das *pars pro toto* gilt auch hier – nur erhält es jetzt den begrifflichen Reiz, dass *pars* hier das *totum* der äußeren Darstellung ist.

Das Lebewesen ist somit nicht nur ein Ganzes, in dem repräsentative Teile zusammenwirken, sondern es stellt sich auch als Ganzes dar. Die Gestalt wird selbst zum Organ der individuellen Selbstbehauptung. Das aber ist nur möglich, wenn eine *Sphäre der Wahrnehmung* vorausgesetzt ist, in der die Lebewesen keineswegs bloß von ihresgleichen identifiziert werden können. Die Wahrnehmung beispielsweise erfolgt auch durch Feinde. Vor den Lebewesen, die in seiner Umgebung für es selbst von Bedeutung sein können, wird das individuelle Dasein nicht nur einfach realisiert, sondern *exemplifiziert*. Das Einzelwesen zeigt, was es ist, indem es vorführt, was es kann. Darin liegt nicht nur der Vollzug, sondern immer auch die Steigerung der Individualität.

9 *Expression und Kommunikation im Bedeutungsraum.* Das Leben ist expressiv. Jedes Lebewesen bringt sein Dasein zum Ausdruck. Es lebt nicht nur in eine Sphäre der physischen Wirksamkeit hinein; es ist auch zu wenig, ihm nur eine durch seine Rezeptionsfähigkeit aufgebaute „Merkwelt“ zuzusprechen; vielmehr kommt noch eine Dimension ursprünglicher Ausdrucksfähigkeit hinzu. Sie eröffnet die Welt als einen Bedeutungsraum. Er entsteht durch den eigenen *Sinn*, der die Bedingung dafür ist, dass etwas vor (oder „in“) diesem Sinn *Bedeutung* erlangen kann. Ausdruck aber impliziert, dass der eigene Sinn auch für andere Bedeutung haben kann. Im Bedeutungsraum rechnen Sinnträger mit der Bedeutung, die sie füreinander haben.

Man kann sich diese elementare Ausdrucksleistung gar nicht einfach genug vorstellen: Schon die Maserung eines Schuppenpanzers, die Blüte eines Strauchs oder der erste Schrei sind elementare Ausdrucksphänomene, die eine Sphäre voraussetzen, in der die eigene Äußerung Bedeutung für andere hat. Jede Darstellung seiner selbst präsentiert sich in diesem imaginären Raum, der freilich die reale Trennung von anderem und anderen voraussetzt und insofern den physischen Raum zur Bedingung hat. Das Gleiche gilt für alle periodisch oder situativ gesetzten Signale. Die ursprüngliche Dynamik des sich stets nur individuell vollziehenden Lebens öffnet sich in jedem einzelnen Wesen für andere Einzelwesen. Der Zusammenhang der Individuen wird – zumindest von einer bestimmten Entwicklungsstufe mehrzelliger Lebewesen an – über Ausdrucksleistungen hergestellt, die sinnfundierte Bedeutungsräume unterstellen.

Also beginnt mit dem Ausdruck auch das, was wir im menschlichen Lebenszusammenhang „Verständigung“ nennen. Schon in der expressiven Äußerung des Organismus ist das angelegt, was sich unter Bedingungen selbstbewusster Individualisierung begrifflich artikuliert. Die menschliche Sprache basiert auf den lange vorbereiteten Verständigungsleistungen sozial lebender Tiere. Sie beruht, wie man inzwischen mit einiger Sicherheit angeben kann, auf Gestik und Mimik, ist dadurch den leiblichen Prozessen viel näher, als der freigesetzte Laut vermuten lässt. Schon vom expressiven Körper geht eine organisierende Leistung aus, die dafür empfängliche andere Körper einbezieht. So ist schon der Leib – und zwar durch seine eigene Leistung – ein ursprünglich auf die Gemeinschaft mit anderen eingerichtetes Element. Das ausdrucksfähige Individuum ist damit ein *originär* auf die Sozialität hin angelegtes Wesen. Auch wenn es in manchen Aktivitäten widerständig und wild erscheint, so bedarf es in seinen basalen Aktivitäten keiner von außen kommenden Zähmung, um überhaupt sozialisationsfähig zu werden. Es ist vielmehr schon von seiner leiblichen Organisation her auf Kommunikation und Kooperation angewiesen.

Das wird niemanden wundern, der sich fragt, wie denn ein Organismus allein für sich selbst zu seiner Einheit findet. Muss nicht das Ganze, das nichts anderes ist als eine funktionale Kooperation seiner Teile, eine interne *Kommunikation* ausbilden, wenn es überhaupt ein Ganzes sein soll? Selbst wenn der Organismus nur ein integraler Kampfplatz seiner Teile sein sollte,[1] könnte er auf eine „Verständigung" der in ihm vereinigten Gegner nicht verzichten, weil er anders gar kein Körper wäre.

So haben Gesellschaft, Kultur und Politik nicht nur ihr Analogon, sondern sogar ihren Prototyp im lebendigen Organismus. Und da nicht erst diese Parallele, sondern bereits der Begriff der physiologischen Organisation ein Selbstverständnis des Menschen impliziert, braucht niemand zu befürchten, damit sei einem Biologismus das Wort geredet. Das Leben ist niemals bloß das „nackte Leben". Es schließt die größte nur denkbare Vielfalt von Phänomenen ein, ist mindestens der Träger von Geist und Kultur und enthält bereits im Ursprung seines Begriffs das intellektuelle Selbstverständnis des Menschen. Schließlich dürfen wir nicht vergessen, dass sogar die Astronomen, wenn sie von „Geburt", „Wachstum", „Altern" und „Tod" eines Sternes sprechen, vom Leben, das sie nur von der Erde her kennen, nicht absehen können.

10 *Selbststeigerung im Selbstausdruck.* Die Selbsterhaltung, die wir den organischen Prozessen zuschreiben, bedeutet nicht nur einfach eine Zunahme an Komplexität; es reicht auch nicht aus, ihnen die – im Vergleich zu den physischen Prozessen – offenkundige Dynamisierung der in allen physischen Körpern ablaufenden Veränderungen zuzusprechen. Das im Leben hinzukommende Moment liegt in der *Steigerung der Individualität*, die nicht mehr nur einfach da ist, sondern die jetzt selbst zu prozessualem Ausdruck gelangt. Selbsterhaltung organischer Einheiten ist immer auch Selbstentfaltung; sie ist Wachsen, Reifen und Mitwirken an der Produktion neuen Lebens. Leben ist auf *Vermehrung* angelegt. Damit geht es ursprünglich über sich hinaus und hat in allen seinen Vollzügen – Altern und Sterben nicht ausgenommen – eine dynamische Verfassung.

1 Eine Lieblingsvorstellung des späten Nietzsche, die er Wilhelm Roux (Der Kampf der Teile im Organismus, Leipzig 1881) entlehnte.

Über sich selbst hinaus geht das Lebewesen auch in der Darstellung seiner selbst. Das tut es wesentlich vor den Mitgliedern der eigenen Population, ist aber, wie die vielfältigen Formen der Drohung, Verstellung und Übertreibung zeigen, keineswegs auf den Gattungsrahmen beschränkt. Schon das Blühen und Duften der Pflanzen enthält Signale an Lebewesen anderer Art. Symbiotische Lebensformen selbstständiger Wesen sind nur auf dem Weg grenzüberschreitenden Ausdrucks möglich, und spätestens von der Entwicklungsstufe der Tiere an vollzieht sich das Leben offenkundig unter dem Eindruck der Wahrnehmung durch andere. Also ist das Lebewesen schon früh daran gewöhnt, von anderen ertastet, gerochen, gehört oder gesehen zu werden. Leben vollzieht sich, wie gesagt, in einem Raum wechselseitiger Wahrnehmung. Die Öffentlichkeit des menschlichen Daseins hat eine lange Vorgeschichte, die sich dem menschlichen Bewusstsein gleichsam vorab eingeschrieben hat. Im Wahrnehmungsfeld der anderen aber steigert sich der Selbstbezug, der im signalisierenden Ausdruck eine Ausrichtung auf diese Anderen erhält.

In diesem Vorgang des durchgängigen Selbstbezugs, in dem sich alle Teile wechselseitig aufeinander beziehen und somit nicht einfach nur ein Ganzes *sind*, sondern immer erst ein Ganzes *werden*, ist alles, was mit dem lebendigen Wesen in Berührung kommt, nicht nur einfach da, sondern es gewinnt für dieses Wesen Bedeutung.[2] Jedes einzelne Moment, das ein lebendiges Wesen bewegt, hat seine Relevanz, die sich auf das Ganze des Wesens bezieht. Doch dieses Ganze steht nicht fest: Mit jedem Reiz und jeder Reaktion wird es bewegt; mit jedem Akt seines Stoffwechsels wird das Ganze neu. Darin erfährt es seinen *Sinn*. Und alles, was sachlich auf den Sinn eines lebendigen Wesens bezogen ist, hat *Bedeutung*. So lässt sich die (streng genommen natürlich nur für den Menschen gültige) Beziehung zwischen Sinn und Bedeutung auch organisch fundieren.

2 Darauf hat Dilthey in seinen eindringlichen Überlegungen zum Verhältnis von Leben, Bedeutsamkeit und Bedeutung aufmerksam gemacht. Siehe dazu: Der Aufbau der geschichtlichen Welt in den Geisteswissenschaften. Entwürfe, Teil III: Die Kategorien des Lebens, in: Gesammelte Schriften, Bd. VII, 191–291, 228 ff.

11 *Pars pro toto als Bedingung mitteilbarer Bedeutung.* Das konstitutive Moment der Bedeutung liegt darin, dass etwas nicht nur als partikulares Moment unter partikularen Momenten wirkt, sondern *für ein Ganzes* wichtig ist. Die Bedeutung erfasst die Möglichkeit einer Wirksamkeit, die ein Lebewesen *ganz* betrifft. Das ist natürlich nicht unabhängig von der Möglichkeit des lebendigen Wesens, *als Ganzes* auf Vorgänge in seiner physischen Umgebung reagieren zu können. Erst die Selbstbewegung des ganzen Körpers, erst die Tatsache, dass er *von sich aus* reagieren kann, gibt dem Ausdruck seine Bedeutung. Die Bedeutung hängt also an der Fähigkeit, eine das Lebewesen *ganz* betreffende Wirkung eines Vorgangs in eine es *ganz* mitnehmende Handlung umzusetzen. Das macht den *Sinn* eines Geschehens aus. Sinn genügt sich selbst, Bedeutung hat etwas nur für ein Anderes. Der Sinn zeigt ein befriedigtes Bedürfnis an; Bedeutung ist gegeben, wo etwas der Befriedigung dient oder ihr entgegensteht. Der Sinn legt somit den Grund für alles, was immer Bedeutung haben kann.

Sobald nun die Bedeutung, die etwas hat, selbst wieder zur Darstellung kommt, so dass sie von anderen handelnd ebenso umgesetzt werden kann wie von einem selbst, liegt ein sinnvolles Reagieren auf Bedeutung vor. Das ist es, was man „Verstehen“ nennt, und es zeigt sich in einem Verhalten, das nicht auf Wissen gegründet ist, sondern vielmehr selbst alles Wissen erst trägt, und zwar dann, wenn die Darstellung selbst wieder nach dem Prinzip der Bedeutung erfolgt, wo also ein *Teil für ein Ganzes* steht. Mitteilung vollzieht sich durch den Teil eines Ganzen, der von einem Ganzen als auf ein Ganzes bezogener Teil verstanden wird.

Das geschieht in ausdrücklich gegebenen *Zeichen*, die eine Bedeutung material zum Ausdruck bringen. Und sobald das Zeichen Bestand hat, „hat“ es auch die mit ihm verknüpfte Bedeutung. In der auf die Zeichen bezogenen Bedeutung kommt – zu anderer Zeit, vielleicht auch an anderem Ort und möglicherweise auch vor anderen Individuen – etwas zum Ausdruck, was es unter den bloß physisch vorkommenden Dingen gar nicht gibt: nämlich exakt *dasselbe*. Dieser sich nur dem Menschen eröffnende *begriffliche* Gehalt von Sinn und Bedeutung ist das Einzige, was unter den ständig wechselnden Bedingungen der physischen Welt absolut *gleich* bleiben kann.

Es ist offenkundig, dass auch begrifflich verstandene Zeichen eine Vorgeschichte in der Entwicklung des Lebens haben. Überdies sieht man, dass ohne *Individualität* weder Sinn noch Bedeutung möglich wäre. Wenn da keine auf sich bezogenen Einheiten wären, die ein partikulares Datum so auf sich als ein Ganzes beziehen, dass sie auf das partikulare Moment als Ganzes reagieren können, gäbe es keinen Sinn. Und es würde auch nichts Bedeutung haben können, wenn da nicht etwas wäre, was einheitlich auf das ganze Individuum bezogen werden könnte.

Die begrifflich gefasste Bedeutung aber hängt nicht allein an der einheitlichen Wirkung von etwas auf das Individuum als Ganzes. Es müssen zugleich auch auf gleiche Weise organisierte andere Individuen gegeben sein, für die der Vorgang eine entsprechende Bedeutung haben kann. Bedeutung in begrifflicher Prägnanz ist korrelativ auf Individuen bezogen, sofern sie sich vor- und füreinander auf Sachverhalte beziehen. So tritt die Bedeutung in ihrem vollen Sinn nur in einer *Sphäre der Sachhaltigkeit* hervor, in der einzig ein wechselseitiges Verstehen von Individuen möglich ist. Und nur sofern sie einander mit Bezug auf sachlich Begriffenes verstehen, können sie auch ein Verständnis ihrer selbst entwickeln, in dem dann erst etwas für sie selber sinnvoll sein kann. So wird auch die Bedeutung zur Bedingung von Sinn. Nur sofern die Bedeutung zur Darstellung vor anderen kommt, kann darin auch ein Sinn für ein anderes Individuum werden.

12 *Unterschiedliches als Gleiches nur durch Repräsentation.* Die Korrelation von Individualität auf Individuelles, das für Individuen von Bedeutung ist (also der Umstand, dass etwas ausdrückliche Bedeutung nur im gemeinsamen Bezug auf Gegenstände und Ereignisse in einer gemeinsamen Welt erlangt), kann lediglich im Medium der *Darstellung* wirksam werden. Im Vorgang des Lebens liegt daher der Ursprung der *Repräsentation.* Erst die Repräsentation erlaubt es, angesichts der stets und in allem gegebenen Differenzen, Verbindendes als Gleiches darzustellen. Die Repräsentation in ihrer allgemeinen Form stellt Unterschiedliches als Gleiches vor. Und nur weil sie Einheitliches zum Ausdruck bringen kann, kann sie in der Folge auch eindeutige Unterschiede machen.

Dass etwas, das eindeutig so – und nicht anders – beschaffen ist, gleichwohl *Gleiches* bedeutet, lässt sich unter rein physischen Bedingungen schlechterdings nicht verständlich machen. Zwar gibt es überall dort, wo etwas entsteht, seien es Atome oder Moleküle, Kristalle oder lebendige Wesen, ein Schema der Produktion, das „im Prinzip" „Gleiches" hervorbringt. „Prinzip" verweist hier auf eben den „Ursprung", aus dem das „Gleiche" hervorgeht. Aber wir wissen nach der ontologischen Einsicht in den absolut individuellen Charakter allen Daseins, dass es im Reich der Erfahrung gar nichts exakt Gleiches gibt. Die physischen Dinge aus gleicher Produktion sind sich nur ziemlich ähnlich. „Gleich" im strikten Sinn ist das „Prinzip", aus dem sie jeweils hervorgehen. Als Produkte sind sie jeweils für sich, und sie halten sich nur in der für ihre Existenz konstitutiven Differenz. Die eineiigen Zwillinge haben schon im fötalen Zustand den Unterschied an sich, dass sie sich zu *zwei* Wesen entwickeln.

Gleichwohl ist man versucht zu sagen, dass die physische Natur zwar nicht in ihren Gegenständen, wohl aber in ihren produktiven Mechanismen absolute Gleichheit hat. Doch wir dürfen uns nicht darüber täuschen, dass dies nur ein *Gedanke* ist. Der verweist uns zwar auf eine mögliche Analogie zwischen dem, was die Natur in der Reproduktion ihrer Individuen leistet, und dem, was in der Bedeutung liegt; man ahnt eine alte Verwandtschaft zwischen den regenerativen Vorgängen der Natur und den intelligiblen Leistungen des Denkens; Platon hat dieser Ahnung im *Timaios* (34c – 36d) begrifflichen Ausdruck zu geben versucht. Dennoch ist zu beachten, dass die Gleichheit, die wir in der Natur wirksam sehen, sich faktisch nur im Medium der Differenz ergibt.

13 *Selbstrepräsentation.* Was im Augenblick geschieht, ist allein dadurch, dass es in *diesem* Augenblick passiert, unwiederholbar. Zugleich ist die Wiederkehr von Augenblicken die Bedingung dafür, dass sich überhaupt etwas wiederholt. Jede Wiederholung ereignet sich bereits in einer anderen Zeit. Also ist alles, so wie es entsteht, vollkommen neu. Nur aus der Ähnlichkeit der Produkte schließen Wesen, die es nötig haben, auf die Gleichheit in den Bedingungen der Produktion. Und da es strikte Gleichheit nur im Gedanken gibt, wird eben dieser Gedanke in die Natur hinein getragen. Doch wir wissen schlechterdings nicht, ob er dort tatsächlich so wirksam ist, wie wir dies nur aus der Wirksamkeit unserer eigenen Gedanken kennen. Also kommt unser Begriff von den Mechanismen der physischen Natur über eine Analogie zu unserer intellektuellen Selbsterfahrung nicht hinaus. Dass wir aber stets inmitten der ausnahmslosen Differenz der Individuen auf *dasselbe* zugehen, *Gleiches* zum Ausdruck bringen und *definitive* Unterschiede angeben können, hat seinen Ursprung im ursprünglichen Vorgang der Repräsentation. In ihr steht ein Teil für ein Ganzes, das zum „Ganzen" aber überhaupt erst unter dem Anspruch von Begriffen wird.

„Einheit", „Gleichheit", „Freiheit", „Unterschied" –: Alles dies können wir natürlich nur dann auf Vorgänge in der Welt anwenden, wenn wir es an uns selbst begreifen. Bereits in den elementaren Akten des Selbstbewusstseins, erst recht in den anspruchsvollen Leistungen des personalen Handelns repräsentieren wir die Welt. Wir stellen uns etwas – und insbesondere unseresgleichen – vor und haben dabei eine Vorstellung unserer selbst, mit der wir immer auch eine Vorstellung von uns selber geben.

Diese tragende Analogie von Selbst- und Welterfahrung wäre nicht möglich, wenn der Mensch sich nicht selbst zur Darstellung brächte und sich somit selbst repräsentierte. Er gibt in allem eine Vorstellung von sich selbst. Wo er dies bewusst tut, arbeitet er für sich selbst mit Vorstellungen von Dingen und Ereignissen und – von sich selbst. Im Medium des Selbstbewusstseins vollzieht er für sich, was für alles Leben kennzeichnend ist, nämlich nur *im Ausdruck* lebendig zu sein. So bewegt sich alles Leben im Medium der Repräsentation – und nur in ihr gibt es Wiederholung im strengen Sinn.

14 *Bild.* Die Analogie zu uns selbst ist spekulativ, wenn wir sie auf kosmische oder (was dasselbe heißt) auf atomare oder molekulare Prozesse anwenden. Das Denken gewinnt aber an Sicherheit, wenn wir uns mit unserer Selbsterkenntnis vergleichend auf unsere tierische Verwandtschaft zubewegen. Da glauben wir sagen zu können, dass erst der Auftritt von Wesen, für die allein schon ihre unterschiedliche Position (etwa im Verhältnis zur Nahrung, zum Feind oder zum Geschlechtspartner) etwas *bedeutet*, die Differenzierung einer Auffassung in Relation zu Zeit und Raum nötig macht. Nicht nur andere Wesen nehmen ein und dasselbe unter Umständen anders wahr; sondern auch ein und dasselbe Wesen kann ein und denselben Gegenstand – je nach Bedürfnis – unterschiedlich auffassen. Und wo dieser Unterschied selbst zum Charakter des Gegenstandes wird, da ist etwas zum *Bild* geworden.

Was ein Bild ist, lässt sich nicht klären, wenn wir es nur mit Blick auf physische Gegenstände zu ermitteln suchen. Wir können es vermutlich auch nicht zureichend erhellen, wenn wir es lediglich an den vorkommenden Gegenständen (also nur unter der Voraussetzung unserer *eigenen* Lebendigkeit) aufweisen. Nur mit Blick auf anderes Leben, das wir als unseresgleichen begreifen, erfahren wir die Eigenart von etwas, das so, wie es beschaffen ist, auf etwas Drittes verweist.

Zur Illustration ließe sich sagen: Das Erste, was ein Mensch als Bild begreift, ist das *Gesicht* eines anderen Menschen. Das Gesicht ist nicht nur einfach so oder so konfiguriert, sondern es *verweist* auf Empfindungen, Stimmungen, Absichten und somit auch auf mögliche Handlungen. Es ist Ausdruck von Erlebtem und weist auf Kommendes hin. Erfahrungs- und Handlungskomplexe sind hier bereits ins Bild gerückt. Wie nahe das Gesicht der bildlichen Darstellung ist, ließe sich an der Verstellung, einem der wichtigsten Lebensphänomene überhaupt, demonstrieren: Jemand kommt mit bedrohlicher Miene auf einen anderen zu, und – plötzlich holt er hinter seinem Rücken das Geburtstagsgeschenk hervor. Er hat aus seinem Gesicht selbst ein „Bild" gemacht, mit dem er täuschen wollte. Zwar hat sich der andere nicht wirklich täuschen lassen, aber er ist bereitwillig auf das Spiel mit der natürlichen Maske eingegangen.

Die künstlich hergestellte Maske dürfte zu den ersten ausdrücklich zur Schau gestellten Bildern der menschlichen Kultur gehören. Mit ihr haben wir ein hergestelltes Werk, das sich vom bloßen Instrument dadurch unterscheidet, dass sich darin das produzierende Individuum selbst erkennt. Die eigene Tätigkeit wird ihm zum Spiegel seiner Natur.

15 *Erhaltung als Form der Steigerung.* Alles verändert sich unablässig. Die Bewegung des Alls teilt sich allen Dingen mit. Die ruhende Landmasse, die der Brandung ungerührt standzuhalten scheint, verschiebt sich mit der Kontinentaldrift jährlich um mehrere Millimeter, während sie mit Überschallgeschwindigkeit zusammen mit ihrer Galaxie durch den Kosmos explodiert, Jahr für Jahr einige Milliarden Kilometer um ihre Sonne geschleudert wird und sich mit Schwindel erregendem Tempo um sich selber dreht. Und dennoch finden sich hier Gipfel, auf denen Ruhe herrscht, und Wipfel, über denen kaum ein Hauch zu spüren ist.

Es ist unbestreitbar, dass in diese – je nach Lage – als bedrohlich schnell oder quälend langsam empfundene Bewegung mit dem Auftritt des Lebens tatsächlich eine zusätzliche Dynamik kommt. Zunächst ist es eine Bewegung, die sich – wie alle Bewegung – selbst zu erhalten sucht. Aber diese Erhaltung der Bewegung erfolgt nicht auf einer geraden oder tangential immer wieder gekrümmten Linie, sondern es erhält sich ein Puls, ein Rhythmus in durchlässigen Grenzen, eine sich in sich bewegende Struktur, die sich bei ausreichend Licht und Feuchtigkeit sowie bei Nahrungsüberschuss zu vergrößern und in jedem Fall zu *vermehren* sucht. Auch Vermehrung ist Steigerung, wie sich zeigen wird.

16 *Vermehrung.* Zu ihrer Vermehrung kopieren die Lebewesen den in jedem ihrer („Zelle“ genannten) Bausteine enthaltenen Organisations„plan“, so dass sie nicht nur im eigenen Wachstum, nicht nur bei der Selbstausbesserung defekter Zellen, sondern eben auch bei der Erzeugung neuer Individuen ihrer Art immer wieder dasselbe Schema ihrer eigenen Prozedur zur Anwendung bringen. Der heute so genannte Informationsbestand der Gene sichert, dass in einem Lebewesen alles nach demselben Programm vor sich geht und dass die Abweichungen zwischen den Individuen derselben Art geringfügig, wenngleich auch von großer Bedeutung sind.

Man sieht sofort, dass sich mit der Form lebendiger Selbsterhaltung nicht nur eine Steigerung der (in jedem Einzelding gegebenen) Individualität vollzieht, sondern auch die Gleichheit zu einem Moment ausdrücklicher Sicherung eben der Individualisierung wird. Wo sich ein Individuum von sich aus erhalten will, muss es Gleiches produzieren, damit es eben das Individuum bleiben kann, als das es sich erhält. Die individuelle wie auch die artspezifische Sicherung von Individualität ist nur unter der Voraussetzung fortlaufend produzierter Gleichheit möglich.

Hier wiederholt sich im realen Geschehen die bereits auf der Ebene des Begriffs konstatierte Entsprechung von Individuum und Allgemeinheit. Wenn das lebendige Wesen in seiner Existenz nicht auf den ephemeren Augenblick beschränkt bleiben, sondern sich über einen längeren Zeitraum gerade in seiner Einzigartigkeit durchhalten will, muss es über Fähigkeiten der Produktion des sich selbst Gleichen verfügen.

17 *Sicherung der Individualität.* Den Mechanismus der Sicherung der Individualität durch die Produktion von Gleichem können wir bei jeder Veränderung in jedem Bereich des Lebens beobachten: Ein Baum bleibt selbst nach dem herbstlichen Abwurf der Blätter derselbe Baum. Das zeigt sich nicht nur daran, dass er an derselben Stelle stehen bleibt, dass sein Stamm noch dieselbe Gliederung der Äste, die gleiche Furchung der Rinde und vielleicht auch noch das alte, vor Jahren eingeritzte Herz aufweist. Es bleibt vielmehr selbst in gravierenden Veränderungen, die der Gang der Jahreszeiten und das Wachstum mit sich bringen, *derselbe* Baum.

Und eben daran – an dieser auch in Veränderungen durchgehaltenen *Identität* – wirkt der Baum in den Veränderungen, die er aus sich selbst hervorbringt, selber mit. Er treibt in jedem Frühjahr wieder denselben Typus von Blättern hervor und lässt die gleichen Früchte wachsen. Im Wechsel der Zeiten sichert der Baum selbst die Merkmale, die es erlauben, ihn als Gattungswesen – als Linde, Kastanie oder Apfelbaum – wieder zu erkennen. Den Gattungsunterschied, den er in sich selber repräsentiert (weil er das ist, worin er sich unterscheidet), reproduziert er ständig aus sich selbst. Er sorgt selbst unablässig für die Unterscheidung von anderem, das nicht er selber ist – auch gegenüber seinesgleichen, also den Bäumen, die zu seiner Familie, Art oder Gattung gehören.

Mit Blick auf die Kuriosa jüngerer Debatten sei hinzugefügt, dass der Begriff der *Identität* unerlässlich ist, wenn Erkenntnis und Mitteilung möglich sein sollen. Damit überhaupt sinnvoll von etwas gesprochen, treffend und schlüssig gedacht oder erfolgreich gehandelt werden kann, müssen wir das, worum es geht – mindestens für den Augenblick der Rede und in der Zeit der Handlung – *festsetzen.* Wir müssen es „bestimmen". Das ist ein gleichermaßen logisches wie pragmatisches Erfordernis.

Damit ist natürlich keine metaphysische Behauptung über das ursprüngliche, substantielle Sosein dieses Etwas verknüpft. Im Gegenteil: Identität durch Bestimmung lässt den eigenen Anteil offenkundig werden, der in jedem Akt der Identifikation zu finden ist. Wir sind selbst daran beteiligt, dass uns „etwas" als „etwas" gilt. Das trifft am Ende vor allem auf die Selbstbestimmung zu, die immer erst das bestimmt, also das *macht*, was *als Bestimmung* zum Ausdruck kommt. Unabhängig davon hat die Identität nur zu gewährleisten, dass da überhaupt „etwas" ist, auf das ich mich – gegenüber anderen und vor mir selbst – beziehe.

18 *Selbstproduktion.* Bäume kann man bekanntlich verpflanzen. Um sie nach der Verpflanzung zu identifizieren, braucht man mindestens ein bestimmtes Merkmal. Um sicher zu sein, ob sie nach der Verpflanzung noch als Baum lebendig sind, müssen wir abwarten, ob sie die für ihre Art typischen Blätter, Blüten und Früchte hervorbringen. Nur dann haben sie ihre Identität als lebendige Wesen. Damit sind sie nicht – wie Sterne, Steine und Flüsse – nur auf äußere Merkmale ihrer Individualität angewiesen, sondern sie sorgen immer auch durch eine von ihrer gesamten Organisation getragene – und somit „von selbst" kommende – Aktivität für ihre Unverwechselbarkeit. Auch wenn die Individualität lebender Wesen durch ihre physische Präsenz gegeben ist und nur mit der Auflösung ihres Körpers verschwindet, so stammt sie in ihrer aktuellen Erscheinungsform doch gänzlich aus eigener Produktion.

In dieser Herstellung der Individualität aber liegt niemals bloß ein reines Faktum der organischen Selbstbezüglichkeit. Vielmehr nehmen wir in der produzierten Individualität immer auch eine wirksame Ausrichtung mindestens auf seinesgleichen wahr. Aus der Perspektive des sich selbst produzierenden Wesens muss es gerade in seiner Eigenart für seinesgleichen „erkennbar" sein. Nur der Blütenstaub der Bäume der eigenen Art passt auf ihre Blütenstempel und auf sonst gar nichts. Gewiss hat der Pollen viele nützliche Effekte für viele andere Lebewesen; diese Wirkungen scheinen sogar in seiner Zusammensetzung und vor allem in der produzierten Masse angelegt. Dennoch passt er in seiner Funktion als Pollen allein auf Blüten der eigenen Art.

Durch ihre Leistung heben sich die Individuen einer Art von allen anderen Individuen ab. Sie sind untereinander in einer bestimmten Hinsicht gleich und eben dadurch von allen anderen unterschieden. In dieser selbst produzierten Differenz aber können sie auch für Lebewesen anderer Art von Bedeutung sein. Die Sicherheit, mit der ein Schmetterling auf einer Sommerwiese nur bestimmte Blüten ansteuert, ist ein Indiz für die Wirksamkeit der artspezifischen Selbstproduktion von Individualität auch über die Populationsgrenzen hinaus.

19 *Aktivierung im Vorfeld der Vermehrung.* Lebewesen bringen durch eigene Aktivität auch nach außen wirksame Momente ihrer Eigentümlichkeit hervor. In der Regel sind diese Momente art- oder gattungsspezifisch: Sie dienen vornehmlich der wechselseitigen Identifikation zum Zweck der Fortpflanzung – der Selbsterhaltung der Art. Das ist ein Vorgang, bei dem durch Zusammenwirken von Individuen derselben Art völlig neue Individuen eben dieser Art entstehen. Und in der Einstellung auf diesen Reproduktionsvorgang erfolgt das, was man die Aktivierung von Individualität im Prozess des Lebens nennen kann. Sie ist dort am deutlichsten, wo es um die Vorbereitung auf die organische Entstehung neuer Individuen geht.

Die Vermehrung, ein heute bis in die Einzelheiten analysiertes organisches Geschehen, gibt eigentlich nur noch dadurch Rätsel auf, dass sie überhaupt passiert. Vielleicht lässt sie sich als eine Variante der Selbstausbesserung begreifen, wie sie von jedem Individuum nach einer Verletzung angestrebt wird: Angenommen, wir wären aufgrund einer in der individuellen Selbsterhaltung selbst angelegten Erschöpfung der produktiven Energien zum individuellen Tod genötigt; angenommen, wir müssten deshalb sterben, weil wir – unter welchen Prämissen auch immer – abgenutzt und in unserer unablässigen Selbsterneuerung verbraucht wären, dann könnte sich der Organismus gegen diese schleichende Totalverletzung seiner selbst nur durch eine absolute Selbstreproduktion in Form eines neuen Individuums schützen und sich so über die Katastrophe seiner Existenz wenigstens als Schema retten. Soll im neuen Individuum etwas vom alten erhalten bleiben, muss sich das alte im Selbstorganisationsprozess des jungen Individuums zu bewahren suchen. Es hat im anderen Wesen gleiche Prozeduren zu installieren. Also hat es die Gleichheit, die es an sich selber hat, an seine Nachkommen weiterzugeben, die erst dadurch zu seinesgleichen werden.

Vermehrung durch Produktion neuer Individuen ist freilich der Selbstausbesserung der bereits bestehenden Wesen dadurch überlegen, dass etwas völlig *Neues* hervorgebracht wird. Das Neue hat aber immer die Chance, in gewissen Grenzen nicht nur situativ, sondern auch in seiner Organisation *anders* zu sein. Auf diese Weise bereitet sich der Gesamtprozess des Lebens ständig aus seiner eigenen Dynamik hervortretende Überraschungen. Durch sie gefährdet sich das Leben aus eigenem Impuls immer auch selbst.

Aber angesichts der produzierten Vielfalt ist die Gefahr, dass ein Lebewesen oder eine ganze Population von Lebewesen (wie zum Beispiel der Mensch) nicht nur sich selbst, sondern das Leben insgesamt bedroht, ziemlich gering.

Viel wichtiger ist der evolutive Vorteil, dass sich das Leben durch die unausgesetzte Neuproduktion von variationsfähigen Individuen auf Änderungen der Umwelt einstellt und sich für künftige Wandlungen disponiert, die in der exponierten Lage eines sich innen abkühlenden und außen langsamer werdenden Planeten notwendig zu erwarten sind. Die selbst produzierte Innovation des Lebens ist die beste Vorbereitung auf den planetarischen Tod.

20 *Selbstauszeichnung im sozialen Kontext.* Im Gang der Evolution des Lebens gibt sich die Aktivierung immer neuer organischer Einheiten als eine Steigerung der Individualität zu erkennen. Die Individuen einer Population müssen umso höheren Aufwand für ihre Identifikation durch ihresgleichen betreiben, je größer ihre individuelle Beweglichkeit ist. Die erhöht sich offenkundig im Übergang vom Reich der Pflanzen zu dem der Tiere.

Während die Pflanzen sich in ihrer Lebendigkeit als Gattungswesen auszeichnen und ihre Individualität im Prozess des Lebens durch eigene Leistungen sicherstellen, leisten die Tiere dies alles zwar auch, gehen aber einen bemerkenswerten Schritt darüber hinaus: Sie gelangen zur Selbstauszeichnung im sozialen Kontext. Dadurch stellen sich erstmals einzelne Exemplare – in Abgrenzung *von ihresgleichen* – in ihrer singulären Ausstattung vor. Es ist nicht mehr allein die gattungsspezifische Organisation des Selbst, sondern mit der Beweglichkeit der „geschlossenen Organisationsform“ des Tieres[3] präsentiert sich das singuläre Individuum mit seinen spezifischen Vorzügen – nicht selten ausdrücklich vor einem bestimmten anderen Individuum der eigenen Art.[4]

3 Zu dieser Anspielung: H. Plessner, Die Stufen des Organischen und der Mensch 1981, 282; ähnlich schon Aristoteles, *De anima* 409 a 19 ff.

4 Ich erspare es mir, über die evolutionären Vorteile dieses Verhaltens zu sprechen. Sie liegen auf der Hand, denn es geht um eine möglichst leistungsfähige Ausstattung der Nachkommenschaft. Dabei spielt es keine Rolle, ob man die Individuen selbst als Handlungsträger oder aber als Exponenten ihrer Gene ansieht. Die Gene benötigen ebenso wie die Populationen stets *Individuen*, um das Ziel einer optimalen Selbsterhaltung zu erreichen.

Also steigen auch die Anforderungen an die jeweilige Identifikation. Was die sich nur langsam verändernde Topographie eines festen Ortes nicht mehr leistet, muss durch soziale Merkmale übernommen werden. Der soziale Charakter der gattungsspezifischen Kennzeichen tritt allein durch deren Verteilung auf mobile Einzelwesen hervor.

Tierische Gesellschaften akzentuieren sich also durch die individuelle Beweglichkeit ihrer Mitglieder im geographischen Raum. Dadurch erhöht sich der Aufwand für die Selbstauszeichnung der Individuen, die von ihresgleichen auch unter wechselnden räumlichen Bedingungen identifiziert werden müssen. Mit den Anlässen für die Individualisierung wächst auch die Eigenleistung, in der sich das Tier sozial differenziert. Die Selbstprofilierung vor seinesgleichen, sei es im Schwarm, im Rudel, in der Horde oder vor dem einzeln schweifenden Exemplar gleichen oder anderen Geschlechts, gehört zur Lebensleistung der höher organisierten Tiere.

21 *Existentielle Selbstkonzentration.* Die Fähigkeit zum Ortswechsel erzeugt nicht nur einen gesteigerten Bedarf an Identifikation, sondern erfordert auch einigen Mehraufwand zur Sicherung der Eigenständigkeit. Das tierische Individuum ist nicht schon dadurch ausgezeichnet, dass es an einer bestimmten (Licht, Nahrung und Raum für Wachstum gewährenden) Stelle steht. Es nimmt vielmehr seine Eigenart beim Ortswechsel mit. So muss es im offenen Bewegungsraum erkennbar sein. Es lebt unter wechselnden Bedingungen, auf die es selbst als Ganzes Einfluss nimmt.

Die Pflanze scheint nur mit ihren Teilen, den Wurzeln, dem Stamm, den Ästen oder den Blättern auf ihre Umgebung zu wirken. Zwar ist auch sie tatsächlich als ganze wirksam. Das wird anschaulich, wenn der Spross die harte Oberfläche des Bodens durchbricht. Hier scheint das ganze Wachstum auf den entscheidenden Durchbruch zum Licht konzentriert. Auch die Pflanze ist Einheit, und sie bewegt sich ganz. Aber sie zeigt nicht augenblicklich an, wie sie auf die Verletzung ihrer Rinde oder die Abtrennung ihrer Blüte reagiert. Erst mit der Ablösung vom Ort ist die Chance zur Bewegung des ganzen Organismus gegeben. „Alles“ ist auf „eins“ gerichtet.

Diese offensichtliche Konzentration des ganzen Organismus auf *eine* Leistung beobachten wir beim Tier allenthalben: bei Flucht oder Angriff, beim Graben der Höhle oder bei der Suche nach Nahrung. Hier scheint die ganze Energie des Lebewesens jeweils auf *einen* Akt konzentriert, in dessen Bann der ganze Körper steht. Zwar erfüllen auch dabei die anderen Organe mehr oder weniger unberührt ihre Funktion; aber sie müssen alle mit, wenn die Jagd oder der Zug nach Süden beginnt; sie sind alle in Mitleidenschaft gezogen, wenn der Angriff auf den stärkeren Feind misslingt oder wenn das Winterquartier nicht erreicht werden kann.

Damit erhöht sich der Aufwand an Koordination und Konzentration der organischen Leistung. Das Tier ist fortwährend genötigt, sich in separierter Anstrengung zuzuspitzen. Es partikularisiert sich unablässig in seinem Gesamtaufwand für eine einzelne Aktivität und erhält sich nur dadurch ganz. Das zu Ortsbewegung, Nahrungssuche, Angriff oder Flucht disponierte Lebewesen ist ein natürlicher Akrobat. Es stellt seine Selbsterhaltung auf einige Spitzenleistungen ab, in denen es sich auf existentielle Weise konzentriert. Damit individualisiert es sich in jedem seiner Vollzüge. Das Ganze der physiologischen Organisation präsentiert sich in partikularen Akten, in denen das Individuum *ganz* zum Einsatz kommt. Das Ganze zeigt sich im speziellen Akt, auf den sich die gesamte Bewegungsenergie des Leibes ausrichtet. So zeigt sich auch in den einzelnen Akten des Lebens eine Steigerung von Individualität.

22 *Individualisierung in der Zeit der Paarung.* Bei den Tieren steigert sich die Selbstorganisation, indem sie sich zunehmend auf bestimmte Individuen der Gattung konzentriert. Die einzelnen Tiere unterscheiden sich nicht nur ausdrücklich von den Wesen anderer Gattungen und Arten, sondern zunehmend deutlich auch von Wesen ihrer eigenen Art. Sie suchen die individuelle Konkurrenz und geben sich erkennbare Mühe, sich als besser ausgestattete Individuen vor anderen Individuen ihrer Art hervorzutun. Innerhalb ihrer eigenen Population streben sie nach *komparativer Individualität.* Alles, was wir über den Gesang der Vögel, die Rangkämpfe in Wolfsrudeln oder die Herrschaft von Alpha-Männchen bei den Menschenaffen wissen, spricht für die Tendenz zur komparativen Individualisierung bei den höher entwickelten Tieren, die umso stärker hervortritt, je deutlicher die soziale Differenzierung ist. Die Vögel sind hier deshalb so besonders weit, weil sie auf Arbeitsteilung bei der Brutpflege angewiesen sind.

Die individuelle Differenzierung tritt bei den Tieren insbesondere in der Zeit der Paarung hervor. Dann nämlich scheint es dem paarungsbereiten Wesen primär darum zu gehen, individuelle Vorzüge unter Beweis zu stellen. Dann demonstriert es körperliche Stärke, Sorgfalt bei der Körperpflege, Überlegenheit im sozialen Feld, Gewandtheit bei der Nahrungssuche oder Geschicklichkeit beim Nestbau. Während die Pflanzen sich damit begnügen, überhaupt in ihrer Disposition zur Fortpflanzung aufzufallen, offerieren sich die höher entwickelten Tiere in ihrer individuellen Besonderheit zu eben dem, was in der Kopulation gipfelt. Sie suchen situativ jeweils *einen* Vertreter des anderen Geschlechts, auch wenn dies nur bei wenigen Arten mit monogamen Konsequenzen verbunden ist. Bezogen auf den Akt, der für die Selbsterhaltung ausschlaggebend ist (weil in ihm über die erbliche Substanz eines oder mehrerer Wesen der neuen Generation entschieden wird), tun sich zwei individuell aufeinander reagierende Wesen zusammen. Der Kopulation geht ein Akt geäußerter und wahrgenommener Individualisierung voraus, auch wenn sie selbst dann nur noch wie ein bloßer Mechanismus der Natur erscheint.

23 *Innovation und Antizipation.* Das Individuum ist das jeweils Neue. Mit jeder Generation erneuert sich in ihm der Impuls des Lebens. Da bereits der bloße Akt des Lebens die Zeit in sich trägt, da er schon in seinem ersten Impuls auf Künftiges ausgreift, mit jedem Ansatz zur Entwicklung eine Zeitfolge unterstellt, in jedem Puls und jeder Periode der Gegenwart eine Ordnung gibt und mit dem Lernen Vergangenes so gegenwärtig hält, dass es auch künftig wirksam sein kann, ist Leben das Zeitgeschehen *par excellence*. Im menschlichen Zusammenhang wird daraus, nach einem treffenden Titel von Peter Rohs, die „Zeit des Handelns“[5]. Im Handeln wird die Zeit als Medium alles endlichen Geschehens bewusst. Aber sie liegt bereits im eigenen Rhythmus des Lebendigen; er ist der erste Takt, in dem die Zeit gemessen wird.

5 P. Rohs, Die Zeit des Handelns, 1980.

Worin liegt der Vorzug des Neuen? Die Frage wird unsinnig, wenn sie auf das Neue überhaupt bezogen wird. Denn das Phänomen des Neuen kann nur im Kontrast zum Alten auffällig werden, das seinerseits nur alt aussehen kann, weil und insoweit es Neues gibt, ja: *weil* es selber einmal neu gewesen ist. Also lässt sich nichts Verbindliches über den Sinn des Neuen sagen. Aber es gibt Mutmaßungen, die uns helfen können, das Neue, das wir selber sind, mit Selbstbewusstsein auszufüllen, und das Alter, das uns zunehmend ergreift, gelassen als Moment der nur durch uns und unseresgleichen möglichen Innovation anzunehmen.

Haben wir das Leben in der sich periodisch erneuernden Generationenfolge als Tatbestand akzeptiert, ergeben sich gute Gründe für die Form, in der es sich unablässig regeneriert. Dann erscheint es wie eine Antwort auf den ständigen Wandel der natürlichen Gegebenheiten auf dieser Erde. Den Wandel gab und gibt es auch unabhängig von der Entstehung des Lebens: Die Abkühlung der Erdkruste, die schwankende Verteilung von Land und Meer, der Kreislauf der Elemente, die Klimaschwankungen, der Vulkanismus und vieles andere schaffen ständig neue Bedingungen. Sie haben die Entstehung des Lebens möglich gemacht, und aufs Ganze gesehen hat das Leben von ihnen immer nur profitiert. Dabei hat es eine schier unendliche Vielfalt von Lebensformen entwickelt, die wie eine unersättliche Überbietung der anorganischen Vielfalt der Natur erscheint.

Die Antwort des Lebens mutet wie eine monströse Übersteigerung an, wie eine fortgesetzte Ansammlung und Verschwendung von Energien nur zum Zweck neuer Ansammlung und Verschwendung. Wie viel ruhiger und gelassener hätte es zugehen können, wenn vor drei oder vier Milliarden Jahren das Leben nicht hinzugekommen wäre! Die Eismassen an den Polen, die hohe See, die Felsengärten über der Vegetationsgrenze, aber auch jeder Ausblick auf den wolkenlosen Himmel geben uns eine Ahnung davon.

Doch die Unruhe des Lebens erscheint wie eine Verstärkung der Veränderungen in der vom Leben freien Welt. Und seine Paradoxie besteht darin, dass es mit der innovativen Beschleunigung, die es zusätzlich bringt, erstmals etwas möglich macht, was wir – freilich nur an uns selbst – als innere Ruhe erleben können. Nur wer aktiv lebt, kann diese Ruhe als Beruhigung erfahren und sie als Zeichen für einen möglichen Ausgleich aller Bewegung deuten.

24 *Bewahrung in der Bewegung.* In allen seinen vielfältigen Formen scheint sich das Leben hektisch auf alle Eventualitäten vorzubereiten; keine Chance zur Entfaltung seiner Energien wird ausgelassen. Dadurch entsteht der paradoxe Eindruck einer bergauf stürzenden Lawinenfront. Aber wir dürfen nicht übersehen, dass sich in jeder einzelnen Konfiguration des Lebens immer wieder nur *ein und derselbe Impuls* durchhält. Es ist immer wieder nur die individuell ansetzende Energie eines selbstzentrierten Daseins, das sich in dem, was es ausmacht, erhält. Insofern schafft es gerade mit der Multiplikation von Bewegung und Veränderung eine Konstanz, wie es sie vorher niemals gab. Und in ihr kann es erstmals etwas von dem bewahren, was andernfalls unbeachtet untergeht. Im Leben wird etwas *konserviert* – aber nur *sofern es weitergeht.*

In dieser Möglichkeit zur Bewahrung liegt die geostrategische Innovation des Lebens: Indem es die habituelle Erneuerung in jedem einzelnen Individuum erzeugt, ja, diese gleichsam selber *ist*, kann es als einzige Erscheinung in der Natur Traditionen bilden und überliefern. So gewinnt die Welt – zumindest aus der Perspektive dieses Planeten – etwas, das Bestand haben kann, aber nur solange es sich erneuert. Und es ist unschwer zu sehen, dass im Blick über die Generationen hinweg die Funktion von Individualität nur darin liegen kann, diesen Bestand an sich selbst zu sichern – wobei das Optimum darin besteht, es in der *Steigerung* der eigenen Möglichkeiten zu tun. Darin liegt auch im Zusammenhang der Natur ein Zweck an sich selbst, nämlich der *Selbstzweck des Individuums.* Nimmt es ihn wahr, ist die Chance gegeben, den gebildeten Bestand in möglichst bester Verfassung weiterzugeben und damit im anderen das Eigene zu befördern.

25 *Die Kette des Lebens überspannt den Tod.* Die Paarung steigert die Individualisierung. Wenn sie Erfolg hat, führt sie zu neuen Individuen, die den Tod derer, die sich bereits in der Einstimmung auf sie individualisieren, für eine Zeitspanne überdauern, ehe sie selber sterben. Die neuen Individuen sind durchschnittlich in der Lage, sich selbst zu vermehren. Sie bringen neue Individuen hervor, die *sub specie vitae* erlauben, dass jene, von denen sie ins Dasein gebracht wurden, untergehen. So bilden die Individuen eine sich selbst fortsetzende Kette, die mit der Ergänzung in die Zukunft zur Vergangenheit hin abbrechen kann, ja, abbrechen muss. Die Vermehrung ist es, die den Tod möglich macht. Ohne sie würde das Sterben zum definitiven Ende allen Lebens führen. Mit dem Tod aber kann sich das Neue des Lebens ins Offene der Zukunft hinein entfalten.

Die Vermehrung bedeutet somit nicht einfach nur die Entstehung des Neuen mitten im Alten, das dadurch dem eigenen Tod näher rückt. In jeder Vermehrung liegt die Tradierung eines Bestands. Es wird etwas überliefert, das sich im Gang des Lebens als förderlich erwiesen hat. Und im Tod wird dieser so bewahrten Vergangenheit eine bessere Zukunft gegeben. Wenn die Gegenwart ihren Wert in der Sammlung und Steigerung der Kräfte hat, wenn es ihr gelingt, das Neue, das sie allemal ist, an sich selbst zu bilden, ihm eine eigene Fülle zu geben, dann gibt der eigene Tod eben dieser Gegenwart eine bessere Zukunft. Denn nur durch das Sterben der Alten haben die Jungen eine echte Chance, ihr eigenes Leben zu leben. Schon auf der Ebene des pflanzlichen und tierischen Lebens befreit erst der Tod der alten Generation die junge zu ihrer eigenen Existenz.

Dieser Vorgang beschleunigt sich unter Bedingungen der Kultur. Denn hier ist die Tradition nicht allein auf die über die Keimbahn vermittelten Lebensleistungen angewiesen, konzentriert sich auch nicht allein im individuellen Lernen, sondern sie wird durch gegenständliche Produktion und gemeinschaftliche Institution verstärkt. In der Kultur schafft sich das Leben eine die Individuen sachlich überwölbende Sphäre, in der Individualität erstmals begrifflich erfahren werden kann und sie somit zu einer unausdenkbaren Kumulation ihrer Möglichkeiten führt. In Erwartung dieser Möglichkeiten kommt es zu einer sehnsüchtig ins Unendliche ausgedehnten Anhänglichkeit des Individuums an seine Existenz. Es möchte ewig leben. Deshalb gehört die Trauer über die eigene Endlichkeit zu den Ingredienzien der kulturellen Existenz des Menschen.

Zugleich aber bietet die Kultur die Chance, die Endlichkeit des individuellen Daseins nicht nur in einer ganz auf die Gegenwart konzentrierten Bewegung zu überwinden. Das Leben selbst ist ganz auf den Augenblick beschränkt. Der von ihm vermessene Takt der Zeit, die Zukunft und Vergangenheit als ihre originären Momente enthält, gibt dem Leben immer nur in der sich gerade vollziehenden Bewegung seinen Sinn. Erst mit der kulturellen Entäußerung des Lebens im *Werk* gewinnt es eine Generationen übergreifende Bedeutung. Erst im Werk wird die vom Sinn getragene Bedeutung zum stets medial geäußerten *Geist*. Es ist somit einzig die Flüchtigkeit des Geistes, der wir Bestände von Dauer verdanken. Nur durch die mit einem Sinn verbundene Produktion von bedeutungsvollen Gegenständen kommen Werke und Taten in die Welt, die einen Sinn über die Zeit hinweg bewahren können.

Das ist die Leistung der Kultur. Sie zeigt, fördert und sichert den Geist, der das stets endliche Leben von Individuen überformt. Im Geist erkennt sich das Individuum im Moment der Manifestation der Individualität, die darin immer auch eine begriffliche Überwindung des Singulären ist. Also gibt uns der Geist keineswegs bloß das Mittel, über unsere eigene Sterblichkeit entsetzt zu sein: Er enthält immer auch den materialen Trost, dass ein Sinn Bestand auch dadurch haben kann, dass wir sterben.

IV. Kultur

1 *Viele Wege führen zur Individualität.* Schon als bloßes Lebewesen übernimmt der Mensch eine alte Erbschaft. Auch wenn *er* es ist, bei dem sich die Individualität erstmals so ausprägt, dass sie sich begrifflich konturiert; auch wenn sich der volle Gehalt des Begriffs nur im Bezug auf ihn selbst erfüllt, so steht er doch in einer langen Tradition leibhaftig-lebendiger und sozialer Differenzierung, die auf Prozessen ausdrücklicher und als solcher wahrgenommener Individualisierung beruht.

Dazu gäbe es viel zu sagen. Doch jeder kennt aus eigener Anschauung die Bedeutung der Individualität im kultivierten menschlichen Zusammenhang: die Feier des Geburtstags, der Akt der Namensgebung, die Ausprägung des jeweils eigenen Willens, die Betonung der Eigenständigkeit in Verbindung mit dem eigenen Charakter, die eigene Entscheidung für die eigene Zukunft, u. s. w., u. s. f. Dass Menschen in besonderen Lagen Uniformen tragen, bestätigt nur das alltägliche Faktum der Individualität. Nur wenn angesichts einer allgemein bedeutsamen Aufgabe schon von weitem kenntlich werden soll, dass in vielen *ein* Wille herrschen soll, legt man Wert auf Uniformität. Doch selbst beim Militär, wo die Integration von vielen in eine einheitlich geführte Organisation erforderlich ist, lässt sich die Individualisierung nicht unterdrücken. Im Gegenteil: Sie kommt in der Vielzahl von differenzierenden Zeichen für Truppenteile, Waffengattungen, Dienstränge, Dienstalter oder erwiesene Tapferkeit nirgendwo anschaulicher zum Ausdruck als hier.

2 *Individualisierung durch Sexualität.* Vor dem Hintergrund der unvordenklichen Einbindung des Menschen in die Entwicklung des Lebens wird es gewiss nicht überraschen, wenn die Individualisierung des Menschen ihren ersten Höhepunkt mit seiner Option für einen Geschlechtspartner erreicht. In der bewusst und ausdrücklich als individualisiert erfahrenen Hinwendung zu einem bestimmten Anderen, einer Zuwendung, die wir Liebe nennen, kommt es nicht nur zur Selbst- und Fremdwahrnehmung von Individualität, sondern zugleich auch zu deren Betonung – vor dem als einzigartig exemplifizierten Partner, vor einem selbst und vor den anderen Mitgliedern der Sozietät. Schließlich möchten sich die beiden Liebenden nicht nur selbst in ihrer Einzigartigkeit erkennen; sie wollen vielmehr in ihrer besonderen Beziehung auch von anderen erkannt und anerkannt werden. In der Liebe steigern sich zwei Individuen zu einer wechselseitig erfahrenen Individualität.

Der Effekt dieser Selbstauszeichnung wird nicht selten durch externe Faktoren verstärkt: So kommt es in Verbindung mit der Liebe nicht nur zu individualisierenden Konflikten mit Konkurrenten, sondern oft auch zu scharfen Abgrenzungen gegenüber der vorausgehenden Generation, weil eine eigene, von den Wertungen der Älteren abweichende Entscheidung durchgesetzt werden muss. Mitunter treten Brüche im eigenen Verhalten auf, die Verwerfungen im vertrauten sozialen Umfeld nach sich ziehen. Und in ihnen haben sich die Liebenden zu behaupten, was wiederum eine stärkere Individualisierung der einzelnen Partner wie auch ihrer Beziehung mit sich bringen kann. Dann muss sich zeigen, ob Sie die Verbindung wirklich wollen. Die Entscheidung für den anderen schließt dann ausdrücklich auch die Akzeptanz der Konsequenzen ein. Viele erfahren dann zum ersten Mal, wie individuell ihre endliche Lebensperspektive wirklich ist.

Damit prägt sich die Individualität nicht nur in ihren extensionalen Momenten aus, sondern sie verstärkt sich auch in ihrer Intensität: Das Individuum ist nicht allein durch eine äußerlich erkennbare Anzahl von Eigenschaften als einzigartig charakterisiert, sondern es legt nunmehr für sich selbst Wert auf die Tatsache der Abgrenzung überhaupt. Das heißt: Es will in seiner Individualität beachtet sein. Ganz unabhängig von der ohnehin gegebenen faktischen Differenz zu seinesgleichen, möchte es von ihnen als einmalig erkannt und anerkannt sein.

Dabei verlangt das Individuum nicht nur, gelegentlich von diesem oder jenem Anderen in dieser oder jener Eigenart beachtet zu werden, sondern es will – so wie es ist – überhaupt in dem anerkannt sein, was ihm selber eigentümlich ist. Das Individuum will einen respektierten Platz im sozialen Zusammenhang; und den will es für sich selbst. Also erstrebt es so, wie es sich begreift, eine

Position unter seinesgleichen. Dadurch hebt sich das Individuum auf das Niveau seiner sozialen Allgemeinheit; es beansprucht, auch in den Augen der anderen, ein Individuum zu sein. Unter diesem Anspruch kommt es zu der ihrer selbst bewussten menschlichen *Kultur*.

3 *Individualisierung des Individuellen.* Kultur ist die Verfassung der Natur, in der sich menschliches Leben entfaltet. So gesehen steht die Kultur nicht im Gegensatz zur Natur. Zwar kann man, um die Eigenleistung des Menschen zu betonen, die *gegebene* Natur von der selbst *geschaffenen* Kultur selbstbewusst abgrenzen. Aus der Perspektive des Menschen, der von seiner Arbeit und Mühe unter selbst gesetzten Ansprüchen weiß, erscheint der Unterschied zwischen dem Aufbau einer Institution und dem Nachwachsen eines Geweihs oder eines Schuppenpanzers beträchtlich. Auch zwischen seinen kultischen Handlungen (etwa bei der Bestattung der Toten) und den tierischen Formen der Vergesellschaftung sieht er Unterschiede, die ihn auf der Differenz zwischen Natur und Kultur bestehen lassen. Doch so richtig diese Abgrenzung unter dem Anspruch der menschlichen Selbstauszeichnung auch ist: Sie ändert nichts daran, dass die Kultur eine unter *Naturbedingungen* gewachsene Lebensform eines *Naturwesens*, nämlich die des Menschen ist.

Wesentlich für das Selbstverständnis der menschlichen Kultur ist der in sie eingehende Handlungsanspruch. Der wird, vor allem mit Blick auf die archaischen Kulturen, die den Grund für die gegenwärtige Zivilisation gelegt haben, *kollektiv* verstanden. Tatsächlich kann man keine Leistung des Menschen ausschließlich als Ertrag eines Einzelnen verstehen. Jede Lebensleistung ist der Effekt von Anstrengungen, die sich über Generationen summiert haben. Jede produktive Tat setzt aktuell ein Zusammenspiel zahlloser Einzelleistungen voraus. Kein Individuum lebt nur aus sich selbst; in seiner Existenz, in seinen Produkten und in seinen Chancen ist es auf seinesgleichen angewiesen. Menschliches Handeln ist die Selbstbewegung eines Individuums aus der Perspektive der Angehörigen seiner Kultur.

Doch das Kollektiv ist stets nur Bedingung. Jede faktische Leistung wird vom Individuum erbracht. Das gilt für alle Lebensprozesse, kommt aber erst im Kontext der menschlichen Kultur zu selbstbewusstem Ausdruck. Sie hat ihre Eigentümlichkeit gerade nicht im Faktum der technischen und institutionellen Leistungen, so eindrucksvoll ein Tempelbezirk oder eine Stadt, ein Rechtssystem, eine Oper oder das Internet auch immer sein mögen. Auch ein Bienenstock, ein Termitenhügel oder ein Vogelschwarm stellen schier unglaubliche Leistungen dar. Gerade in Abgrenzung zu diesen Wunderwerken der Natur können wir das Spezifikum der Produktionen menschlicher Kultur nur mit Rekurs auf das individuelle Selbstverständnis erkennen. Ohne Bezug auf die in die Kultur investierte Freiheit ist deren Besonderheit nicht zu verstehen. Denn wir bewerten sie auf der Folie unterstellter Alternativen, willentlicher Entscheidungen und bewusster Anstrengungen. Andernfalls bliebe nur ein äußerlicher Unterschied zwischen einem Wolfsrudel und einem Staat.

In der menschlichen Kultur wird das tragende Element aller Naturvorgänge, das Individuum, *als solches* beachtet. Hier gibt es die Zeit und die Mittel, sich tatsächlich individuell zu entfalten, eigene Erfahrungen zu sammeln und einzeln an Individuen weiterzugeben. Kultur geht dadurch über die Natur hinaus, dass sie die ausdrückliche Individualisierung des Individuellen erlaubt, und man kann es als wesentliches Ziel der kulturellen Entwicklung ansehen, diese Möglichkeit nicht nur zu eröffnen, sondern sie auch in ihren Bedingungen zu sichern.

Deshalb tritt im Laufe ihrer Entwicklung der Schutz des Individuums als elementare Leistung der menschlichen Kultur immer stärker hervor. In ihrem ganzen rechtlichen, wissenschaftlichen und technischen Aufwand dient die Kultur primär dem Ziel, die Eigenständigkeit und Selbstbestimmung des Individuums zu gewähren. Kulturen stellen sich unter den Anspruch selbst erzeugter allgemeiner Instanzen, auf die der Einzelne sich berufen kann. Die Dialektik von Individualität und Universalität ist eine kulturelle Kondition des humanen Selbstverstehens. Das kulturell versicherte Allgemeine ist die Instanz, unter der sich das Individuelle entwickelt.

4 *Von der Beachtung zur Achtung.* Warum aber wollen wir im Umgang mit unseresgleichen als einmalig erkannt und anerkannt sein? Was drängt den Menschen, allgemeinen Anspruch auf etwas zu erheben, was schlechterdings einzigartig ist? Die Antwort ist im Anspruch unseres Selbstbewusstseins enthalten, aber wir finden sie im Naturfundament des Individuums angelegt: Der Impuls der Selbsterhaltung dient, so sehr er im Gattungskontext auch über sich hinaus weisen mag, der Lebenssicherung des singulären Wesens. Jeder Organismus strebt danach, sein Dasein nach seinem eigenen Prinzip zu vollziehen. Dieser elementare Impuls des Lebens teilt sich dem sublimen Anspruch auf Eigenständigkeit im menschlichen Handeln mit. Diese Eigenständigkeit aber *weiß* von ihrem eigenen Anspruch. Also dringt sie auch im Medium des Wissens auf seine Beachtung. Damit ist er auf die Ebene seiner nur unter kulturellen Bedingungen erreichbaren Selbstständigkeit gehoben. Und im Verlangen nach *Beachtung* im sozialen Zusammenhang ist die Forderung auf *Achtung* der Person angelegt.

Das zeigt sich schon darin, dass ein Moment der rational erschlossenen und nur intellektuell gegenwärtigen Gleichheit zur Anwendung kommt. In der Natur gibt es keine strikte Gleichheit. Alles ist individuell und somit auch different von allem möglichen anderen. Eben diese ausdrücklich gemachte Differenz versucht der Mensch durch die Allgemeinheit des Anspruchs auf individuelle Beachtung zu sichern. Er sucht allgemeine Bestätigung für das, was er individuell aus sich macht. Deshalb kommt es dem sich bewusst individualisierenden Wesen nicht bloß einfach auf diesen bestimmten Partner an, sondern es will auch wissen, ob dieser es seinerseits anerkennt. Unter erotischen Bedingungen will es sicher sein, dass der andere seine Liebe erwidert.

Mindestens in der Anfangsphase einer Liebe müssen sich die Liebenden immer wieder wechselseitig versichern, dass sie sich lieben. Sie bestätigen sich gegenseitig in ihrer Individualität. Und es soll nichts anderes als *dieses* Individuum selber sein, das die Einzigartigkeit der Beziehung bestätigt. Es soll (jedenfalls legt jeder Wert auf Feststellungen dieser Art) nicht die noble Herkunft, nicht die soziale Stellung, die bloße Jugendlichkeit oder gar der Reichtum sein, sondern nur die unwiederbringliche Eigenart eben dieses anderen Menschen – in seiner Hinwendung zu eben jenem Anderen. Der lange Blick, den wohl nur Verliebte einander in die Augen senken, verbürgt die Einzigartigkeit der Individualität in eben dieser Verbindung. Die intensive Beachtung, die besonders verletzlich macht, verlangt nach besonderem Schutz durch wechselseitige Achtung.

5 *Eros.* Ohne zu übertreiben, kann man die Liebe als das Schlüsselproblem der Individualität ansehen. Die mit der Sexualität dynamisierte Differenzierung der Individuen wird im Eros der menschlichen Kultur unendlich diversifiziert und führt zum ganzen Reichtum von äußerem Schmuck und heimlicher Botschaft, von Imponiergehabe und Zärtlichkeit, von gewalttätiger Leidenschaft und stillem Opfer. In der Liebe individualisiert sich der Mensch in einer Innen und Außen umschließenden Totalität. An ihr partizipieren die vom Eros lediglich stimulierten familiären, freundschaftlichen und mitmenschlichen Formen der Liebe. Deshalb erscheint auch eine Religion im Zeichen menschlicher und göttlicher Liebe schlechterdings unüberbietbar.

Das Thema der Liebe ist nicht zuletzt auch deshalb so aufschlussreich, weil es offenkundig macht, dass Individualisierung nichts mit Isolierung zu tun haben muss. Denn das Individuum erstrebt in der Liebe die größtmögliche Nähe zu einem anderen Individuum. Und eben darin will es über sich hinaus, wie schon der älteste philosophische Text über die Liebe, Platons *Symposion*, kenntlich macht: Der Eros entspringt dem *Mangel*, den der Einzelne als Einzelner in sich empfindet. Deshalb sucht jeder den ihm entsprechenden, den nach seiner Erwartung zu ihm passenden anderen Menschen.

6 *Die Produktivität der Liebe.* Damit aber hat es, wie wir wissen, nicht sein Bewenden: Wenn sich denn beide gefunden haben, genügen sie sich nicht selbst. Auch wenn alles Glück in ihrer Vereinigung zu liegen scheint, in einem Akt, der damit als Paradigma eines Endzwecks gelten kann, streben beide gemeinsam über sich hinaus: Sie „zeugen im Schönen“, wie es bei Platon heißt; sie werden in ihrer Liebe produktiv (*Symposion* 206 b/e).

Das muss man wörtlich nehmen, ehe man es auch im übertragenen Sinn versteht: Es geht um Zeugung und Erzeugung von Nachkommenschaft. Die Lust der beiden zieht Vermehrung nach sich. Die Liebeslust ist das Vorspiel zur Liebe zu den Kindern, in denen die Eltern sich verwandelt wieder finden können und wollen. Hier geht das Individuum nicht nur in seiner physiologischen Produktivität, sondern gerade auch in seinen affektiven, emotionalen und intellektuellen Kräften über sich hinaus.

Spätestens hier wird offenbar, dass die Individualität nicht in Widerspruch zur Sozialität gebracht werden kann. So wenig sie auf der begrifflichen Ebene der Allgemeinheit entgegensteht (ja, sie zu ihrer Bestimmung fordert), so widersinnig wäre es, sie in einen prinzipiellen Gegensatz zu anderen Individuen zu bringen. Das Individuum ist nicht nur in seiner Entstehung und Entwicklung auf seinesgleichen (wie auf eine Vielzahl anderer Individuen) angewiesen, es kann auch das, was es von sich aus will, nur in Gesellschaft realisieren. Alles, was es in sich konzentriert, kommt nur in Bezug zu seinesgleichen zur Geltung. Der Sinn, den es sucht, liegt notwendig in einer Sphäre der Allgemeinheit, die sich beim Menschen, wie sich zeigen wird, als öffentlicher Raum darstellt. Und in ihm sind einem *die* besonders nahe, denen man in Zeugung und Erziehung das mitgegeben hat, was einem selber wichtig ist.

7 *Produktive Selbstergänzung*. Die aus dem Eros folgende Liebe ist nicht auf die leibliche Nachkommenschaft beschränkt. Sie war es nicht und wird es vermutlich in Zukunft immer weniger sein. Der Trieb, das Eigene weiterzugeben, kann sich auf andere und anderes beziehen und sich zur Lust an der Wirksamkeit, an der Produktion von Neuem überhaupt entfalten. Platon führt die schöpferische Aktivität des Menschen insgesamt auf die stimulierende Wirkung des Eros zurück. Alle Steigerung der menschlichen Kräfte resultiert aus der begeisterten Überwindung eines Mangels. Die Kultur erwächst aus der produktiven Selbstergänzung von Individuen, die sich in ihresgleichen sowie in den von ihnen geschaffenen Werken selbst übertreffen möchten.

Es ist leicht zu sehen, dass damit nicht nur eine Sphäre libidinös besetzter Güter, sondern überhaupt ein interindividueller Bereich wertvoller Gegenständlichkeit entsteht. Ihm kann sich der Einzelne, unter Umständen ohne Selbstwiderspruch, auch selber opfern. Denn in den eigenen Leistungen der Kultur hat er sich selbst objektiviert, hat er etwas von sich realisiert. Doch ein wirkliches Opfer kann jemand nur *aus sich selbst* erbringen.

8 *Steigerung im Werk*. Der Mensch findet seinen Ausdruck nicht allein in der Aktualität einer Tat, er teilt sich nicht nur in der Gegenwart von seinesgleichen mit, sondern seine Äußerung findet eine eigene Form in einem *Werk*, das ihm selbst als eigenständige Realität entgegentritt. So wird er mit seiner eigenen Äußerung Teil einer Welt, der er gar nicht mehr zugehören muss, um

gleichwohl mit der aus eigenem Erleben geschöpften Leistung in ihr präsent zu sein. Im Werk materialisiert der Mensch die Bedeutung, die einem Gegenstand oder einem Vorgang in der Welt zukommt. Diese Bedeutung kann schon in der Form des erzeugten Gegenstandes offenkundig sein. Dessen Ausgangspunkt aber liegt stets im Gebrauch, den man von einem hergestellten Gegenstand macht.

Das Werkzeug ist das Urbild des Werks; das Vorbild des Werkzeugs aber ist das Organ. Denn jedes Werkzeug ist eine verlängerte und schließlich verselbstständigte Hand. In besonderen Lagen wird auch der ganze Körper in der Funktion eines Werkzeugs gebraucht – etwa wenn man mit der ganzen Wucht seines Körpers eine Tür zu öffnen oder sich auf einer Schaukel selbst in Schwung zu bringen versucht. So begegnet im Werkzeug der eigene Leib in Form eines partiellen Gegenstands, dem freilich die Vielseitigkeit des Leibes und dessen Eigentätigkeit fehlt. Das Werkzeug bleibt auf den Gebrauch durch jene angewiesen, die sich auf die Handhabung verstehen; die Selbstangleichung des Gegenstands kommt zu materiellem Ausdruck.

Das Werk hat sich davon emanzipiert. Es scheint Bedeutung in einem eigenen Sinn zu kumulieren, den man *für sich* verstehen kann. Das Werk gilt als so eigenständig, dass es sich dem eindimensionalen Nutzen entzieht. Es findet auch in der rituellen und kultischen Verwendung seinen Zweck. Im Schmuck, der allemal „Gebrauchsschmuck" ist, liegt schon der Keim zur Verselbstständigung, erst recht, wenn etwas der Verherrlichung höherer Mächte dient. Wenn ein Werk der Verehrung der Götter dient, wird es selbst verehrungswürdig. Also löst es sich aus dem Zusammenhang wäg- und messbarer Verwendung in Gebrauch und Tausch und gewinnt für sich selbst an Eigenständigkeit.

An dieser Verselbstständigung partizipiert bis heute jedes Werk, das sich nicht in der Funktion des Werkzeugs erschöpft, das nicht bloß Hammer oder Haus, warme Hose oder Schwimmweste ist. Dann gewinnt es einen Wert für sich und bekommt ästhetischen Charakter. Der aber besagt nichts anderes, als dass ein Werk aus dem alltäglichen oder kultischen Kontext – gleichsam aus eigener Kraft – heraustritt und auf seinen eigenen Sinn verweist. Der aber bedeutet, dass der zum Werk gewordene Gegenstand wie ein Individuum begriffen wird.

Damit steht es bereits unter dem Bann der Kunst, den wir freilich erst verstehen, wenn wir einen Begriff von der Moralität des Individuums gewonnen haben. Denn ganz gleich, wie es historisch zum schönen Werk gekommen sein mag: Wir begreifen es heute nur in seiner untergründigen Beziehung zum Guten, von dessen Last es sich befreit. Äußerlich bedarf es zur Wahrnehmung der Individualität von Werken der Öffentlichkeit, die seit jeher zur Kultur des Menschen gehört.

9 *Die Kultur aus dem Werk.* Mit dem Werk geht der Mensch ausdrücklich in etwas anderes über, das sein Mittel, sein „Medium“ ist. In ihm realisiert er sich mit Blick auf seine Ziele. Diese Ziele treten in den auf sie hin geschaffenen Werken „objektiv“, d. h. in Objekten hervor und gewinnen so an Selbstständigkeit. Die aber ist für den Menschen ein Beweis seiner Fähigkeit zur eigenständigen Produktion. Man kann deshalb darin, mit Cassirer,[1] den ersten Schritt zur Selbsterfahrung der eigenen Freiheit namhaft machen, einer individuellen Freiheit, die freilich nur in der Relation zu seinesgleichen zur bewussten Entfaltung kommt.

Das Werk führt zu einer potenziell unendlichen Ausweitung der Kommunikation. Das Individuum kann auch dort noch Zeugnis ablegen, wo es gar nicht mehr spricht. Man glaubt es auch dann noch zu verstehen, wenn es gar nicht mehr existiert. Im Werk gelangt der Mensch buchstäblich über sich hinaus. Er wird Teil eines Raums verselbstständigter Bedeutung, wirkt mit in einer Sphäre reiner Verständigung, in der er als Träger von Sinn jederzeit gegenwärtig zu sein scheint. „Öffentlichkeit“ gibt es nicht erst mit der bewussten politischen Organisation, sondern sie ist die Atmosphäre einer jeden Kultur, die sich der Mensch mit der Realisierung in eigenen Werken schafft.

So gelangt der Mensch durch Individualisierung über sich hinaus, und er vermag sowohl in seinen Werken wie auch in seinem persönlichen Opfer sogar dem Tod etwas entgegenzustellen. Zwar entkommt er dem Schicksal alles Individuellen nicht. Er geht, wie alles Einzelne, zugrunde. Doch als produktives Individuum vermag er sich ins Werk zu setzen und damit ein Zeichen seines Da-

1 Vgl. E. Cassirer, Form und Technik, 1985, 77; ders., Die „Tragödie der Kultur“, 1994, 123 ff.; dazu: O. Schwemmer, Ernst Cassirer, 1997, 206 ff.

seins zu geben, das – unabhängig von seiner leibhaftigen Präsenz – von dem in ihm präsenten Sinn Zeugnis geben kann. So wirkt er nicht nur aktuell, sondern auch potenziell über sich hinaus.

Dabei entsteht, auch wenn man es gerne so sagt, kein Werk für die „Ewigkeit". Selbst die größten Manifestationen der Kultur werden untergehen. Dennoch hat sich ein Individuum in dem mit der Leidenschaft des Liebenden geschaffenen Werk interindividuell gültige Bedeutung gegeben. Sie liegt nicht in der physischen Tatsache des Werks, sondern in der gelingenden Mitteilung, in der Präsenz ihrer Botschaft.

10 *Selbstauszeichnung*. Das Werk ist in der Regel durch den Anspruch auf eigene Leistung getragen, an deren Anerkennung dem Einzelnen wie auch der Gruppe gelegen ist. Offenkundig ist das für die Spitzenleistungen der Kultur. Denn hier hängt an der Anerkennung der individuellen Produktion eine große Palette gesellschaftlicher Gratifikationen – man denke an die in allen Kulturen nachweisbaren Preisspiele und Wettkämpfe, an den Kult um Trophäen und Triumph, an Ruhm und Ehre sowie an Hymnus und Eloge. Heute scheint das alles auf die medial vermittelte Kategorie der Prominenz geschrumpft. Doch wenn man sich an die regional und global geführten Listen aller möglichen Rekorde erinnert, an das Patentamt, an Entdeckungsreisen, Erstbesteigungen, Nobelpreise, Wettbewerbe für Literatur und Musik mitsamt den Vorteilen, die sich keineswegs nur unter den Bedingungen einer marktorientierten Konkurrenz ergeben, dann muss man eingestehen, dass Anerkennung individueller Leistungen auch im so genannten Massenzeitalter noch eine Rolle spielt.

Der Wunsch, sich auszuzeichnen, die Freude daran, nicht nur erster zu sein, sondern auch als Sieger anerkannt zu werden, die Lust, sich hervorzutun – alles dies gehört zur basalen Dynamik der menschlichen Kultur. Vielleicht kann man sie nicht für jede der uns bekannten Gesellschaftsformationen in gleicher Weise behaupten; aber für das, was sich heute als die weltumspannende Kultur des Menschen entfaltet hat, sind diese Antriebe elementar; sie sind gewiss um einige Jahrtausende älter als der Kapitalismus. Und alle menschlichen Neigungen zu Eifer, Wettstreit und Freude über den eigenen Erfolg zeigen sich keineswegs nur in den Spitzenprodukten jeder ursprünglich auf eigene Wirksamkeit (und somit auf

Leistung) angelegten menschlichen Gesellschaft, sondern bereits in den zahllosen kindlichen Freuden des Alltags, in denen man vor Vergnügen jauchzt, wenn man als Erster den Baum erklettert, die Frucht oder den Ball gefangen oder das Rätsel gelöst hat.

Es ist nicht mehr als eine Anmerkung, wenn ich hinzufüge, dass hier noch nicht einmal eine Besonderheit der menschlichen Gesellschaft zum Ausdruck kommt. Die ganze Natur, die in allem auf Konkurrenz der Individuen und der Populationen setzt, ließe sich als eine Leistungsgesellschaft begreifen.

11 *Selbstentdeckung im Spiegel.* Erst auf der Ebene des menschlichen Selbstbewusstseins, das durch die Hinweise auf die beanspruchte Selbstständigkeit, den Wunsch nach der Sichtbarkeit einer eigenen Leistung und das Verlangen nach Anerkennung gewiss nur dürftig illustriert ist, kommt es zur Entfaltung der Individualität im vollen Sinn. Das Individuum, so wie wir es im Kontext des menschlichen Daseins verstehen, ist erstmals dort gegeben, wo es sich selbst um seine Eigenart bemüht, wo es Wert auf sich selber legt und, bei Widerstand, auch ausdrücklich es selber sein will.

Was damit gemeint ist, lässt sich vorab an einem Beispiel deutlich machen: Der Mensch ist das einzige Wesen, das absichtlich sein Spiegelbild zu betrachten sucht. Der von ihm selbst in immer neuen Variationen erzeugte und geschaffene Spiegel ist ein nicht wegzudenkender Begleiter seiner kulturellen Emanzipation. Im Spiegel sieht sich der Betrachter so, wie er im Augenblick der Betrachtung ist. Er sieht sich selbst – und zwar so, wie er sich wendet und dreht. In der Bewegung vor dem Spiegel erfasst er, ohne deshalb zum Physiker werden zu müssen, die allgemeinen Gesetze der Wiedergabe durch die spiegelnde Fläche. Er muss von seinem individuellen Standpunkt aus in einer generell beschreibbaren Weise hinsehen – bei Licht und in ausreichender Nähe von vorn auf sich selbst –, wenn er sich denn von vorn sehen will. Er muss sich, ohne die Augen abzuwenden, drehen, wenn er eine Seitenansicht haben will. Für einen Blick auf eine Partie seiner Rückfront braucht er einen zweiten Spiegel.

Das alles regeln die optischen Gesetze von Reflexion und Perspektive. Sie gehören bekanntlich zum allgemeinen Bestand der Naturgesetze, die in diesem Fall die durch und durch einzigartige

Spiegelung eines einzigartigen Individuums möglich machen. Es wäre absurd, hier irgendeinen Gegensatz zwischen Generellem und Individuellem konstruieren zu wollen. Vielmehr ist das eine nur unter der Bedingung des anderen möglich: Man muss die allgemeinen Gesetze anwenden können, muss sich, was vor dem Spiegel besonders sinnfällig ist, in ihnen bewegen können, um überhaupt als Individuum zum Vorschein zu kommen.

Damit ist das unablässige Zusammenspiel von allgemeinen Konditionen und individuellen Vorkommnissen illustriert. Im Spiegel steigert sich die Individualität zur augenblicklichen Sichtbarkeit. Doch der Spiegel sollte nur ein Beispiel für die gesteigerte Selbsterfahrung des Menschen sein, der in allem gleichsam *wie* vor einem Spiegel lebt. Er spiegelt sich vor sich selbst und vor seinesgleichen. Er lebt in der Reflexion. Nehmen wir diese Reflexion in ihrer begrifflichen Dimension, dann können wir die Steigerung wörtlich nehmen: Sie wird zur *Selbstreflexion*, zur bewussten Beziehung des Menschen zu sich selbst. In ihr geht er über sich hinaus, indem er sich als Ganzes begreift und betrachtet.

12 *Etwas aus sich machen.* Die im Entwicklungsgang des Lebens schrittweise hervortretende Akzentuierung, Intensivierung und Dynamisierung der Individualität wird in der kulturellen Evolution des Menschen aufgenommen und fortgeführt, indem er sich selbst als Individuum nicht nur zu behaupten, sondern auch selbst zu erfahren und auszuzeichnen trachtet. Er versucht, etwas aus sich zu machen. Dabei verletzt es weder den Gleichheitsanspruch noch irgendein moralisches Prinzip, wenn sich der Einzelne auch vor anderen hervorzutun versucht: Dass Sokrates „sich in etwas vor anderen Menschen auszeichnet“, ist ein Beleg für seine Tüchtigkeit, zeigt also seine Tugend *(arete)* und nicht etwa deren Gegenteil (*Apologie* 35 a).

Was mit dem Arrangement des eigenen Spiegelbilds beginnt, setzt sich in jeder ausdrücklichen Veränderung an sich selber fort. Es steigert sich im Putz und Schmuck und verselbstständigt sich in jedem Werk. Das Werk aber steht immer schon auf der Schwelle zur Kunst. Die beginnt ja dort, wo ein Produkt des Menschen um seiner selbst willen geschätzt wird. Und die Wertschätzung eines geschaffenen Gegenstandes um seiner selbst willen setzt nicht erst mit der Autonomisierung der Kunst in der Moderne ein. „Ich aber", so sagt Pindar mit ausdrücklicher Betonung des „Ich" *(ego)*, „ich aber bin der Ansicht, das Reden über Odysseus ist größer, als seinem Leid entspricht, weil Homer süß über ihn geredet hat." (*Nemeische Oden* VII, 20)

Die im Übergang zum Leben und von dort im Übergang von den Pflanzen zu den Tieren zu beobachtende Steigerung der Komplexität der Selbstorganisation, die mit einer Steigerung der Individualisierung verbunden ist, kommt beim Menschen auf ein Niveau, über das wir schwerlich hinausdenken können – es sei denn, wir lassen die Individualität des menschlichen Geistes in der Idee eines personalen Gottes kulminieren, eines Gottes, der gleichsam als unser besseres Ich vorzustellen ist. Der Gott der Philosophen hat unausweichlich eine solche Façon. Und nur ein als Person begriffener Gott – mag er in Wahrheit sein, wie er will – kann vernünftigen Wesen als Grund, Maß, Sinn oder Richter gelten.

Davon braucht hier nicht die Rede zu sein, obgleich man die Vermutung haben kann, dass die kulturgeschichtliche Steigerung der menschlichen Fähigkeiten bis hin zu der heute beanspruchten Individualität vermutlich nur unter der geglaubten Anleitung einer umfassenden personalen (und insofern individuellen) Gottesvorstellung möglich war. Ein solcher Gott macht es möglich, dass sich ein Individuum jederzeit an ihn wenden kann. Er steht in allen – auch in den aussichtslosesten – Lagen für ein Zwiegespräch zur Verfügung. Nur ein im Grunde verständiger Gott erlaubt es dem Einzelnen, jederzeit dialogisch auf sich selbst zurückzugehen und gleichwohl in der Perspektive eines anderen zu stehen.

13 *Selbstbewußtsein als kulturelles Phänomen.* Damit ist am Beispiel der menschlichen Beziehung zu Gott eine wesentliche Strukturbedingung der menschlichen Individualität benannt: Der Mensch hat in sich selbst ein Gegenüber; er kann zu sich selbst in Beziehung treten, kann über das Gespräch mit sich selbst bereits auf andere Individuen ausgerichtet sein. Kurz: Der Mensch steht zu sich selbst in einem sozialen Verhältnis. Eben darin zeigt sich die Tatsache seines Selbstbewusstseins. Das Selbstbewusstsein aber ist ein bis heute in dieser Anlage nicht genügend beachteter Tatbestand der Kultur.

Die bewusste Selbstbeziehung steht natürlich nicht im Widerspruch zu den Antrieben, Gefühlen und Stimmungen. Dadurch, dass der Mensch Selbstbewusstsein hat, wird ihm nichts von seiner Leiblichkeit und Sinnlichkeit genommen. Alle Reflexion – ganz abgesehen davon, dass sie selbst aus einem Bedürfnis kommt, von Empfindungen begleitet wird und auf Befriedigung zielt – ist auf etwas bezogen, was seinen Ort in Natur und Geschichte hat. Der Mensch wird dem Naturzusammenhang, in dem er lebt, noch nicht einmal „fremd", indem er sich reflektierend auf ihn bezieht. Denn schon als „vertraute", „heimatliche" oder „eigene" Natur kann er sie als Mensch gar nicht anders benennen als auf dem Weg der Reflexion.

Das Selbstbewusstsein, das den Vorteil hat, den Menschen in eine unmittelbare Beziehung zu seiner Welt und zu seinesgleichen zu bringen, hat einen ganz anderen Effekt: In ihm kann sich der Einzelne gleichsam als ganzer in sich selbst aufspalten, um zu sich selbst in eine über ihn *ganz* verfügende Beziehung zu treten (8.5/7). Er fragt *und* antwortet sich selbst. Er horcht in sich selbst hinein, so wie er im Spiegel mit jedem Blick in die eigenen Augen in sich hinein zu sehen versucht – und dennoch außen bleibt. Dabei übernimmt er die Rolle eines anderen in sich selbst, so als wäre auch dieser er selbst.

Das bedeutet nichts anderes als eine Verdoppelung des Ich im personalen Selbst. „Ich und Mich", so lässt Nietzsche seinen Zarathustra sagen, „sind immer zu eifrig im Gespräche."[2] Im Nachdenken über das eigene Verhalten kommt es zur polaren Differenzierung in das reflektierende und das reflektierte Ich. Das individuelle Selbst tritt in sich selbst auseinander, um sich selbst zu betrachten, um mit sich selbst zu Rate zu gehen, um seine eigene Stellung zu klären und sich, nach Lage der Dinge, selbst zu entscheiden.

Diese Aufspaltung im Selbstverhältnis des Menschen hat die Philosophie seit Platon beschäftigt; seit Descartes hat sie besondere Aufmerksamkeit auf sich gezogen, und seit Kant und Fichte ist sie Gegenstand eigener Theorien. Dabei kommt leider das in Faktum und Struktur des Selbstbewusstseins konzentrierte Moment der Individualisierung nur dem Namen, aber nicht der Sache nach vor.[3]

2 F. Nietzsche, Also sprach Zarathustra, 1, Vom Freunde, KSA 4, 71.

3 Dazu die treffende Kritik von E. Rudolph in: Odyssee des Individuums, 1991, 8f. – Zur These von der kulturellen Verfassung des Bewusstseins verweise ich erneut auf das Werk Cassirers sowie auf O. Schwemmer, Die kulturelle Existenz des Menschen, 1997, 43ff. und 103ff.

14 *Triadische Struktur des Selbstbewusstseins.* Die Besonderheit des Menschen ließe sich daran illustrieren, dass sich an ihm eine extreme Beschleunigung der Lernprozesse vollzieht. Der Mensch ist das einzige Wesen, das selbst noch aus gedachten Erfahrungen lernen kann. Er kann nicht nur individuell erworbenes Wissen situativ weitergeben, sondern er kann Schlussfolgerungen ziehen, Erwartungen für die Zukunft formulieren und daraus wiederum etwas für sein eigenes Verhalten lernen. Das zeigt, wie im Vergleich mit den Tieren, die nur in den seltensten Fällen *eigene* Erfahrungen weitergeben können, der Mensch sich schon in seiner intellektuellen Grundausstattung individualisiert. Also verweist auch das hoch individualisierte Lernen des Menschen auf sein Selbstbewusstsein.

Es hat daher viel für sich, die Tatsache des Selbstbewusstseins als auffälligstes Kennzeichen des Menschen und seiner kultivierten Individualität anzuführen. Nur muss man dann das Missverständnis vermeiden, Selbstbewusstsein primär unter dem Rubrum der „Subjektivität" zu führen. Zwar wird niemand bestreiten wollen, dass jeder Inhalt des Selbstbewusstseins „subjektiv" sein kann und damit nur für das Individuum, das ihn hat, gültig ist. Doch darin liegt lediglich eine besondere Verfassung des Selbstbewusstseins, nicht aber dessen alltäglicher oder ursprünglicher Zustand. Normalerweise ist es nichts anderes als das Bewusstsein von „etwas" – eines „etwas", das dem Selbst unmittelbar gegenwärtig ist.

Diese unmittelbare Gegenwart erlaubt es, nicht nur direkt bei der Sache, sondern ebenso umstandslos bei jedem anderen zu sein, der ebenfalls über Bewusstsein verfügt. Und in eben dieser unmittelbaren Beziehung auf andere Dinge und zugleich für andere Menschen ist das Bewusstsein ebenso unmittelbar bei sich selbst. Also hat es eine triadische Struktur, die zwischen dem gewussten Gegenstand, dem adressierten anderen und dem im Bewusstsein zu sich selbst kommenden Individuum aufgespannt ist. Das Selbstbewusstsein ist *soziomorph* verfasst (5.7/9) – dies aber nur als *kultivierter Teil* der Natur, auf die es in jedem seiner Akte bezogen bleibt. Das Wissen, das sich uns im Medium des Selbstbewusstseins eröffnet, gibt es nur in der sachhaltigen Beziehung zwischen Menschen. Es ist durch und durch ein *kulturelles Phänomen*, das nicht „in" einem Menschen ist, sondern das primär in der Sachlichkeit zum Ausdruck kommt, in der sich ein Individuum prinzipiell an jedes andere Individuum richtet.

Für die kulturelle Selbstbeschreibung des Individuums ist es wohl der wichtigste Tatbestand, dass die triadische Struktur des Selbstbewusstseins nicht nur eine implizite Soziomorphie enthält, sondern dass in diesem Dreieck zwischen dem Gegenstand, dem Ich und seinem personalen Gegenüber die Individualität der beteiligten Personen erst ihren ausdrücklichen *Sinn* erhält. Das Individuum konturiert sich immer nur in Relation zu einem individuellen Gegenüber, dem es unter begrifflichen (also ausdrücklich sachhaltigen) Bedingungen begegnet. Nur ein Wesen, das sich auf einen Sachverhalt zu beziehen versteht, kann eine Vorstellung von der Eigentümlichkeit seiner selbst entwickeln. Es ist nur es selbst, sofern es sich sachlich von der Sache abgrenzt, auf die es sich vor seinesgleichen bezieht. Die Triade zwischen dem Ich und dem Du und ihrem gemeinsamen Gegenstand ist die Konstellation, in der Kultur sich gründet.

15 *Subjektivität ist nicht das Erste.* Das Selbstbewusstsein wird spätestens seit Descartes als ein subjektives Phänomen betrachtet. Bis heute mühen sich die Philosophen vergeblich ab, von der Subjektivität des alles Denken tragenden Selbstbewusstseins zur Objektivität des Erkennens vorzustoßen. Doch dieser Versuch muss scheitern. Wie soll man durch Subjektivität Objektivität begründen? Das ist schlechterdings nicht möglich, es sei denn, man geht von dem als verbindlich angesehenen Ausgangspunkt ab und verletzt die Prämisse, unter welcher der ganze Beweisgang steht.

So ist Descartes verfahren, indem er Gott zu Hilfe nahm: Da ein Gott nicht böse handeln kann, also auch nicht wirklich täuschen wollen kann, kann es nicht sein, dass die subjektive Selbstgewissheit des Selbstbewusstseins ein objektiver Irrtum ist. Also hilft Gott aus der theoretisch gewählten Isolation des Selbstbewusstseins heraus, einer Isolation, in der man sich notwendig befindet, wenn man das Selbstbewusstsein als „subjektiv" ansieht. Doch wer sagt mir, dass der Begriff von einem Gott nicht selbst bereits einer subjektiven Vorstellung entspringt? Jedenfalls lässt sich nicht, wie Descartes es tat, aus dem ja (wie alle anderen Selbstbewusstseinsphänomene auch) unter Subjektivitätsvorbehalt stehenden Gottesbegriff die Objektivität bestimmter Vorstellungen ableiten.

Hier trifft Kants Gegenargument: Aus der Tatsache, dass ich mir einen Gott nur als wirklich *vorstellen* kann, darf nicht geschlossen werden, dass er allein deshalb auch schon wirklich *ist.* Es hilft auch nicht, sich hundert Taler vorzustellen, wenn man gerne hundert Taler hätte. Vielmehr ist die Vorstellung der hundert Taler bereits eine Bedingung für die Erkenntnis, dass sie mir fehlen und somit nicht wirklich vorhanden sind. Aus dem bloßen Begriff, so Kants schlichter Hinweis, lässt sich kein Sein ableiten. Also lässt sich die Realität Gottes nicht aus seinem noch so notwendig und umfassend gedachten Begriff folgern. Folglich kann der Gott auch nicht aus der Isolation des subjektiven Bewusstseins befreien.

Doch Kants eigener Vorschlag zur Verbindung des Bewusstseins mit der Welt führt genauso wenig zum Ziel: Wenn das Selbstbewusstsein wirklich subjektiv verfasst ist, dann sind und bleiben alle seine Phänomene, mögen sie noch so objektiv erscheinen, subjektiv. Die tragenden Begriffe der Naturerkenntnis mögen in der Wissenschaft unerlässlich sein und selbst das noch fundieren, was uns als höchste Erfüllung des Objektivitätsideals erscheint. Sie bleiben dennoch subjektiv, solange das Selbstbewusstsein selbst für subjektiv gehalten wird. Denn wer nicht glauben mag, dass die bei vollem Bewusstsein gemachte Aussage: „Ich sehe ein Buch" objektiv ist, der kann auch nicht wirklich glauben, dass es Naturgesetze gibt.

Tatsächlich wiederholt Kant den cartesischen Beweis auf säkularem Grund. Statt von Gott spricht er von der allgemeinen und notwendigen Gültigkeit wissenschaftlicher Leistungen, die zu seiner Zeit in hohem Ansehen standen. Inzwischen aber wissen wir längst, dass die Reputation der Wissenschaft genauso angezweifelt werden kann wie die Autorität Gottes. Aber auch unabhängig von den schwankenden Überzeugungen des Zeitgeistes lässt sich festhalten, dass man die Objektivität bestimmter Leistungen der Subjektivität nicht dadurch beweist, dass man sie auf wissenschaftliche Erkenntnisse bezieht. Eben das ist das Verfahren der „transzendentalen Deduktion". Sie beweist nichts, solange Kant den Ausgangspunkt seines Beweises, nämlich die Subjektivität des Selbstbewusstseins, beibehält.

Gibt man jedoch diese ohnehin befremdliche und sowohl unserem alltäglichen wie auch unserem wissenschaftlichen Bewusstsein flagrant widersprechende Annahme auf, dann kann man das von

Kant aufgewiesene Phänomen konstitutiver Begriffe als wichtigen Anhaltspunkt für eine Phänomenologie unseres Selbstbewusstseins nutzen. Dann nämlich zeigt sich, dass es in unserem Denken auch hoch abstrakte Begriffe gibt, mit denen wir unmittelbar bei der Sache sind. Dann ist nicht nur einfach der Begriff „Haus", „Vorlesung" oder „Buch" Ausdruck eines begriffenen Sachverhalts, der so, wie er mit dem Begriff begriffen wird, auch von meinesgleichen *genauso* begriffen werden kann; dann gilt entsprechendes auch für „Ursache", „Wechselwirkung" oder „Notwendigkeit".

16 *Subjektive Befindlichkeiten.* Natürlich lässt sich das Phänomen des subjektiven Bewusstseins nicht leugnen. Jeder weiß, dass man etwas sehen kann, ohne es den anderen zu verraten. Man spürt einen Schmerz und behält ihn für sich, weil man nicht schwächlich erscheinen will. Man hat einen Einfall, aber spricht ihn nicht aus, weil man nicht sicher ist, ob die spontane Äußerung passend ist. Man hat das Gefühl, dass der ganze Tag verdorben ist, weil man schlecht geträumt hat, würde daraus aber nie eine historische These über diesen 25. Mai 2000 machen. Vieles – vom ersten Schreck bis zur bösen Ahnung, von der plötzlich erwachten Neugier bis zur Leidenschaft der Erkenntnis – hat man eben nur für sich. Auch darin liegen wesentliche Elemente der individuellen Selbsterfahrung.

Doch von solchen für uns selbst behaltenen Eindrücken geht unser Selbstbewusstsein nicht aus. Im Gegenteil: Die bewusst auf uns selbst bezogenen Zustände können nur im Kontext eines entfalteten Selbstbewusstseins erfahren werden. Solange wir nicht über ein objektives Bewusstsein verfügen, lassen sie sich gar nicht erleben, geschweige denn zum Ausdruck bringen. Natürlich kann uns jemand anmerken, dass wir traurig sind oder Schmerz empfinden. Wir glauben ja auch den uns nahe stehenden Tieren ansehen zu können, in welchem „inneren" Zustand sie sich befinden.

Aber vom eigenen „inneren Zustand" kann ich nur *wissen*, sofern ich *überhaupt etwas wissen* kann. Dieses Wissen überhaupt aber hat eine Struktur, die von sich aus Objektivität vorgibt. Die Subjektivität der eigenen Empfindung setzt diese Objektivität voraus. Die melancholische Stimmung ist zwar durch und durch subjektiv gefärbt; ich beziehe sie nur auf mich. Der plötzlich aufwallende Zorn findet zum Glück nur in mir selber statt, so dass ich ihn unter Umständen vor den anderen verbergen kann. Doch das Bewusstsein dieser Stimmung und dieses Zorns ist damit nicht selber subjektiv. Im Gegenteil: Ich kann mir diese meine Erlebnisse (in dieser Lage, mit diesen Gehalten und mit dieser Zuschreibung zu mir – und nicht zu einem anderen) nur in einem „objektiven" Bewusstsein zurechnen. Ich muss mich auf Ereignisse und Dinge, auf Situationen und Personen beziehen, um meine Befindlichkeit als „Melancholie" oder „Zorn" diagnostizieren zu können. Und dazu brauche ich das Selbstbewusstsein, und zwar in seiner ursprünglich objektiven Disposition.

Das Gleiche gilt für standpunktgebundene Aussagen. Wenn Kant die Unterscheidung zwischen „rechts" und „links", die sich jeder nur für sich selbst – etwa am Unterschied zwischen der rechten und der linken Hand – veranschaulichen kann, als „subjektiv" bezeichnet, dann meint er die Tatsache, dass die Aussage jeweils nur für den individuellen Standpunkt gültig ist. Dass er sich dabei auch noch auf ein „Gefühl" beruft, das diese Unterscheidung angeblich möglich macht,[4] mag auf sich beruhen. „Subjektiv" heißt hier: Die Aussage steht unter dem Vorbehalt der gegebenen Individualität; ihre Gültigkeit ist auf die jeweilige Position des Sprechers bezogen.

Aber daraus den Schluss zu ziehen, die Aussage wäre auf die Subjektivität einer irgendwie bloß innerlichen Selbstbeziehung beschränkt, ist absurd. Denn die Unterscheidung, die jemand für sich selber macht, gewinnt ihren Sinn durch die Referenz auf eine äußere Differenz im Raum: Sie wird mit jeder nur wünschenswerten begrifflichen Klarheit getroffen, sie kann durch jeden anderen, der sich auf die Position des Sprechers stellt, objektiv überprüft werden, und sie gilt für alle Lebenslagen des Individuums. Denn der einmal an ihm selbst begriffene Unterschied zwischen rechts und links bleibt ihm sein Leben lang.

17 *Die soziale Transparenz der Objektivität.* Objektivität ist die Verfassung von Aussagen, die ein Individuum in der selbstverständlichen Erwartung macht, dass jeder denkbare Andere die Aussage *ebenso* treffen muss. Sie ist die notwendige Disposition zur Wahrheit, nicht aber diese selbst. Im Bewusstsein der Objektivität stellt man etwas Bestimmtes fest, das allgemein so ist, wie es

4 I. Kant, Was heißt: Sich im Denken orientieren?, AA 8, 136.

ist. Dabei wissen Individuen aus Erfahrung, dass sie sich auch irren können. Deshalb kann man sich im Medium der Objektivität auch korrigieren lassen; ja, man kann es *nur* im Medium der Objektivität. Die Korrektur ist allein durch den gemeinsamen Bezug auf ein und dasselbe möglich. Das Identische oder das eindeutig Unterschiedene – beides logische Bedingungen für Bestätigung oder Korrektur – haben ihr Spezifikum nur in einer einheitlich mit anderen geteilten Welt.

Die Objektivität des Bewusstseins ist eine notwendige Voraussetzung für die Erkenntnis von etwas als etwas. Dabei spielt es für die Leistung wie auch für die Stellung des Bewusstseins keine Rolle, ob es das, was es erfasst, tatsächlich in eben dieser Weise „gibt". Die Realität der jeweiligen Dinge kann nur durch bewusst im Zusammenhang mit unseresgleichen vollzogene Erfahrung ermittelt und erhärtet werden. Das Medium dieser Erfahrung ist das Bewusstsein, das zu dieser Aufgabe aber nur dadurch taugt, dass es seine Begrifflichkeit in der sozialen Transparenz der Objektivität zur Verfügung stellt. Wenn zum Beispiel Kinder „Doktor" spielen, dann geschieht das im Bewusstsein der Objektivität eben des Spiels, in dem sie sich mit imaginären Instrumenten untersuchen und sich eingebildete Spritzen geben. Das Bewusstsein schafft die Gemeinsamkeit der Situation, in der sie sich wirklich verstehen.

18 *Stimmungen als Indikatoren subjektiver Zustände.* Nur sofern wir begrifflich auf etwas bezogen sind, nur sofern wir es als das erfassen, was es ist, haben wir die Möglichkeit, einschränkend mit unserem Selbstbewusstsein umzugehen. Die Möglichkeit dieser Einschränkung ist das größere Rätsel. Aber es ist lösbar: Es gibt tatsächlich eine Antwort auf die Frage, wie wir etwas, das – wie alles andere auch – Ausdruck unserer aktiven Beziehung zur Welt ist, bloß auf uns selbst anwenden können.

Wir können es auf genau dieselbe Weise, wie wir auch sonst etwas „für uns" behalten. Das Stück Schokolade, das wir vom Weihnachtsteller des Bruders gegriffen und rasch in den Mund gesteckt haben, geben wir nicht mehr heraus. Die eingeatmete Luft bläht unseren Brustkorb und zeitigt Reaktionen, die für den Organismus als ganzen wichtig sind. Die verzehrte Speise füllt den Magen und dient der Ernährung. Hier also hat der Organismus etwas „für sich". Das aber heißt: Etwas dient der Erhaltung und

Entfaltung seiner Funktionen – sofern es nicht schädlich ist. Aber auch im Fall der Einverleibung einer schädlichen Substanz entfaltet etwas seine Wirkung „in" uns selbst. Der Körper hat es, bis ihm die Ausscheidung gelingt, „für sich", auch wenn die in ihm ablaufenden Prozesse allgemeinen Charakter haben.

Auch Empfindungen, Stimmungen und Gefühle haben wir „für uns". Sie sind jedoch nicht einfach da, wie eine Speise oder wie die Atemluft, sondern sie sind nur insofern da, als sie etwas anzeigen. Und dies tun sie „für uns". Und gerade in dieser Funktion weisen sie einen gravierenden Unterschied zu den physischen Dingen auf: Jede Empfindung ist eine *bewusste* Empfindung; jedes Gefühl, es mag noch so vage und flüchtig sein, ist ein *bewusstes* Gefühl. Die uns selbst etwas aus uns selbst anzeigenden subjektiven Zustände sind das, was sie als Stimmung, Gefühl oder Empfindung für uns sind, nur durch unser Bewusstsein!

Jeder emotionale Zustand muss uns bewusst sein, um das zu sein, was er ist. Folglich haben auch die ganz und gar subjektiv auf uns selbst bezogenen Zustände unserer selbst eine bewusste Verfassung. Wenn also etwas unsere Lunge bläht oder unseren Magen füllt und eine Empfindung verursacht, dann kann dies nur als *Indiz* dafür verstanden werden, dass wir damit bewusst umgehen können. Wir können die Luft anhalten, um zu tauchen. Das Völlegefühl lässt uns wissen, dass wir mehr als genug gegessen haben. Die nur für den jeweiligen Einzelnen selbst geltenden „subjektiven" Zustände zeigen ihm einen möglichen Anlass für das eigene Verhalten an. Und die wesentliche Funktion dieser Anzeigen dürfte darin bestehen, dass sie das, was sie kenntlich machen, uns selbst als einem einheitlich handelnden Wesen *zeigen*. Sie indizieren einen Zustand des Lebewesens so, dass dieses Lebewesen *als Ganzes* handeln kann. Erst durch das Bewusstsein, auf das wir selbst noch bei der Wahrnehmung unserer Stimmungen und Gefühle angewiesen sind, wird eine Reaktion des ganzen Wesens möglich.

Gefühle und Stimmungen sind somit Indikatoren individueller Zustände. Es gibt sie nur für das Bewusstsein. Sie sind also keine Gegeninstanzen des Bewusstseins, sondern sind vielmehr konstitutiv auf es bezogen. Durch die Vermittlung des Selbstbewusstseins werden die affektiven und emotionalen Zustände des Individuums zu Dispositionen bewusster Tätigkeiten, auf die der Einzelne in der Gesellschaft angewiesen ist.

19 *Selbstbewusstsein – Ursprungsakt des öffentlichen Raums.* Die Begrifflichkeit fasst eine Sache von vornherein nicht in der individuellen Relation zwischen einem Ich und seinem Gegenstand, sondern der Begriff ist nichts anderes als der Ausdruck einer allgemeinen Beziehung, in der sich das Ich in Verbindung zu einem Sachverhalt begreift. In dieser Beziehung ist das Begriffene (als Begriffenes) das allgemein Zugängliche; es gilt somit für jedes Ich, das ebenfalls begreifen kann. Folglich ist das Ich im Selbstbewusstsein selbst nur das Indiz für eine Position, die jeder andere ebenfalls einnehmen kann, der in der Lage ist, „ich" zu sagen oder zu denken. Das Ich des „ich denke" ist nur der Repräsentant einer Einheit vor einem Teil, der seinerseits auf eine Einheit, nämlich auf die Welt verweist, in der sich alles – einschließlich der Gesamtheit aller Ich denkenden und Ich sagenden Wesen – befindet. Und es ist eben dieser übergreifende Zusammenhang, der im Begriff bewusst wird. Ihn trägt der Gebrauchs-, Werk- und Verständigungszusammenhang der Kultur.

Alle Bezeichnungen, die den Gedanken nach innen verlegen – „Erinnerung", „Aussage", „Eindruck" usw. –, meinen nicht den Gedanken, sondern nur seinen Gebrauch. Wir können ihn eben in unterschiedlicher Weise verwenden. Wir können ihn laut oder leise sprechen, können ihn aufschreiben, in praktischer Demonstration vorführen oder auch für uns behalten. Damit aber wird weder der Gedanke noch das Selbstbewusstsein subjektiv. Auch wenn es sich auf sich zurückzieht, bleibt es mit seinen Gehalten auf dem durch das Denken immer schon eröffneten Forum der Verständigung. Selbstbewusstsein ist somit immer schon *öffentlich* verfasst.

Es ist der in der Funktion eines mit Selbstbewusstsein ausgestatteten Organismus etablierte öffentliche Raum, es ist der allgemeine Markt- und Gerichtsplatz, auf dem sich jeder bereits für sich selbst befindet, wenn er nur etwas begrifflich zu erfassen sucht. Das etablierte Forum einer gesellschaftlichen Einrichtung kann nur deshalb wirksam sein, weil jeder Einzelne bereits konstitutionell auf eine gemeinsame Welt bezogen ist, in der er alles, was immer er begreift, *respectu aliorum* erfasst. Funktionsfähige Gesellschaften, in denen Individuen handeln, als könnten sie das Ganze aus einer umfassenden Position bewerten, sind nur möglich, weil bereits das Selbstbewusstsein jedes Einzelnen sich als ein *forum* begreift, auf dem er prinzipiell für seinesgleichen offen ist.

Das selbstbewusste Individuum präsentiert im Begriff sachliche Einheiten für organische Einheiten in einer als Welt erfahrenen Einheit eines Ganzen. Nur so kann es mit seinesgleichen so kommunizieren, dass es sich mit ihnen in einer sie umfassenden Einheit verständigt. Die Individualität kommuniziert Individualität in einer die Individuen umfassenden Einheit eines gemeinsamen Raums, der, wenn er selbst bewusst wahrgenommen wird, als Öffentlichkeit erscheint. Ihr Ort ist nirgendwo anders als inmitten einer menschlichen Kultur. Zwar spricht jeder Sprecher aus seiner individuellen Position. Aber er tut dies in der sachbezogenen Aussage so, als könne, ja, müsse das von ihm Gesagte von jedem möglichen anderen *ebenso* verstanden werden, wie er es sagt. Insofern steht er außerhalb seiner selbst. Sein eigenes Ich ist gleichsam nur der „Vertreter" eines jeden anderen Ich, das sich über den Sachverhalt äußern kann. Hier haben wir eine soziale „Repräsentation", die jeder subjektiven Vorstellung vorausgeht.

20 *Endlichkeit als Bedingung.* Die soziale oder politische Einbindung ändert nichts daran, dass die Steigerung der Individualität im Selbstbewusstsein den für das Selbstverständnis des Menschen entscheidenden Effekt darstellt: In der Reflexion des Ich auf sich selbst kommt es erstmals zur Selbstwahrnehmung der konstitutionellen und situativen Eigenart eines lebendigen Wesens. Das geht einher mit dem Bewusstsein von Einschränkung und Mangel. Als etwas Besonderes erfahre ich mich nur, weil ich nicht alles habe und nicht alles kann. Ein vollkommenes Wesen hätte vermutlich keinen Begriff von sich selbst, geschweige denn von seiner Individualität.

Was man aber hat, kann man unter endlichen Bedingungen notwendig auch verlieren. Deshalb ist das Selbstbewusstsein eines Individuums nicht von seiner Gefährdung zu trennen. Und erst in dem Bewusstsein einer möglichen Bedrohung der Eigenart ist die bewusste Aktivität zur Sicherung der Eigenart möglich. Man weiß dann nicht nur, wer man ist und wer man eben dadurch sein will; man hat auch eine Vorstellung davon, wie man sich situativ verlieren kann. Also weiß man auch, worauf es ankommt – nämlich auf die Behebung des Mangels und die Abwehr der Gefahr.

Das Individuum erfährt seine Besonderheit in der Antizipation des möglichen Scheiterns. Schon Platon wusste, dass es das Böse geben muss, damit wir überhaupt vom Guten wissen können (*Theaitetos* 176a). Ebenso ist es mit dem Bewusstsein unserer Einzigartigkeit: Wir können sie nur schätzen, solange sie – durch uns wie durch andere – gefährdet ist. Aber im Bewußtsein der Gefährdung liegt auch die Bedingung des Glücks, das sich einstellt, wenn die Gefahr vorüber ist. Das Glück steigert sich mit dem eigenen Anteil an der Bewältigung eines Problems. Und wo man durch Werke und werkanaloge Leistungen vorbeugen kann, also im Kontext einer Kultur, da bestärkt man sich in der Hoffnung, dass aus dem Glück eine allgemeine und stetige Größe werden könnte.[5]

21 *Der Sinn eines Ganzen.* Das für den Begriff der Individualität wichtigste Moment liegt in der Erfahrung der *Einheit*, die es dem seiner selbst bewussten Wesen erlaubt, aus einer bestimmten Position *als Ganzes* zu reagieren. Hier schimmert der eigentliche Sinn von Individualität hervor, nämlich *unteilbar* zu sein.

Schon auf der ontologischen Ebene der Beschreibung zeigt sich, dass alles, was immer wir als eins erfahren, als eine Ganzheit wahrgenommen wird. Diese Ganzheit tritt in der Organisation des Lebens in selbstbezogener Dynamik hervor. Das dynamisierte Ganze gliedert sich in Teile, in „Organe", die ihre Funktion nur in dem integralen Zusammenhang haben, in dem sie wirksam sind. Alles, was in diesem Zusammenhang wirksam werden soll, muss sich der darin tätigen Einheit fügen. Geschieht das nicht, bleibt es entweder wirkungslos, oder es führt zur Zerstörung der lebendigen Organisation.

Im Übergang zum Selbstbewusstsein können nun Teile auch *für sich* Bedeutung erlangen, indem sie nicht nur etwas anderes *sind*, sondern auf wieder anderes *verweisen*. Solche Teile nennen wir „Zeichen". Das Zeichen steht als etwas für etwas anderes – und dies stets in einem Verweisungszusammenhang, der nur dort gegeben ist, wo ein Ganzes ist, dem das *pars pro toto* zugehört. Das Zeichen repräsentiert alles, was immer für den Organismus von realer Bedeutung sein kann, das ihn gefährden, sichern oder fördern kann. Indem es diese reale (physiologische) Bedeutung lediglich *anzeigt*, hat es – von seinen eigenen physischen Bestandteilen

5 Dazu mehr bei: M. Seel, Versuch über die Form des Glücks, 1995, 54ff.

abgesehen – eine semantische Dimension. Das Zeichen ist ein *symbolon*, wörtlich genommen also ein „Bruchstück" eines Ganzen, das auf dieses Ganze verweist (*Symposion* 191b). Aber es zeigt auf dieses *Ganze*, aus dem es real stammt und auf das es semantisch verweist, nur für ein verletzliches und bedürftiges Wesen, das sich selbst als ein Ganzes begreift.

Alles dies: Ganzes und Teil, Einheit und darauf bezogene Bedeutung, organischer Zusammenhang und darin wirksames Zeichen, lässt erkennen, dass es um eine Vermittlung partikularer Elemente in totalisierenden Prozessen geht. Was immer organische Bedeutung haben können soll, muss sich in ein Ganzes fügen, das sich als dieses Ganze durchzuhalten versucht. Gäbe es das nicht, läge alles auf der Welt irgendwie teilnahmslos nebeneinander. Die physische Nachbarschaft brächte zwar unablässig Wechselwirkung mit sich, aber die wäre ohne jede *Bedeutung*. Die Bedeutung allerdings liegt nicht wie ein Gegenstand irgendwo herum; sie durchzieht das All auch nicht wie eine Radiowelle; sie kristallisiert sich nur an individuierten Einheiten, die darin etwas für sie Bedeutsames finden, weil sie nicht nur Sinnesorgane, sondern in ihrem *Sinn* einen Indikator für ihren Gesamtzustand haben, auf den sie sich durch eigene Aktivität beziehen. Ihre Einmaligkeit erfahren sie freilich nur in dem von ihnen mit getragenen Allgemeinen.

22 *Verständlicher Sinn kommt nur in Kulturen vor.* Sinn ist nur dort möglich, wo Ganzheiten für sich mit den sie betreffenden fremden Teilen fertig werden müssen. Das wiederum kommt nur in organischen Zusammenhängen vor, die in und für sich selbst relativ geschlossene Wechselwirkungsvorgänge aufgebaut haben. Da diese Vorgänge immer auf Zufuhr von Energie angewiesen sind, da sie anfällig für Verletzung und Zerstörung sind und etwas für sich nur wirksam machen können, wenn sie es sich „einverleiben" – es also unter die Prozessbedingungen ihrer eigenen Organisation zu bringen vermögen –, haben wir auch die organische Bedingung eruiert, unter der das Selbstbewusstsein tätig wird: Es muss selbst eine organische Leistung einer organischen Einheit sein, die wirksame Elemente zu solchen Einheiten macht, die selbst integral wirksam werden können.

Um es auf eine Formel zu bringen: Das Bewusstsein stellt dem Organismus begriffliche Einheiten zur Verfügung, die in der in ihnen zum Ausdruck kommenden Einheit mit der Ganzheit der organischen Leistung kompatibel sind. Das aber kann nur gelingen, sofern sich der Organismus in einer adäquaten Einheit präsentiert. Und eben das tut er im Selbstbewusstsein, das in seinen Leistungen nichts anderes ist als die begriffliche Form der zugrunde liegenden organischen Ganzheit – in ihrem Zusammenhang mit anderem vor anderen. Der Organismus bildet im Selbstbewusstsein eben das Organ aus, in dem er für *Bedeutungen* empfänglich ist, die ihre Einheit nicht nur an ihm selber, sondern zugleich auch in einem *sachlichen Zusammenhang* haben, in dem er sich mit *seinesgleichen* behaupten muss.

Diese der organischen Einheit kulturell korrespondierende Einheit ist die *semantische* Einheit. In ihr kommt ein *Sinn* zum Ausdruck, der stets voraussetzt, dass etwas für den Organismus *Bedeutung* hat. Die Bedeutung ergibt sich nur in einem individuellen *Sinnzusammenhang*, folglich ist auch ihre Artikulation an semantische Bedingungen gebunden, so sehr sie ihre Bedingung darin hat, dass etwas für den Lebensvollzug des Organismus wichtig ist. Natürlich bleibt auch der Sinn an die immer auch *sozialen* Vollzugsbedingungen eines lebendigen Wesens gebunden. Er repräsentiert die Einheit eines Zusammenhangs von Bedeutungen und hat sein Äußerstes in dem, was wir Sein, Welt, Wirklichkeit oder Leben nennen und das wir so nur *im Kontext unserer Kultur* verstehen.

Dabei ist die entscheidende Bedingung wohl die, dass wir uns nach unserem Sinn auch *richten* können. Der Sinn kennzeichnet eine Befindlichkeit eines Ganzen, auf das dieses Ganze Einfluss nehmen kann. Hier liegt der praktische Grund aller geistigen Prozesse. Da der Grund sich auf eine sich selbst steuernde *Ganzheit* bezieht, die sich – in ihrer Individualität – nur begrifflich fassen lässt, bietet er keinen Anhaltspunkt für eine reduktionistische Erklärung.

23 *Kultur als Sphäre der Verständigung über Gründe.* Bedeutung setzt den Mangel ebenso voraus wie das Bedürfnis, ihn abzustellen. Sie ist auf das Ganze eines Individuums bezogen, das sich in der Aufnahme von etwas Bedeutungsvollem unmittelbar in etwas bewegt, das nicht von vornherein das Eigene ist und insofern ursprünglich auf anderes bezogen ist. Und sobald eine Bedeutung als Bedeutung zum Bewusstsein kommt, ist sie in der gleichen Unmittelbarkeit nicht nur auf Sachverhalte bezogen, die sie begrifflich zum Ausdruck bringt, sondern auch auf die anderen, denen sie bedeutsam ist. Alles dies ist im *Sinn* zu einer Einheit *für* das Individuum vermittelt. Sinn kann man daher auch als das Integral möglicher Bedeutungen ansehen, in dem die Individuen mit ihrer Lebenssphäre so verbunden sind, dass sie sich von sich aus über das unmittelbar Gegebene hinaus verständigen können.

Die Pointe des Selbstbewusstseins liegt somit in der Verlagerung der ursprünglich organischen Bedeutung in den nur über Sachverhalte erschlossenen kulturellen Raum. Um kenntlich zu machen, dass hier die schon bei den Tieren ausgebildete Sozialität unter neue Bedingungen tritt, ist es angebracht, von einem *öffentlichen* Raum zu sprechen. Das ist die Sphäre der allgemeinen und gleichen Verständigung über Gegenstände und Ereignisse, angesichts derer sich die Individuen erstmals selbst als gleich erfahren können. Da diese Sphäre konkret zu sein hat, also stets auf Bedingungen realer Verständigung bezogen sein muss, ist sie der historisch gefasste Raum einer *Kultur*.

Der Unterschied zwischen Mensch und Tier, so ist an anderer Stelle (8.4) ausgeführt, besteht primär darin, dass sich der Mensch in seinem Verhalten einer Einflussgröße öffnet, die ihm in durchschnittlichen Lagen erlaubt, sein Verhalten durch *eigene Gründe* zu steuern. In den eigenen Gründen unterwirft sich der Mensch ganz von selbst einer von ihm anerkannten allgemeinen Instanz. Er sucht als eigenständiges Wesen im Bewusstsein der (für jedes der Begründung fähige Wesen) gültigen Bindungen zu denken und zu handeln. Er sieht sich im sozialen Kontext, begreift sich selbst als Teil eines Ganzen und ist im eigenen Interesse – vor sich selbst wie vor anderen – bemüht, sein eigenes Tun aus diesem Begriff verständlich zu machen.

Die eigenen Gründe sind der Indikator einer gesellschaftlichen Bindung, die man selbst zu tragen versucht. Die Instinkte steuern den Organismus ohne Belastung der Individualität. Die Gründe dagegen verleihen dem Individuum das volle Gewicht der eigenen Entscheidung. Erst das *animal rationale* – das Tier, das seine eigenen Gründe hat (8.4) – verfügt über die Entscheidungskompetenz, die es gar nicht in Anspruch nehmen könnte, wenn es auf die Binnenperspektive einer Privatexistenz beschränkt wäre. Also ist es als selbstbewusstes und sich schon darin selbst bestimmendes Individuum ein *kulturelles Wesen*. Nur im Kontext der Kultur, nur im werkanalog geschaffenen Zusammenhang mit seinesgleichen kann es ihm gelingen, sich in seinem notwendig allgemeinen Anspruch als Individuum zu wahren, zu entfalten und zu erhalten.

24 *Die Chance des Todes in der Kultur.* Mit der vollendeten Individualisierung in der selbstbewussten Existenz des Menschen wird der Tod zu einem dramatischen und unwiderruflichen Ereignis. Die Einheit, also das Ganze, das einzig lebt, die Urform dessen, was ist, zerfällt – und *weiß* davon vorab. Mit dem Tod geht etwas Individuelles definitiv zu Ende. Dagegen sträubt sich nicht nur der Mensch; jedes Lebewesen wehrt den Tod ab, solange es noch bei Kräften ist.

Gleichwohl ist das Leben durch die Form der Individualität ursprünglich auf sein immer neues Ende eingestellt. Die Tatsache des Geborenwerdens ist nicht nur die Bedingung dafür, dass da wieder etwas sterben kann, sondern auch die vorweg genommene Antwort auf das Sterben. Es gibt nicht die Geburt, um den Tod zu kompensieren; sondern den Tod kann es geben, weil es Geburten gibt. Insofern steckt schon in der Tatsache des Todes ein unvordenkliches Moment der Hoffnung: Man kann getrost sterben, weil etwas Neues nachwächst. Und wenn dieses Neue mindestens die Chancen haben können soll, die uns selbst das Leben wert gemacht haben, dann ist unser Tod die Bedingung für die äußere, vor allem aber für die innere Freiheit der Jungen von der präsenten Autorität der Alten.

Die Alten aber können, wenn sie ihr Leben gelebt haben, beruhigt davon ablassen, weil nur die von ihnen wirklich unabhängige Existenz ihrer Nachfahren die Lebensform sichert, in der sie selber Sinn und Bedeutung gefunden haben. Dabei liegt der größte Trost darin, in der Gegenwart des Neuen zu altern. In den anwesenden Individuen der neuen Generation haben die Alten zwar den schmerzlichen Kontrast zu ihrem eigenen Zustand. Sie ertragen ihn aber besser, als wenn sie nur unter ihresgleichen – als Alte unter Alten – sind.

Diesen Zusammenhang der Generationen hat sich das Wesen zu vergegenwärtigen, das schon im Voraus von der Tatsache seines Sterbens weiß: Wenn es stirbt, macht es anderen Platz. Mit seinem Tod kann es den Lebenden ein definitives Vermächtnis geben. Dadurch erst hat sein Dasein die Chance, zu einem wirklich gelebten

Leben zu werden, das man nach Analogie eines Werkes wahrnehmen kann.

25 *Der Tod überwindet das Sterben.* Gerade weil der Tod stets das einzelne Leben trifft, aber nur erfahren und empfunden werden kann, weil andere Individuen weiterleben, ist es verfehlt, sich in der Reflexion des Todes zu isolieren. Gewiss ist der Tod nach der Geburt das wichtigste Datum des Leben. Aber das Ereignis des Todes erscheint ungleich wichtiger, weil der Tod noch vor uns liegt, weil er eine praktische Einstellung verlangt und weil er uns persönlich von allem Sinn, der uns alle Bedeutung eröffnet, abschneidet. Deshalb ist der Tod das dramatische Ereignis schlechthin.

Man versteht daher nur zu gut, warum die Existentialontologie den Tod zu ihrer expressionistischen Inszenierung der Angst genutzt hat. So konnte sie auch in praktischer Hinsicht ihren peinlichen Anspruch auf das Erbe der Theologie erheben. Doch in dem, was Heidegger in einer missglückten technischen Wendung den „Vorlauf" zum eigenen Tod genannt hat, sieht das Individuum immer nur sich selbst. Das ist in jedem Fall zu wenig. Mit Blick auf den Tod wird darin gerade sein existentieller Sinn verfehlt, der uns unerbittlich auf unsere notwendig zusammen mit anderen erbrachte Lebensleistung verweist. Niemals hat jemand wirklich ganz allein gelebt.

Nach einer alten Empfehlung mahnt uns der Tod, „wesentlich" zu sein. Durch ihn werden wir definitiv an unsere Endlichkeit erinnert; wir sind auch zeitlich ein höchst begrenztes Etwas, das wir – wie alles auf der Welt – als ein Ganzes aufzufassen und zu behandeln haben. Wir haben uns als eine Einheit zu begreifen, die auch von anderen begriffen werden kann. Wir werden daran erinnert, aus unserem Dasein etwas zu machen. Eben darin liegt das, was uns „wesentlich" ist und was uns mit anderen verbindet.

Die erfahrene Endlichkeit unseres Daseins fordert uns so zur *Tätigkeit* heraus. Die Tätigkeit aber ist nur aus dem *Sinn* zu verstehen, der sie trägt. Damit ist es auch hier die Endlichkeit, die uns nötigt, bewusst in der Perspektive der Unendlichkeit zu stehen, in der wir uns als handelnde Wesen notwendig begreifen. Wir haben den Sinn ernst zu nehmen, in dem wir uns verstehen, und sind bereits damit über den Tod hinaus.

Jedes Leben hat seine Zeit. Jedes bewusste Lebewesen hat mit der Chance auch die Verbindlichkeit, aus eigener Kraft zu leben. Im wechselseitigen Respekt vor dieser Selbstbindung des bewussten Lebens muss jedem das unbedingte Recht zu leben zugestanden werden. Unter dieser Bedingung hat dann jeder die garantierte Freiheit, dem Leben seinen Sinn zu geben. Zu diesem Sinn gehört bereits das *Bewusstsein* eines Endes – von der *Tatsache* des Endes ganz zu schweigen. Beziehen wir es in die Sinngebung mit ein, hat der Tod seinen Stachel verloren – vor allem dann, wenn man die Hoffnung haben kann, dass jene, die dem Lebenden wichtig waren, ihm als Totem ein ehrendes Andenken bewahren werden. So gehört das Wissen vom eigenen Tod in den Zusammenhang der Kultur. Und das Individuum kann hoffen, dass etwas, das ihm selber wesentlich ist, seinen Tod überdauert.

V. Politik

1 *Kein Gegensatz zwischen Sozialität und Individualität.* Die Gleichheit, die wir im Medium des Selbstbewusstseins mit Blick auf eindeutig als gleich aufgefasste Sachverhalte erfahren, steigert die Individualisierung des Einzelnen. Denn nun hat er in der begrifflich ermittelten Adäquanz ein Maß, das ihn jederzeit seine Differenz erkennen lassen kann. Ehe man aber kenntlich macht, was die Individualisierung, die, wie wir noch sehen werden, beim Menschen nicht nur ein Faktum, sondern eine Norm darstellt, denn eigentlich für den Einzelnen bedeutet, ist ein weit verbreitetes Missverständnis abzuwehren:

Es ist keineswegs bloß der Einzelne, der in seinem Eigensinn wesentlich er selbst sein will. Sondern in diesem Anspruch stimmt er auch mit der Gesellschaft überein, in der er lebt. Alle Erziehung ist darauf angelegt, dass jeder fähig wird, sein eigenes Leben zu führen. Selbst für die von John R. Skoyles herangezogenen vorgeschichtlichen Stammeskulturen wird unterstellt, dass die Jahrzehnte dauernde Übung als Jäger oder Sammler dem Ziel dient, dass jemand *selber* eine Fährte finden kann.

Wie eng und drückend der kollektive Zusammenhang auch immer sein mag und ganz gleich, wie stark die Hierarchisierung oder Kollektivierung jeweils ausgeprägt ist: Es geht selbst im Ganzen eines gesellschaftlichen Zusammenhangs um die Ausbildung der individuellen Eigenständigkeit. Auch aus der Perspektive einer menschlichen Gesellschaft liegt das Ziel in der Erhaltung und Entfaltung individueller Kompetenz.

Es besteht daher auch kein vorgegebener Konflikt zwischen Sozialität und Individualität. Die Lieblingsalternative konservativer Kulturkritik lässt nicht nur einen oberflächlichen Umgang mit der Geschichte, sondern überdies ein mangelhaftes Begriffsvermögen erkennen. So wie jede Abstraktion einen konkreten Bezug unterstellt und jede Besonderheit nur im Medium einer Abstraktion erkannt werden kann, so stehen auch gesellschaftliche Allgemeinheit und individuelle Besonderheit nicht in Opposition. Sie bilden vielmehr die beiden notwendig zusammengehörenden Seiten sozialer Realität. Die menschliche Gesellschaft ist nur als Ensemble von Individuen möglich.

2 *Wir sind nicht gleich.* Gesellschaftliche Spannungen kommen auf, wenn ein Individuum mit der ihm – von wem auch immer – zugemuteten gesellschaftlichen Position nicht zufrieden ist. Solche Unzufriedenheit aber hat es, soweit wir wissen, immer gegeben. Bekannt ist auch der schon in den ältesten Urkunden belegte Widerstand Einzelner gegen das ihnen zugedachte soziale Schicksal. Aber es wäre ein Fehlschluss anzunehmen, alle, die einst nicht revoltierten, seien keine Individuen gewesen. Erst aus der Sicht moderner Liberalität kommt es zum Anschein eines prinzipiellen Gegensatzes zwischen Individualismus und traditionaler Herrschaft. Das aber ist kein Widerspruch zwischen dem Einzelnen und der Gesellschaft überhaupt – auch wenn der Anarchismus es so darzustellen versucht.

Durch den Anspruch, frei von einer sozialen Vorgabe, also ohne Rücksicht auf Geburt, soziales Gefüge oder den autoritativen Anspruch anderer zu entscheiden, was man sein und werden möchte, erweitert sich natürlich der willentliche Verfügungsraum eines jeden Individuums, auch wenn faktisch niemand frei von dem ist, was ihm die natürliche und die gesellschaftliche Herkunft vorgeben. Kein Individuum hat einen unumschränkten Gestaltungsraum für sein Dasein. Es verbleibt nicht nur notwendig in dem durch die Geschichte gesetzten Rahmen, kann sich auch nicht völlig von den Unterschieden der leiblichen Konstitution und der individuellen Sozialisation befreien. Bereits die Motivation des Einzelnen ist eine Manifestation einer immer wieder neu auftretenden Differenz. Wir sind nicht gleich und wollen es auch nicht sein, so sehr wir auch mit Blick auf allgemeine Lebenschancen auf gleichen Rechten bestehen. Wir halten die politische Gleichheit ja gerade deshalb für so wichtig, *weil* wir individuell verschieden sind.

Und allein die Tatsache, dass wir in Anerkennung dieser unaufhebbaren Verschiedenheit in wesentlichen Bereichen des sozialen Lebens auf gleichen Rechten, auf gleichen Pflichten und auf gleichen Chancen bestehen, ist ein hinreichender Beleg dafür, dass Individuen nicht nur kooperationsfähig, sondern auch kooperationswillig sind. So wie sie in allen Elementarbedingungen ihrer Existenz auf Kommunikation, Kooperation und Solidarität gegründet sind, so bleiben sie in allen über den Augenblick hinausgehenden Lebenserwartungen auf das gesellschaftliche Zusammenwirken angewiesen. Sie können sich gerade als Individuen nur in einem berechenbaren sozialen Kontext durchhalten. Genauer: Wer der werden will, der er ist, muss hoffen können, dass es ein von ihm erwartetes Zusammenspiel der Individuen gibt.

3 *Kooperation und Veränderung.* Das selbstbewusste menschliche Individuum fügt sich aus eigenem Anspruch in einen prinzipiell immer auch von ihm selbst gewollten sozialen Zusammenhang. Dass dies exakt der Zusammenhang sein muss, in dem jemand gegenwärtig lebt, ist damit nicht behauptet. Man kann auch in ganz anderen Gesellschaften leben wollen. Daher kann man mit guten Gründen sogar grundlegende Veränderungen der eigenen Lebenssphäre anstreben. Nur, dass man gleich *alles* ändern will, dürfte nicht mehr sein als eine revolutionäre Phrase. Denn es ist schon unmöglich, sich die Veränderung von allem *vorzustellen*, geschweige denn sie ernsthaft zu *wollen*. Wer es dennoch versuchte, gäbe sich selber auf. Solange er von urteilsfähigen Zeitgenossen umgeben ist, wird er sich nur lächerlich machen.

4 *Die soziale Verfassung des Individuums.* Der Zusammenhang zwischen Individuum und Gesellschaft ist allerdings noch um einiges enger. Er ist nämlich nicht nur durch die äußeren Zwänge des Daseins hervorgerufen, er ist nicht allein durch die Tatsache bedingt, dass wir aus sozialem Handeln hervorgehen, dass wir unter seinen Bedingungen und in seinem Schutz aufwachsen und selbst nur im sozialen Kontext nach eigenen Vorstellungen leben können. Es gibt vielmehr eine tiefe Entsprechung zwischen unserer personalen Verfassung und der gesellschaftlichen Struktur. Denn das Individuum ist in sich selbst sozial verfasst.

Die gesellschaftliche Binnenstruktur des Einzelnen tritt bereits in seiner leiblichen Verfassung hervor, die genetisch wie praktisch auf seinesgleichen angelegt ist. Sie gewinnt vor allem aber in der soziomorphen Kondition unseres Selbstbewusstseins Kontur. Zu mir selbst komme ich allein in der Ausrichtung auf andere meiner selbst. Wer ich bin, erfasse ich in der ursprünglichen Beziehung zu meinesgleichen. Die selbstbewusste Individualität kann sich gar nicht anders als in einem bereits in seinem Begriff vorgegebenen sozialen Gefüge verstehen. Sogar in der äußersten Konzentration allein auf sich selbst kann sich das Individuum nur als Teil eines sozialen Ganzen begreifen. Dem gehört es aktuell bereits in seinem Verständigungsanspruch zu. Es kann sich selbst gar nicht anders denn als ein verständiges Wesen denken, das Partner und Publikum braucht, um sich auch nur das Selbstverständnis zu erhalten, das es faktisch von sich hat.

Darin liegt keineswegs nur ein abstraktes Strukturmerkmal des menschlichen Bewusstseins. Bereits in den reflexiven Akten des Selbst gewinnt der implizite soziale Bezug eine praktische Dimension. Denn sobald sich ein Individuum zögernd, zweifelnd oder sich selbst versichernd auf sich selbst bezieht, geschieht dies nach Art eines sozialen Akts. Die Hinwendung eines Ich zu sich selbst geschieht nach dem Modell der Beziehung zwischen Ich und Du. Das aber ist nicht alles.

5 *Parallelität von Person und Institution.* Die Überwindung eines Zweifels durch eine Einsicht (oder mit einer Entscheidung) erfolgt ebenfalls nach dem Modell sozialer Kooperation. Die Ich-Du-Dyade, die sich in der Form der Ich-Mich-Beziehung wiederholt, kann mit der Lösung des Problems (durch Einsicht oder Entscheidung – oder beides) nicht einfach verschwinden. Es ist keineswegs so, dass ein Ich sein Mich, das ihm gerade noch opponierte, plötzlich vergäße. Die Lösung erfolgt vielmehr in der Form sozialer Einbindung. Das innere Gegenüber des entschiedenen Ich hat sich zu fügen. Es wird Teil einer Hierarchie, in der es mit seinen Bedenken gegenwärtig bleibt und mindestens die Aufmerksamkeit für Abweichungen und Widersprüche, in denen es sich bestätigt sehen könnte, erhöht.

Diese Entsprechung führt zu der Parallelität von Person und Institution. Die Person ist, nach einer treffenden Bemerkung von Arnold Gehlen, die kleinste denkbare Institution – eine Institution in *einer* Person.[1] Die These ist, dass sich jede Person nach dem Modell einer hierarchisch gegliederten Institution begreift. Schon die Tatsache, dass eine Person mal für sich selbst, mal aber auch für andere sprechen kann, vor allem aber: dass sie sich mit sich selber unterreden kann, zeigt die soziale Binnengliederung des einzelnen Menschen, sobald er sich als handelndes Wesen begreift.

1 „Eine Persönlichkeit: das ist eine Institution in *einem* Fall." (A. Gehlen, Persönlichkeit, in: Anthropologische und sozialpsychologische Untersuchungen, Reinbek 1986, 256); dazu: 8.6.

Die Parallelität bedeutet aber auch, dass wir die Institution nur nach dem Vorbild der Person verstehen. Institutionen gelten bis heute als „Körperschaften", sie haben „Haupt" und „Glieder" und müssen in der Lage sein, mit *einer* „Stimme" zu sprechen. Ihre Leistung liegt, wie bei Personen, in der Ausführung von Handlungen. Bei der uralten Institution des Staates ist diese Parallele bis ins Einzelne durchgeführt. *The body politic*, wie es noch bei Hobbes und Locke heißt, hat ein „Oberhaupt", das über alles so verfügt wie der Wille eines selbstbewussten Menschen über sich selbst. Person und Institution lassen sich daher nur in wechselseitiger Gegenüberstellung erläutern.

6 *Integration durch Vernunft.* Bei der elementaren Entsprechung zwischen Person und Institution darf man nicht stehen bleiben. Es ist nicht allein die Tatsache, dass da eine Beziehung auf andere meiner selbst gegeben sein muss, auch nicht nur die in Entscheidung und Durchführung unvermeidliche Organisation nach leitenden, stützenden und ausführenden Elementen. Hinzukommen müssen die Konditionen der Einbindung selbst, also das, was es einem Individuum überhaupt erlaubt, *Teil* einer gesellschaftlichen Einheit und gleichwohl *Individuum* zu sein.

An dieser so abstrakt erscheinenden Frage hängt die Fähigkeit zu politischer Organisation: Wie ist es möglich, erklärtes Glied einer sozialen Einheit zu sein, die willentlich über jeden Einzelnen disponiert und gerade dabei unterstellen muss, dass jeder ein selbstständiges Individuum ist und bleibt? Wie kann jemand nach einer Leitung durch einen anderen verlangen – unter ausdrücklicher Berufung darauf, dass er sich andernfalls selbst nicht leiten kann?

Diese Grundfrage nach den Bedingungen der Möglichkeit politischer Organisation hat sich die Politische Philosophie seit langem nicht mehr gestellt. Die Frage wird aber unausweichlich, wenn man die Politik konsequent aus der Position des Individuums zu begründen versucht. Dann muss sich zeigen, dass Individualität im entfalteten Sinn nur als integraler Bestandteil eines politischen Zusammenhangs vorkommen kann. Im Übrigen aber besteht die entscheidende Voraussetzung darin, dass ein Individuum von sich aus im Interesse eines Ganzen handeln kann. Die Voraussetzung ist dadurch gegeben, dass es in seiner *Vernunft* die Instanz hat, von der aus es nach Maßgabe eines Allgemeinen über sich urteilen kann. Ist es ihm möglich, das real gegebene politische Ganze nach Maßgabe seiner eigenen Vernunft zu bewerten, kann das Individuum stellvertretend für sein Gemeinwesen handeln, dann kann es sich notfalls sogar für das Allgemeine opfern. Die Einsicht dazu muss jedoch, wie schon bei der freiwilligen Unterwerfung des Sokrates unter sein Todesurteil (*Kriton* 54 b/d), allein aus ihm selber kommen. So kann durch die Vernunft – und durch nichts anderes als sie – der einzelne Mensch zum Bürger werden.

7 *Teil und Ganzes.* Die politische Integration des Individuums entspricht der in der Organisation des Lebens angelegten Funktionsteilung von Ganzem und Teil, die auf der Ebene des Selbstbewusstseins ausdrücklich wird: Jedes Teil kann in einer bestimmten, durch die Erhaltung des jeweiligen Ganzen situativ als vorrangig ausgewiesenen Hinsicht in die entscheidende Funktionsstelle einrücken. Jedes Element kann für die Einheit stehen, der es angehört. Vor einem konkreten Problem können sich die Rollen der Teile so ändern, dass jeder Einzelne die dominierende Rolle für das Ganze, dem er zugehört, einnehmen kann. Der Teil fungiert dann im Interesse des Ganzen, das in diesem Fall durch einen Teil von ihm „vertreten" wird. Schon in den einfachsten Lebensvorgängen stellt sich somit die Aufgabe der *Repräsentation.*

Auch das Selbstbewusstsein, das (funktional gesehen) nichts anderes als ein Organ des Menschen ist, kommt zu seiner Stellung durch Repräsentation. Es vertritt die Gesamtheit des Organismus in bestimmter – und wie wir wissen: höchst beschränkter – Hinsicht. Es hat seine Zuständigkeit nur angesichts gewisser Problemlagen und kann über weitaus die meisten Lebensvorgänge des tragenden Organismus gar nichts sagen. Aber: Wenn es denn zuständig ist, verfügt es über den Organismus *ganz*. Wenn sich in ihm die Einsicht einstellt, dass aus nächstliegenden Gründen auf eine Mahlzeit verzichtet werden soll, dann fällt für den ganzen Menschen das Essen aus. Wenn jemand durch bewusste Einsicht zu der Überzeugung gelangt, dass ein Ortswechsel angebracht ist, dann muss, wohl oder übel, der ganze Körper mit auf den Weg. Das auf Begriffe gegründete Selbstbewusstsein setzt die Zwecke, denen das ganze Lebewesen als Einheit folgt – mögen die Einsichten in der Sache auch noch so partikular, in den Voraussetzungen falsch oder in der Folge ruinös sein. Mögen auch wesentliche interne Lebensfunktionen dem Zugriff des Willens entzogen bleiben: Die willentlich gesetzten Zwecke wirken wie *Zeichen*, denen der ganze Organismus folgt, als sei er selbst ein Teil eines gesellschaftlich etablierten und durch das Zeichen symbolisierten Ganzen.

8 *Wille und Zweck.* Das handlungsorganisierende Zeichen des Selbstbewusstseins ist der durch den Willen gesetzte Zweck. Er basiert auf der organisierenden Leistung der Vernunft. Vernunft und Wille gehen Hand in Hand (6.4; 7.3). Sie sind in der Lage, die Selbstbewegung des Individuums so zu lenken, als stehe es in einer leitenden Position außerhalb seiner selbst. Der durch Vernunft und Wille gesetzte Zweck erlaubt dem Individuum, sich als Teil einer größeren Organisation zu begreifen, ohne dabei auf seine Individualität verzichten zu müssen.

Von *Zeichen* kann hier deshalb gesprochen werden, weil der geäußerte Zweck die ausdrückliche Organisation von Handlungen im sozialen Feld erlaubt. Der Zweck macht es möglich, Absichten oder Erwartungen, Befehle oder Gebote nicht nur auszusprechen, sondern auch mit erkennbaren Konsequenzen – bei sich und bei anderen – rechnen zu können. Erst dadurch wird ein sozialer – und vor allem: ein politischer Handlungszusammenhang möglich, ein praktischer Konnex, der konsensuelle Beratung, kontrollierte Entscheidung und koordinierte Ausführung erlaubt. Im Zeichen des Wollens kann man interindividuelle Verbindlichkeit herstellen, deren Vorzug darin liegt, den einbezogenen Einzelnen ihre Selbstständigkeit zu lassen.

Für uns allein brauchten wir weder Sprache noch Vernunft, weder Wille noch Zweck. Wir benötigen sie vielmehr für die bewusste soziale, primär für die politische Organisation – und für sie wiederum primär deshalb, damit wir in dieser Organisation selbstbestimmte Individuen sein und bleiben können. Die Vernunft, die uns ja erst den Begriff einer organischen Ganzheit gibt, stellt den über uns hinausreichenden politischen Kontext vor und ermöglicht es jedem Einzelnen, sich selbst als dessen Teil – gleichsam als dessen Organ – zu begreifen. Nach diesem Begriff (von sich selbst – und zwar in einem von ihm selbst begriffenen Ganzen) kann dann auch der Einzelne handeln.

Dabei ist freilich entscheidend, dass es sich bei diesem Begriff um einen Selbstbegriff des Individuums handelt. Auch die Vernunft, die den Verbindlichkeit erzeugenden politischen Komplex erschließt, ist individuell verankert; der den praktischen Konnex stiftende Wille kommt nur bei einzelnen Menschen vor. Mögen innerhalb der menschlichen Population noch so weit reichende Mechanismen der Kommunikation und Kooperation bestimmend sein: Den ausdrücklichen Zusammenhalt, die auf Erfahrung basierende Verständigung, den auf mitteilbare Lernprozesse und praktisch wirksame Beschlüsse gegründeten politischen Körper gibt es nur auf der Basis der individuierten Vernunft. Politische Organisation ist der Zusammenschluss sich ausdrücklich individuell begreifender Menschen.

9 *Individualität als Grundprinzip der Politik.* Man hält es irgendwie für selbstverständlich, dass die Politik durch die Existenz einer größeren Zahl von Individuen nötig wird. Wenn da eine „Menge von Menschen“, wie es bei Machiavelli heißt, durch die Umstände des Lebens zusammengehalten wird, kommt es (angesichts gemeinsamer Aufgaben der Vorsorge, der Verteidigung oder der Eroberung) zur Gründung politischer Institutionen. Insofern erscheint die Ansammlung von Menschen als eine notwendige Bedingung politischer Organisation – sobald diese Menge in der Lage ist, ausdrücklich gemeinsame Ziele zu verfolgen.

Mit dieser stets unterstellten Bedingung wird jedoch augenblicklich sichtbar, dass die Politik nicht einfach nur durch eine Menge von Menschen nötig wird. Sie wird vielmehr nur durch individuelle Zwecksetzung möglich. Es ist die immer schon auf andere ausgreifende Leistung eines individuellen Willens, die allererst verständlich macht, wozu die Politik da ist. Jeder will auch und gerade im Zusammenhang mit anderen er selber sein. Folglich liegt die Organisationsbedingung der Politik in der Konstitution des Individuums, das gerade in Gesellschaft nicht auf eigene Zwecke verzichten will. Erst wenn man diesen Zusammenhang erkennt, wird offenkundig, warum die Politik in ihren auf eine Menge von Menschen bezogenen Zielen nur überzeugen kann, solange sie ihre prinzipielle, d. h. die ihre Konstitution tragende Bedingung, nämlich die zur selbstbewussten Individualität gesteigerte Verfassung des Einzelnen, mit allen Mitteln zu sichern versucht. Der Individualismus ist das Grundprinzip aller Politik. Wenn es nicht schon Individuen gäbe, müssten wir sie für die Politik erfinden.

10 *Stellvertretung.* Jede gesellschaftliche Organisation ist nach dem Modell der Beziehung von Teil und Ganzem aufgebaut, sobald sie unter dem Anspruch eines einheitlichen Willens steht. In dieser Parallele sieht man sogleich, dass die politische Organisation nicht für alles zuständig ist, was den Lebenszusammenhang der sie tragenden Individuen betrifft; auch die politische Leitung ist, wie das Selbstbewusstsein, nur angesichts *bestimmter* Herausforderungen gefragt. Sie hat, wie alles im Leben, ihre Funktion angesichts bestimmter Probleme (1.5). Auch wenn sie in allen Gefahren für die Erhaltung ihres Ganzen zuständig ist (und insofern über alles verfügt, was zu ihm gehört), hat sie durchaus begrenzte Zuständigkeiten.

Die Zuständigkeit aber hat sie nicht von sich aus. Sie muss ihr *übertragen* werden – und zwar von den Individuen, in deren Namen sie tätig wird. „Alle staatliche Gewalt geht vom Volke aus." Aber das Volk – im politischen Sinn – ist die Ansammlung von Individuen, die Schutz und Förderung erwarten. Das können sie, weil sie in ihrem Selbstbewusstsein – sich selbst und ihre Welt objektivierend – gleichsam neben sich stehen und von sich selber sprechen können, als spräche ein anderer über sie (8.6). Wenn sie aber denkend und sprechend so über sich selber disponieren können, hat dies bereits eine praktische Implikation. Denn wie man an jedem Akt des Nachdenkens – und dem bereits dadurch möglichen Zweifeln, Zögern und Unterlassen – erkennen kann, bewegt sich schon die bloße distanzierende Reflexion in einer Dimension des Handelns.

Das gilt aber nicht nur für das eigene Tun. In der exzentrischen Position des Selbstbewusstseins ist vielmehr auch schon die Beziehung zu meinesgleichen angelegt. Wenn das Erkennen eines Sachverhalts bedeutet, dass ich ihn gleichsam aus der Perspektive eines jeden anderen begreifen kann, kann ich nicht nur den anderen so sehen, wie alle anderen dies tun, sondern muss auch unterstellen, dass die anderen meine Sicht auf mich selber teilen können. Im Selbstbewusstsein tritt somit nicht nur die Welt in ihrer objektiven Stellung hervor, sondern in ihm vollzieht sich auch der Auftritt der eigenen Person. Ich kann von mir selber reden wie von einem anderen und kann von dem anderen so sprechen, als wäre er – ich selbst.

11 *Persönlichkeit.* Die Sprachanalytiker sind gegenwärtig so sehr in die Beschäftigung mit den Privilegien der Rede in der 1. Person *singular* und den damit folgenden Schwierigkeiten des Übergangs in die 2. und 3. Person *singular* verstrickt, dass sie gar nicht mehr wahrnehmen, wie selbstverständlich sie selbst von den Erwartungen, Ansprüchen und Interessen der anderen sprechen. Ihre Skepsis zerlegt einen Zusammenhang, zu dem sie aus der isolierten 1. Person *singular* nicht mehr zurückfinden. Sie nehmen nicht mehr wahr, wie nahe sie den Gefühlen, Wünschen und Interessen unserer Mitmenschen sind. Zum „Ich" kommen tatsächlich wir erst, nachdem wir schon beim „Du" und „Er", „Sie", „Es" gewesen sind.

Natürlich gilt das nicht für das unter subjektivem Vorbehalt stehende Erleben. Das soll ja ausdrücklich nur für das sich auf sich selbst beziehende Individuum gelten. Alle anderen begrifflichen Leistungen aber zielen unmittelbar auf anderes vor anderen unserer selbst. Und da ist das, was wir über uns selber sagen, nicht ausgenommen. Deshalb sind die Begriffe auch die Bedingung dafür, dass sich Individuen selbstbewusst in sozialen Zusammenhängen begreifen und bewegen können. Also schafft das menschliche Selbstbewusstsein die Voraussetzung dafür, dass wir überhaupt politisch handeln können.

Das klingt trivial, weil wir uns ohne Selbstbewusstsein politisches Handeln ohnehin nicht vorstellen können. Doch die Aussage ist, wie wir gleich sehen werden, durchaus spezifisch. Sie zeigt an, dass die Politik viel enger mit der Individualität verbunden ist, als wir zu glauben geneigt sind. In der ihr eigentümlichen Verfassung reicht sie bis in die innere Konstitution der Person hinein und formiert letztlich das, was wir *Persönlichkeit* nennen. Das ist die sich bewusst in konkreten Bezügen darstellende Person.

12 *Personale Repräsentation.* Das Selbstbewusstsein ist die intellektuelle Disposition dafür, dass ein anderer ausdrücklich für mich handeln und meine Interessen vertreten kann. Auch wenn wir nie in Erfahrung zu bringen vermöchten, woher das Selbstbewusstsein des Menschen kommt; selbst wenn wir nie sagen könnten, wozu es gut ist: Wenn es das Selbstbewusstsein in der Politik nicht schon gäbe, dann müsste es für die Politik erfunden werden. Denn die Repräsentation eines Individuums durch ein anderes ist ohne Selbstbewusstsein nicht möglich, ja, sie findet nur im Medium des Selbstbewusstseins statt. Dass da ein anderer ist, der in der Versammlung, vor Gericht oder in der Schlacht meine Interessen vertritt, ist zwar ein reales Geschehen; aber der darin liegende Akt der Vertretung ist nur in dem alle Beteiligten durchdringenden Selbstbewusstsein möglich.

Die politische Organisation beruht auf eben dieser Vertretung des einen durch den anderen. In ihrer basalen Funktion ist sie nichts anderes als Repräsentation. Repräsentation aber stellt selbst nichts anderes dar als die Vertretung von Individuen durch Individuen im Medium eines sie verbindenden Bewusstseins. Und es steht in diesem Fall außer Frage, dass Selbstbewusstsein als Bedingung der Möglichkeit politischer Organisation nur in seiner objektiven Verfassung in Frage kommt.

Politik bedeutet, dass die ganze Vielfalt eines stets von Gegensätzen geprägten gesellschaftlichen Zusammenhangs – zumindest in den Momenten von Versammlung, Entscheidung und Ausführung – in *einen* Willen übergeht. Dieser Wille muss nach innen wie nach außen sichtbar sein. Dies aber ist nur der Fall, wenn er sich personalisiert. Ganz abgesehen davon, dass es ohnehin nur Individuen sind, die Meinungen haben, die beraten, beschließen und ausführen, verlangt die politische Vereinigung von ihren Anfängen bis zur Gegenwart die personale Repräsentation. Warum ist das so? Was macht sie überhaupt möglich? Auf welchen Bedingungen beruht die Stellvertretung des einen durch den anderen, und wo liegen ihre Grenzen?

Offenkundig ist die Kompetenz zur personalen Repräsentation an die Fähigkeit gebunden, sich an die Stelle eines anderen zu versetzen. Diese Fähigkeit aber hat jemand nur, wenn er sich überhaupt etwas vorstellen kann. Derzeit sind ganze Schulen der Philosophie des Geistes und der Kognitionsforschung damit beschäftigt, diesen Leistungen der Vorstellungskraft, also der „Repräsentation" nachzuspüren. In der Politischen Philosophie jedoch kommt dieses für sie essentielle Thema schon seit Jahren nicht mehr vor.[2]

2 Nur die Juristen machen eine Ausnahme. Dazu: H. Hofmann/H. Dreier, Repräsentation, Mehrheitsprinzip und Minderheitenschutz, 1995, 161–196.

13 *Rollenverteilung im sozialen Kosmos der Politik.* Personen sind lebendige Wesen, die nicht nur im Umgang mit ihresgleichen Rollen übernehmen können; sie müssen vielmehr für sich selbst zu einer internen Rollenverteilung in der Lage sein. Sie haben, um es zuzuspitzen, in sich selbst eine soziale Struktur, die mindestens zwei Agenten umfasst, die sich im Zweifel gegeneinander stellen, im praktischen Entschluss aber zusammenwirken. Um eine eher rechtlich-politische Begrifflichkeit zu wählen, können wir auch sagen: Die Person begreift sich als *Institution* und somit als eine von der eigenen Aktivität getragene hierarchische Einrichtung nach Art einer gesellschaftlichen Beziehung.

Wenn wir Platon folgen, muss diese gesellschaftliche Beziehung selbst eine innere Ordnung haben, damit die Analogie zwischen dem Anspruch auf eigene Steuerung des Verhaltens und die allgemeine Verfügung im sozialen Raum wirksam werden kann. (*Nomoi* 626e). Die Erfahrung innerer Zerrissenheit, die den Anspruch auf eigene Lebensführung auslöst, kann ihr Pendant nur in einer zweckmäßigen Umgebung finden, die von unseresgleichen gestaltet und entfaltet wird. Diese Bedingung erfüllt der soziale Kosmos der Politik. Deshalb hat er als die ursprüngliche Lebensbedingung des seiner selbst bewussten Menschen zu gelten.

Dafür kann man bei Nietzsche, der vom Leib als dem „Gesellschaftsbau vieler Seelen" spricht,[3] eine Anleihe machen: Die Person ist selbst ein „Gesellschaftsbau" von Personen, und sie lässt sich in ihrer selbstbezüglichen Aktivität nur in der polaren Spannung von politischem Konflikt und politischer Kooperation beschreiben. Nur wo eine Pluralität von Kräften zu einer vom Selbst bestimmten kooperativen Einheit findet, da gibt es die Person, die sich als eigenständig präsentiert. Es ist keineswegs so, dass sie ihre Einheit immer schon hat; sie muss sie vielmehr in der eigenen Aktivität erst erringen.

14 *Die politische Verfassung des Individuums.* Die personale Priorität der Politik zeigt sich auch darin, dass wir die Selbstverfügung in der Selbstdarstellung nur analogisch beschreiben können – und zwar nur nach Modellen, die wir aus dem politischen Umgang der Menschen mit ihresgleichen entnehmen.

3 F. Nietzsche, Jenseits von Gut und Böse, 19; KSA 5, 33.

Wenn es zu einem bewussten Handeln kommen können soll, dann muss das bestimmende Selbst über das Ganze des Menschen „verfügen". Es muss die Handlung „steuern", oder, wie Kant es von der politischen Selbstbestimmung sagt: Es muss wie eine Menge von Menschen über sich selbst „disponieren" können: „Der Staat ist eine Gesellschaft von Menschen, über die Niemand anders, als er selbst zu gebieten und zu disponieren hat."[4] Das aber heißt: Das Selbstbewusstsein von Personen, die im sozialen Kontext nach eigenen Vorstellungen handeln, hat eine in und für die Gemeinschaft wirksame – also: *politische* – Verfassung.

Die internalisierte Sozialität tritt hier nicht nur in der auf Mitteilbarkeit angelegten Erkenntnis hervor, sondern wird in der praktischen Disposition des Selbst so deutlich, dass sie gar nicht anders als in Analogie zu äußeren politischen Vorgängen beschrieben werden kann. Die Person erfasst sich selbst nach dem Muster einer Institution, die Institution hingegen beschreibt sie nach dem Vorbild ihrer eigenen Selbsterfahrung als Person. Die Handlungsdimension des gesellschaftlichen Zusammenhangs, wie er in den Institutionen zum Ausdruck kommt, gehört bereits zur Binnenperspektive des tätigen Selbst.

Das Selbst wiederum erfährt sich als der kleinstmögliche Personenverband, wenn es sich denn als ein praktisch tätiges Wesen und somit als Person begreift. Und als Person trägt es auch seine Gründe vor. Und indem es dies überzeugend vermag, wird es zur *Persönlichkeit*. Das ist die sich ausdrücklich individuell präsentierende Person, die von ihrem eigenen Anteil an der Selbstbildung nicht nur selber weiß, sondern darin auch von anderen anerkannt wird.

Das komplexe psychische und soziale Wirkungsgefüge, das bereits mit dem Selbstbegriff der Person sichtbar wird, dürfte vor dem Missverständnis bewahren, das Individuum, das sich auf seine eigenen Gründe stützt, sei gesellschaftlich isoliert. Auch dort, wo es ganz allein auf seine eigene Verantwortung zurückgeworfen ist und für sich selbst zu entscheiden hat, was es zu tun oder zu lassen hat, ist es noch nicht einmal virtuell von seiner gesellschaftlichen Umgebung abgelöst. Es ist im Gegenteil ursprünglich auf den politischen Kontext bezogen, in dem es sich selbst als eine quasi-soziale Einheit versteht.

4 I. Kant, Zum ewigen Frieden, AA 8, 344.

So wie der Sinn einer jeden theoretischen Aussage augenblicklich verloren geht, sobald sich das denkende Selbst aus der physischen und sozialen Realität seines Daseins herauszunehmen versucht, so kommt es erst gar nicht zu einem Sinn von Praxis, wenn sich die Person als protosoziales Atom zu begreifen sucht, dem jeder gesellschaftliche Konnex äußerlich ist. Die Person hat sich vielmehr selbst nach Art einer sozialen Kooperative zu begreifen, um überhaupt von sich aus tätig zu sein. Im praktischen Selbstbewusstsein des Einzelnen ist immer schon der Andere präsent – und zwar als ein selbst von sich aus praktisch tätiges Wesen.

Die Politik also ist der selbst errichtete Spiegel der menschlichen Selbsterkenntnis. In erklärter Absicht schafft sich der Mensch eine Welt, in der er vorsätzlich leben will. Darin liegt der Doppelsinn der These von der ursprünglich politischen Lebensform des Menschen: Er versteht sich nur in einem Raum, den er selbst hervorbringt. Er nimmt den Tatbestand seiner sozialen Natur produktiv auf, gibt ihm eine den Wechsel der Generationen übergreifende Fassung und sucht seiner Kultur eine seinen Absichten entsprechende Form zu geben. Aber er muss auch hier immer erst der werden, der er ist. Eben dies meint die aristotelische Beschreibung des Menschen als eines *zoon politikon*.

15 *Sub specie aliorum.* Der selbstbewusste Mensch hat nicht nur *von sich aus*, sondern auch *für sich selbst* zu entscheiden, so als disponiere er immer auch aus der Position eines anderen seiner selbst. Im bewussten Leben liegt immer auch ein Akt der Anerkennung seiner selbst – nach Art eines politischen Vorgangs: Man nimmt sich nicht nur einfach hin, wie man ist, um nach seinen Bedürfnissen drauflos zu leben. Sondern man nimmt sich wahr, macht sich nach seinen Vorstellungen zurecht und betrachtet sich dabei immer schon *sub specie aliorum*. Man lernt erst „Ich" zu sagen, wenn man erfahren hat, dass man ein „Du" unter vielen anderen ist. Die Selbstwahrnehmung ist ursprünglich sozial; sie erfolgt aus der stets mitgedachten Perspektive der Mitmenschen, auf die man auch im Stand größter Souveränität angewiesen bleibt. Sobald diese Perspektive im ausdrücklichen Handeln unter vielen Menschen praktisch wirksam wird, hat sie eine politische Dimension.

Es ist daher gar nicht so leicht, eine „rein" private Perspektive einzunehmen. Denn mit jeder Überlegung, vor allem mit jeder Begründung bewegt man sich in einem Feld, in das man die Erwartungen und die Erwartungserwartungen der anderen einbezieht. Selbst ein monomanischer Egoist kann schwerlich von der geordneten sozialen Lebenssphäre absehen. Denn er müsste sich in deren Mittelpunkt versetzen, um ein rücksichtsloser Egoist zu sein. Man darf also davon ausgehen, dass sogar ein scheinbar bedenkenloser Egoist „politische" Rücksichten nimmt und mit sich selbst politisch umgeht. Nur weil und insoweit dies so ist, kann man hoffen, ihn wenigstens dort, wo es um gemeinsame Interessen geht, erträglich zu finden. Aus diesem Befund kann man schließlich die ethische Maxime ableiten, möglichst politisch mit sich selber umzugehen.

16 *„Gut organisiert"*. Die vermeintlich vornehme Distanz zur Politik, auf die sich die nachromantische Philosophie so viel zugute hielt, indiziert nicht nur ein gestörtes Verhältnis zu den notwendig kollektiven Bedingungen des menschlichen Daseins, genauer: eine tief gehende Unsicherheit gegenüber dem tief in die Natur eingelassenen Sockel der Kultur, sondern auch ein Missverhältnis zur eigenen Disziplin. Wer meint, er habe philosophische Gründe zur Distanz gegenüber der Politik, der verrät nicht nur mangelhafte Kenntnisse über die Anfänge des Philosophierens; er offenbart, dass er sein eigenes Metier nicht kennt.

Die Lebensführung, auf die unsere philosophische Selbst- und Weltkenntnis aus ist, orientiert sich am Paradigma der Politik: Will nicht jeder von uns sein eigenes Leben leben? Will er nicht mit den widerstreitenden Impulsen seines Daseins selbstständig und selbstbewusst umgehen, so dass er die Ziele, die ihm wichtig sind, erreichen kann? Wissen wir nicht längst, dass wir mit der Vernunft nicht über uns selber herrschen können wie ein von außen eingesetzter Autokrat? Muss sie nicht aus eigenen Kräften stammen und durch eigene Einsicht legitimiert sein? Ist es nicht *vernünftig*, *klug* mit uns selbst und unserer eigenen Vernunft umzugehen?

Wenn wir das aber tun – klug mit uns umgehen: Was sind wir dann anderes als Politiker unserer individuellen Existenz? Muss nicht jeder ein Politiker an und für sich selber sein, wenn er vernünftig, d. h. in größtmöglicher Übereinstimmung mit sich selbst lebt? Diese Übereinstimmung mit sich selbst ist ohne Übereinstimmung mit der Welt nicht zu denken, geschweige denn zu wollen –

was den politischen Charakter des Umgangs mit sich selbst nur noch verstärkt. Ohne Vorsicht, Abwägung, Ausgleich und ohne Selbsteinschätzung der eigenen Kräfte ist unter den stets gegebenen Bedingungen gegenseitiger Selbstbehauptung nichts zu erreichen. Wer dabei Erfolg hat, den nennen wir „gut organisiert“. Er verhält sich politisch zum eigenen Dasein.

17 *Jeder bleibt sich selbst der Nächste.* Nach der Akzentuierung der sozio-politischen Einbindung des menschlichen Individuums kann es nicht mehr missverstanden werden, wenn wir gleichwohl auf der individuellen Verantwortung eines jeden Einzelnen bestehen. Jeder ist sich notwendig selbst der Nächste, und nur weil das so ist, können wir seinen Einsatz für andere würdigen. Nur weil es nicht selbstverständlich ist, für andere da zu sein, ihnen zu helfen oder sich für sie zu opfern, liegt darin eine bemerkenswerte Leistung. Die aber verlöre ihren Sinn, wenn sie nicht aus einer selbstbewussten Entscheidung des Einzelnen folgte, sondern nur Folge einer sozialen Automatik wäre. Platons ungeheurer Satz, nach dem es allemal besser ist, „selbst von dem größten Übel befreit zu werden, als einen anderen davon zu befreien“ (*Gorgias* 458 a), gibt die Prämisse allen menschlichen Handelns wieder.

Man geht aber nicht nur in allem notwendig von sich selber aus, sondern man nimmt sich selbst bei den größten Selbstveränderungen notwendig selber mit. Man kommt letztlich nie aus seiner Haut heraus. In allem stützt und sichert man die eigene Besonderheit. Und indem dies nachdrücklich geschieht, steigert man sie zugleich. Somit erschöpft sich das Selbstbewusstsein nicht im Wissen von der Individualität. Indem es das Handeln anleitet und Entscheidungen sucht, bringt es die Individualität durch eigene Tätigkeit zur Geltung. Aber selbst wenn man seinen Selbstentfaltungsanspruch so weit treibt, dass man am liebsten ein anderer oder eine andere werden möchte, muss man (zumindest im Ansatz und stets mit den eigenen Mitteln) sich selber anerkennen.

18 *Dividualität.* Dass bereits im entschiedenen Handeln ein Akt der Steigerung liegt, kann Nietzsches Wort vom Menschen als *dividuum* kenntlich machen. Zwar ist dieses Wort nur auf die Moral als „Selbstzertheilung des Menschen“ gemünzt, doch schon Nietzsches Beispiele machen klar, dass hier alle entschiedenen Handlungen eines Einzelnen gemeint sind, der zur Entschiedenheit nur kommt, indem er sich über einen eigenen Zweifel hinwegsetzt: Da ist der Autor, der sich nicht sicher ist, ob sein Text nicht noch verbesserungsfähig ist; da ist der Soldat, der sich einem Feind in den Weg stellt, oder die Mutter, die sich von ihrem Kind den Nachtschlaf rauben lässt. Und auf sie bezogen, fragt Nietzsche: „Ist es nicht deutlich, dass in allen diesen Fällen der Mensch *Etwas von sich*, einen Gedanken, ein Verlangen, ein Erzeugniss mehr liebt, als *etwas Anderes von sich*, dass er also sein Wesen *zertheilt* und dem einen Theil den anderen zum Opfer bringt?“

Es ist offenkundig, dass Nietzsche diese Frage bejaht: Der über sein Handeln nachdenkende Mensch „zertheilt“ sich in sich selbst; die Alternativen seines Tuns sind Alternativen seiner selbst. Und indem er sich entscheidet, ergreift er mit der konkreten Tat auch einen bestimmten „Theil“ seiner selbst. „In der Moral“, so lautet Nietzsches oft zitiertes Diktum, „behandelt sich der Mensch nicht als individuum, sondern als dividuum.“[5]

Nietzsches Schlussfolgerung ist natürlich viel zu eng: Er hätte sagen müssen, dass sich der Mensch in jeder bewussten Tat als „dividuum“ behandelt. Und er hätte hinzufügen müssen, dass er eben darin, in seiner Tat, als Individuum erscheint. Die „Selbstzertheilung“ geht jenem Vorgang voraus, mit dem wir die eigentümliche Individualisierung des Menschen verbinden, obgleich außer Zweifel steht, dass jeder Mensch bereits als Individuum geboren wird, dass er schon ohne sein Zutun allein durch die Konfiguration seiner Gene, durch seinen Fingerabdruck oder durch die Maserung seiner Iris unwiderruflich individuell *ist*.

Die Emphase der menschlichen Individualität entsteht aber erst durch die eigene Zutat. Erst durch den Umgang mit den eigenen Erlebnissen, durch den Speicher und Strom der Erinnerung, durch den Aufwand für Pflege und Schmuck des eigenen Körpers, durch die Gestaltung der eigenen Lebenssphäre, erst durch die in allen diesen Maßnahmen liegende Bestimmung seiner selbst tritt die Individualität, die wir meinen, hervor. Dieser Bestimmung aber geht die innere Entzweiung, die „Selbstzertheilung“, voraus. „Dividualität“ ist die prozessuale Bedingung der Individualität. Sie ist die Voraussetzung dafür, dass sich der Mensch selbst als Individuum

5 F. Nietzsche, Menschliches, Allzumenschliches I, 57; KSA 2, 76.

begreift. Erst in der tätigen Überwindung der Entzweiung wird der Mensch wirklich zur Persönlichkeit: zum Individuum aus eigener Kompetenz. So hat es auch Ashley Cooper, der dritte Earl of Shaftesbury, verstanden, als er die von Sokrates zur Stammformel der Philosophie gemachte delphische Mahnung *Gnothi sauton* – „Erkenne dich selbst" – in die Fassung brachte: *Divide yourself, or Be Two.*[6]

Und eben in dieser bewussten Doppelung eines Menschen, die nur empfohlen wird, um die Chance zu haben, mit größerem Nachdruck *einer* zu sein, liegt die Steigerung: Die in der „Selbstzertheilung" immer wieder als gefährdet erlebte Individualität muss in der selbstbewussten Tat gesichert werden, um tatsächlich als etwas Eigenes erlebt werden zu können. Nur wer sich *als ganzer* in sich selbst entzweit, kann seine Einheit als Individualität verstehen, für die er selbst verantwortlich ist. Darin liegt der äußerste Akt der selbst gewollten Individualisierung: Ein Individuum macht sich selbst für ein Geschehen verantwortlich; es macht sich selbst zur Instanz für sich selbst. Darin aber orientiert es sich am Modell der ursprünglich in sich entzweiten politischen Organisation. Denn auch ohne Seitenblick auf die anderen Menschen ist offenkundig, dass die Überwindung der „Selbstzertheilung" nur nach Analogie politischer Organisation zu verstehen ist. Das Individuum gibt sich eine Form nach dem Vorbild einer die inneren Gegensätze überwindenden Institution. Indem es sich selbst zu einer unter inneren und äußeren Gegensätzen handlungsfähigen Einheit bildet und zur Persönlichkeit wird, geht es *politisch* mit sich um.

19 *Konflikt und Kooperation.* Wenn uns erst bewusst ist, dass jede Person eine stets mit sich zerfallene Einheit ist, dass jedes selbstbewusste soziale Wesen notwendig im Widerstreit mit sich lebt und zur Persönlichkeit stets erst selbst zu finden hat, dürfte es auch keine Schwierigkeit bereiten, den politischen Zusammenschluss als eine Kooperative unter den Bedingungen des Konflikts zu verstehen.

Es gehört zu den ältesten Einsichten der Politischen Philosophie, dass die politische Organisation vom Konflikt nicht zu trennen ist.

6 Shaftesbury, Soliloqui, or Advice to an Author, Standard Edition, I, 1, hg. v. G. Hemmerich/W. Benda, Stuttgart/Bad Cannstatt 1981, 62.

Bei Platon werden die Wächter, also die ausdrücklich politischen Organisatoren der *polis*, erst in dem Augenblick zu einer Notwendigkeit, in dem äußere Feinde abzuwehren sind. Gewiss werden sie nicht ausschließlich und vielleicht noch nicht einmal primär gebraucht, um die Stadt gegen äußere Feinde zu schützen. Aber spätestens im Fall des Konflikts einer ganzen Stadt mit einem außenstehenden Feind werden sie unumgänglich. Die Aufgabe der Organisation präzisiert sich immer erst im Bezug auf den tatsächlichen oder den möglichen Konflikt.

Das hat Thomas Hobbes dazu geführt, den gesamten Staatsaufbau aus der Abwehr des Konflikts zu erklären. Dabei waren allerdings die inneren wichtiger als die äußeren Feinde. Hobbes hält den Gegensatz der im Naturzustand miteinander lebenden Menschen für eine Existenzbedrohung des auf Gesellschaft angewiesenen Menschen. Nur eine staatlich verfasste Autorität, auf die sich die einzelnen Individuen nach Art eines Vertrags verständigen, kann der Selbstvernichtung des im sozialen Zusammenhang, damit auch in Erkenntnis, Sprache und Technik lebenden Menschen entgegenwirken.

Aus dieser platonisch-hobbesianischen Einsicht hat ein mit der Primitivität kokettierender Romantiker des 20. Jahrhunderts die These gemacht, die Politik habe den sie erzeugenden Grundwiderspruch im Gegensatz zwischen Freund und Feind.[7] Das ist genauso falsch wie die einseitige Priorisierung des Konflikts.[8] Es ist vielmehr so, dass Konflikt und Kooperation ursprünglich zusammengehören. Es kann nicht zuerst *nur* Konflikte geben, auf die dann *allein* die Kooperation die erfolgreiche Antwort ist. Denn der soziale Konflikt setzt immer schon Kooperationen voraus, und jede Kooperation muss jederzeit mit neuen Konflikten rechnen. Natürlich ließe sich rein theoretisch denken, dass es nur Kooperation und keine Konflikte gibt. Davon träumen nicht nur die Theoretiker. Die Praktiker, ganz gleich ob erfolgreich oder nicht, wünschen sich, zumindest in ihrem eigenen Umfeld, eitel Harmonie.

Doch die Harmonie kann es nicht geben, wenn selbstständige Individuen beteiligt sind. Denn die benötigen den Widerstand, um ihre Form zu finden. Es ist nicht auszuschließen, dass hier sogar

7 C. Schmitt, Der Begriff des Politischen, 1930.
8 O. Höffe, Politische Gerechtigkeit, 1987.

ein metaphysisches Prinzip tieferer Reichweite vorliegt, mit dem Kant die notwendige physikalische Entsprechung von *actio* und *reactio* zu fundieren suchte: Danach wären es Attraktion und Repulsion, die den ganzen Kosmos durch ihren Gegensatz zusammenhalten. Doch wie dem auch sei: Politische Organisationen sind gleichermaßen auf Konflikt wie auf Kooperation gegründet. Wer – wie Marx – am Ende nur Kooperation verspricht, denkt nicht politisch. Das Politische ist die auf Dauer gestellte Organisation des Konflikts.

20 *Macht.* Macht ist das Universalmedium des menschlichen Handelns. Sie ist, wie Bertrand Russell treffend definierte, die „soziale Energie". Durch sie wird überhaupt erst die Dimension des praktisch Möglichen eröffnet. Das gilt bereits für das Handeln des Einzelnen; doch die mit der Macht eröffnete Chance besteht darin, dass sie sich durch aktive Teilnahme anderer oder durch deren Zustimmung oder auch durch deren bloße Duldung ins Unabsehbare steigern kann.

Macht gibt es nur in Relation zu anderen Mächten. Sie ist in ihrem Ursprung nicht nur genuin *sozial*, sondern auch *plural* verfasst. Sie kann nur wirksam sein, wenn sie mit und gegen andere Mächte operiert. Macht entsteht und wirkt somit nur im Gegensatz zu anderen Mächten. Die absolute Macht ist eine *contradictio in adiecto*. Als Attribut Gottes kommt sie daher nur in Frage, wenn ihr die Macht eines gleich mächtigen Widersachers gegenübersteht. „Allmacht" im strengen Sinn können also nur Gott und Teufel zusammen haben.

Tatsächlich lässt sich die Macht nur nach Analogie des menschlichen Handelns denken. Ihr Paradigma ist das von sich aus tätige Individuum. Die Macht hat einen „inneren" Raum von Möglichkeiten und ein „äußeres" Feld von Wirkungen und kann schon in der bloßen Wahrnehmung durch ihresgleichen wirksam sein. Dann ist sie vielleicht als Drohung präsent. Als bloße Macht aber bleibt sie, wie Max Weber sagte, „amorph". Sie hat noch keine individuelle und keine sozio-politische Gestalt. Die aber wird in der Gesamtverfassung eines politischen Gemeinwesens benötigt.

Politische Organisationen lassen sich dadurch definieren, dass sie Machtgebilde in historisch-geographischen Konturen sind. Sie müssen individuelle Formationen sein, die eine bestimmte Menge von Menschen in einer bestimmten Regierungs- oder Lenkungsform umfassen. Andernfalls haben sie nur die diffuse Macht gesellschaftlicher Verbände. Ein staatliches Gebilde muss nicht nur nach Analogie der Person, sondern der Persönlichkeit begriffen werden können. Das hat in einer Zeit des sprunghaften Anstiegs der Bevölkerung und des unablässigen Wandels der Verhältnisse den Begriff der „Nation" so unentbehrlich gemacht. Denn gerade der Staat muss ein *konkretes* Machtgebilde unter bestimmten historischen Bedingungen sein, wenn er den individuellen Einsatz auch der nicht unmittelbar von ihm abhängigen Personen erreichen will.

Wenn er sich dabei nicht auf bloße Gewalt stützen will, setzt er immer auch Einwilligung und Anerkennung voraus. Die sichert er sich aber nur, wenn er an gegebene Bedingungen anknüpft. Also liegt in einer auf Zustimmung setzenden Macht immer auch ein Moment geschichtlicher Kontinuität. Die Macht, so sehr sie gleichermaßen von Konservativen, Reformern und Revolutionären beansprucht wird, hat in sich eine beharrende Tendenz.

21 *Ordnung.* Politische Ordnung ist Ordnung von Gegensätzen. Wenn es zum Gleichgewicht konkurrierender Mächte kommt, dann ist der beste Zustand erreicht. Doch er bleibt *a priori* labil. Repräsentation und die durch sie notwendig mit eingeschlossene Hierarchie enthalten *erste* Momente einer Ordnung. Das Weitere kommt durch die Aktivität der Individuen hinzu: Als Beteiligte an Handlungen fordern sie die Beteiligung an Erfolgen. Das dürfte der *zweite* wichtige Ordnungsfaktor sein: Wer immer etwas zum Bestand eines Gemeinwesens beiträgt – und wenn er auch nur Abgaben zahlt oder in bestimmten Lagen stille hält –, der ist am Ertrag zu beteiligen. Die elementare Formel ist die von „Schutz und Gehorsam": Wer Schutz garantiert, muss auch Gehorsam verlangen können. Das gilt in der Umkehrung entsprechend: Wer gehorsam ist, hat auf Gegenleistung Anspruch.

Auf das *dritte* Moment politischer Ordnung setzen sowohl die Mächtigen wie auch alle jene, die an ihre Stelle treten wollen: Sie heben hervor, dass in der Stunde der Not oder im Augenblick der Gefahr *jeder* benötigt werde. Wer die Macht sichern oder erringen will, sucht *alle* zu mobilisieren, die ihm nützlich sein können. So gehört der Anspruch auf *Gleichheit* schon zu den Gründungspostulaten der politischen Organisation. Jeder Beteiligte ist zu Eigenleistungen im Dienst am Staat verbunden, durch die er sich die Gesamtheit verpflichtet.

Gleichheitsversprechen und Gleichheitsverlangen befördern sich gegenseitig. Sie setzen die innere Dynamik politischer Verfassungen in Gang. Die soziale Mobilität wird durch die öffentlich zur Geltung gebrachte Logik der Politik in Bewegung gehalten. Diese Logik mag zunächst nur in der politischen Rhetorik zum Ausdruck kommen. Mit der Dauer einer politischen Vereinigung, vor allem mit ihrem Übergang zur staatlichen Organisation, wird sie zwangsläufig zum Recht.

22 *Gleichheit*. Blicken wir auf die alteuropäische Geschichte von *polis*, *res publica* und Staat, so scheint es unendlich lange gedauert zu haben, bis aus der Logik politischer Ansprüche ein System verbindlicher Rechte wurde. Tatsächlich müssen einige Faktoren zusammenkommen, um Einforderung und Einlösung des fundierenden Gleichheitsversprechens möglich zu machen: Es müssen *alle* Bewohner nicht nur in der Stunde der Gefahr, sondern auch in der alltäglichen Sicherung von Ordnung und Wohlstand benötigt werden. Die Mitglieder müssen die Chance haben, sich nach eigenen Zielen zu organisieren, um ihre Interessen wirksam gegenüber den Regierenden zu vertreten. Die politische Entwicklung darf ferner nicht auf *einen* Staat beschränkt sein, sondern es muss parallele Vorgänge in benachbarten Staaten geben. Nur dann kann man als Einzelner über die Grenze gehen und von außen politischen Druck entfalten. Und es muss einen Überschuss an Wohlstand geben, der den Aufstieg ärmerer Schichten nicht zur direkten Gefahr für die Wohlhabenden macht.

Daran gemessen kommt das in der Beteiligung wirksame Moment der Gleichheit in den Natur-, Vernunft- und Menschenrechten vergleichsweise spät zur Geltung. Doch es ist bereits in den Reformen Solons wirksam, kommt in der altgriechischen *isonomia* schon früh auf einen Begriff und wird bei Platon zur Prämisse der politischen Theorie.[9] Wie sehr auch die reale Politik auf Recht an-

9 Ich verweise auf Platons *Kriton*. Das darin vorgeführte Gespräch zwischen Sokrates und den Gesetzen der Stadt Athen (50a – 54d) enthält nicht nur den Vertragsgedanken, sondern alle Grundelemente, die später zum Katalog der ersten Menschenrechte geführt haben.

gelegt ist, zeigt sich an ihrer Rhetorik: Niemand könnte ein politisches Amt erwerben, solange er offen für Unrecht oder Ungerechtigkeit votierte. Keiner könnte sich an der Macht halten, der öffentlich erklärte, Recht hätte keine Gültigkeit für ihn. Praktische Politik besteht im Wesentlichen darin, diese Rhetorik in realisierbare Ansprüche zu übersetzen – oder die Unfähigkeit dazu zu verschleiern.

Dabei scheint Rhetorik sich auf die *Natur* berufen zu können. Die Natur scheint in allen Fällen Gerechtigkeit zu üben, denn ihre Gesetze tragen und treffen jeden gleich. Luft zum Atmen brauchen alle, Nahrung und Bewegung auch. Alle sind der Schwerkraft unterworfen, sofern sie sich als Astronauten nicht kurzfristig davon befreien. Alle mussten geboren werden, und alle müssen sterben. Die Natur ist unerbittlich in der Exekution ihrer Gleichheit.

Doch die Natur bringt auch die größten Unterschiede hervor. Sie hat die Lebenschancen auf der Erde höchst unterschiedlich verteilt; manche lässt sie mit schweren Defekten geboren werden, andere sind reich mit natürlichen Gaben versehen, so dass ihr ganzes Leben wie ein Kinderspiel erscheint. Wenn wir die menschliche Kultur als die selbst geschaffene Umwelt des Menschen ansehen, dann gleicht sie durch ihren Schutz und ihre Anforderungen zwar manchen vorgegebenen Unterschied – insbesondere den an körperlichen Kräften – aus; aber sie bringt auch zahllose Differenzen hervor, die es in der unbearbeiteten Natur gar nicht gibt. So versetzt ein Erdbeben zwar *alle* in Schrecken, doch Schaden nehmen in der Regel nur die Bewohner in zu leicht gebauten Häusern. Wer ein Villenviertel oder einen Slum bewohnt, kommt mit dem Schrecken davon.

23 *Gerechtigkeit.* Gerechtigkeit ist ein Begriff, der nur in Bezug auf Individuen Sinn ergibt: Das zeigt sich sinnfällig im Tausch, in dem zwei Partner wechselseitige Leistungen vereinbaren, die sie als gleich empfinden. Erhält jeder seinen Teil, dann ist das gerecht. Verletzt einer von beiden die Regelung, dann ist die erzwungene Erfüllung oder die Wiederherstellung des alten Zustands oder eine entsprechende Bestrafung nur gerecht. Nach diesem Modell der Tauschgerechtigkeit ist die bereits von Platon behandelte und dann von Aristoteles systematisierte Gerechtigkeit angelegt. Hier fungiert die *polis* als Schutzmacht der individuellen Vereinbarungen und ahndet zugleich die Verstöße gegen ihr eigenes

Gesetz. Auch hier sind es Individuen, die angeklagt, verurteilt oder freigesprochen werden. Und die Grundlage einer jeden Gerechtigkeit ist – im Guten wie im Bösen – die eigene, die individuelle Leistung oder die individuelle Schuld. „Jedem das Seine" ist die bis heute unübertroffene Formel für die Gerechtigkeit (*Politeia* 441e). Sie schließt schon bei Platon ein, dass jeder so viel hat und so viel kann, dass er von sich aus Teil des Ganzen bleiben will.

Die antike Konzeption der Gerechtigkeit bringt schon früh die Verantwortung des Staates gegenüber Individuen und Gruppen ins Spiel. Das ist die bereits bei Solon und im republikanischen Rom praktizierte Verteilungsgerechtigkeit, die staatsgefährdende Unterschiede zwischen den Bevölkerungsgruppen beseitigen oder wenigstens mildern soll. Schon hier ist die Gerechtigkeit an der Erhaltung des Ganzen orientiert. Sie kann freilich, wie im privaten Tausch, nur verteilen, was da ist. Wenn die Ökonomie keine Grundlagen schafft, helfen weder Macht noch Recht, um die soziale Gerechtigkeit zu sichern. Also gilt auch hier der Vorrang der eigenen Leistung. Die Gemeinschaft wird den Schwachen nur dann wirksam helfen können, wenn jeder Einzelne möglichst viel von sich aus tut.

Die Sicherung des Einzelnen durch Grund- und Menschenrechte ist bekanntlich eine historisch vergleichsweise neue Zielsetzung politischen Handelns. Es gibt daher noch heute Befürchtungen, die damit verbundene Individualisierung der Grundlagen könnte die Existenz der Gemeinwesen gefährden. Tatsächlich aber wendet sich die Politik durch die Installation der Menschenrechte endlich der Sicherung ihrer Ausgangsbedingung zu.

24 *Die lange demokratische Tradition der Politik.* Für die Theorie der Politik ist kaum etwas wichtiger als ein Bewusstsein von ihrer langen Tradition. Tatsächlich steht sie mindestens seit der Antike in einer nahezu lückenlosen Überlieferung. In *polis*, *res publica* und Staat haben wir traditionsreiche menschliche Leistungen, die uns im Umgang mit Gefährdungen und Verfallserscheinungen sicherer machen können. Man darf nur nicht der Täuschung verfallen, plötzlich sei alles anders. Überdies haben wir mit Blick auf den ganzen geschichtlichen Raum eine unverhoffte Chance, einen Zugang zum Verständnis angeblich völlig neuer Risiken zu finden. Denn es ist keineswegs erst die moderne Technik, die dem Menschen die Erfahrung vermittelt, dass ihm die Kontrolle über seine eigenen Produkte entgleitet. Am Beispiel des Staates sehen wir, dass die Menschen immer wieder den Versuch machen mussten, die Kontrolle über die selbst geschaffenen Institutionen zurückzugewinnen.

Das wichtigste Lehrstück der weit zurück reichenden politischen Tradition aber liegt in der Ursprünglichkeit demokratischer Ansprüche an die Politik. Die Selbstdarstellung politischer Akteure erfolgt von Anfang an unter Berufung auf die legitimen Erwartungen *aller* Bürger. Die Berufung auf die Interessen der Allgemeinheit gehört zum festen Bestand politischer Rhetorik. Daher lässt sich die These rechtfertigen, Politik sei aus ihrer eigenen Logik auf die Beteiligung aller angelegt. Obgleich es Jahrtausende gebraucht hat, ehe sich die Institutionen und Instrumente entwickelten, die eine direkte Mitwirkung möglich machten, ist die Politik auf diese Idee gegründet, seit es sie gibt.

Neu hinzugekommen sind eigentlich nur die explizite Gewaltenteilung, die Garantie allgemeiner Rechte sowie die Erkenntnis, dass es wohl am wichtigsten ist, das herrschende Personal periodisch abzulösen.[10] Und es gibt keinen Grund zu der Annahme, die Demokratie sei schwach, weil sie so anfällig für den Zeitgeist, für Demagogie und für momentane Enttäuschungen ist und weil es sie als anerkannte Regierungsform erst kurze Zeit gibt. Wir haben es in Wahrheit keineswegs mit einem kurzfristigen Experiment zu tun, sondern mit einem über Jahrtausende endlich zur Reife ausgetragenen Entwicklungsprodukt. Und die aufgezählten Gefahren der Demokratie sind allgemeine politische Risiken, mit denen auch andere Verfassungen fertig werden müssen. Die repräsentative Demokratie ist die natürliche Form der politischen Herrschaft von Individuen über Individuen. Auf der Basis gleicher Grundrechte für alle Beteiligten ist sie die Erfüllung des politischen Gedankens schlechthin.

25 *Moral als „Grenzgott der Macht“.* Die angeblich alle Politik gefährdende Tendenz zur „Globalisierung“ kann ihre Schrecken verlieren, wenn man weiß, dass schon der platonische Sokrates der Politik das Streben nach Weltherrschaft unterstellt

10 Diesen so schlichten wie großen Gedanken hat Karl R. Popper in seinen letzten Lebensjahren als die Essenz der Demokratie herausgestellt.

(*Alkibiades* I 105 a/d). Cicero geht noch ein Stück weiter und überträgt ihr die Sorge für den ganzen Globus (*De re publica* VI, 16/17). Beide gehen davon aus, dass der Mensch diese Aufgabe stellvertretend für die Götter übernimmt. Und er wird ihr nur gerecht, wenn ihn die Philosophie – als das eigenständig-unabhängige Nachdenken – dabei begleitet. Auch die späteren Visionen vom „Imperium" oder „Reich" hatten eine globale Dimension. Sie waren für den ganzen Erdkreis gedacht und sollten eine Ordnung errichten, die den Menschen als Statthalter Gottes sah.

So gesehen ist die Globalisierung nicht das von äußeren Mächten konspirativ verhängte Schicksal, das alles historisch Gewachsene zerstört. Der Mensch drängt seit jeher über die vorgefundenen Grenzen hinweg; er denkt seit Jahrtausenden in den Kategorien der Welt und des Reichs, und er hat sich – spätestens seit der Antike – als Teil der Menschheit begriffen. Wenn er nun zur Realisierung der Geopolis übergeht, dann kann er in der Geschichte der Politik auf manches lange Vertraute zurückgreifen. Verloren scheint nur das Maß, für das der Name Gottes stand. Ein „Grenzgott" der politischen Macht[11] sind Zeus oder Jupiter schon lange nicht mehr, und es wird, wenn wir auf universelle Geltung dringen, auch Brahman, Shiva, Buddha, Allah, Jahwe oder der Gott Jesu Christi nicht sein. Aber da wir wissen, dass die Macht Gottes, wie immer sie genannt werden möge, nur über den Glauben des einzelnen Menschen wirkt, der Glaube aber aus persönlicher Erfahrung kommt und für den Gläubigen von der Moral nicht zu trennen ist, können wir auch für die Geopolis auf die Moral als ihren Grenzgott rechnen.

Die Geopolis der nahen Zukunft ist *plural* verfasst. Sie bietet vielen Staaten und allen Religionen Platz, die sich auf gemeinsame Rechte verständigen. Diese Rechte sind wirkungslos, wenn ihnen keine starke Gewalt zur Seite steht. Doch für alles Neue, für alles, was Wissenschaft und Kunst an aussichtsreichen Möglichkeiten produzieren, kommt das Recht mit seiner Befugnis zu zwingen immer zu spät. Deshalb ist das Moment der Selbststeuerung des selbstständigen Menschen auch aus politischen Gründen unverzichtbar. Da die unabsehbare Dynamik der Zivilisation aus dem Handeln von Individuen stammt, bedarf sie einer Moral aus dem Geist individueller Selbstbestimmung.

11 Vgl. I. Kant, Zum ewigen Frieden, Anhang; AA 8, 270.

Diese Selbstbestimmung hat, bei allem Anspruch auf Steigerung der eigenen Kräfte, immer auch eine Moral der Selbstbegrenzung zu sein. Das ist beim einzelnen Menschen offenkundig. Er kann nicht alles können und vermag etwas Gutes nur zu erreichen, wenn er sich auf wenige Aufgaben konzentriert. Die Selbstbeschränkung wird auch in der großen Zahl nicht obsolet, denn auch sie besteht aus Individuen, die selbst mit vereinten Kräften nur das erreichen können, was als Idee eines Menschen verstanden werden kann. Vielleicht hilft die an sich selbst erfahrene Notwendigkeit der Beschränkung die schwerste Hypothek der politischen Zukunft des Menschen zu tragen: Sie besteht in nichts anderem als darin, dass die Menschheit ihren wachsenden Kräften *eigene* Grenzen zu setzen hat.

Die Kraft dazu kann nur aus der Selbstachtung des Einzelnen kommen. Wenn sie aber für alle Individuen Verbindlichkeit haben und in verschiedenen Kulturen Überzeugungskraft gewinnen soll, dann reicht die Pluralität konkurrierender Mächte nicht aus. Man wird für die großen Fragen der Zukunft weiterhin einen Grenzgott des ethischen Handelns benötigen. Der schöpft seine Kraft freilich nicht, wie Jupiter, aus der Gewalt, sondern er wirkt allein in der Moral, zu der sich jeder, wenn er sich und seine Aufgabe ernst nimmt, selbst verpflichtet, so als unterstehe er einer verständigen Macht, die über alle herrscht.

VI. Moral

1 *Individualisierungsschub.* Das Spezifikum des Menschen besteht in der Tatsache seiner an ihm und durch ihn selbst entfalteten Individualität. Er ist nicht nur einfach der Träger einer biosozialen Entwicklungsdynamik, die auf das kulturelle Produkt der Individualität hinausläuft, sondern der Mensch nimmt diese Konfiguration seiner eigenen Natur ausdrücklich an und treibt sie mit sich selbst auf die Spitze. *Selbst* gewahrte und gesicherte, wir können auch sagen: *selbstbewusste* Individualität ist offenkundig die basale Form, in der sich die Gestaltung des menschlichen Lebens vollzieht. Sie ist die Verfassung, die jeder braucht, um sein Leben überhaupt als eigenes Leben führen zu können. Und da er mit den Zwecken auch die entsprechenden Mittel wollen muss, ist mit den Zielen der Lebensführung auch die erforderliche Verfassung mitgewollt.

Warum ist dies beim Menschen so? Weil er seine Form als Individuum nur in bewusster Konturierung gegenüber anderen Individuen gewinnt. Das bewusste Leben im sozialen Kontext bringt einen Individualisierungsschub. Denn man lebt, erlebt und arbeitet schließlich in allem unter Bedingungen, die – im Fall eines Konflikts – eine ausdrückliche Wahrung individueller Eigenschaften fordern.

2 *Schrullen und Eigenheiten.* Die Individualität ist selbst eine Lebensaufgabe des Menschen. Er hat an sich selbst zu zeigen, ja, hat in seiner eigenen Lebensführung offenkundig zu machen, dass er sich selbst als Individuum versteht. Auch wenn er seine Individualität schlechterdings nicht *nicht* wollen kann, wird sie ihm doch in allem zur eigenen Aufgabe. In ihrer Erhaltung und Entfaltung ist sie in seine eigene Verantwortung gestellt.

Diese Sicherung von etwas, das zu den Konditionen des eigenen Lebensvollzugs gehört, ist ein komplexes Funktionselement alles selbst organisierten Daseins. Selbsterhaltung ist notwendig auf die Bedingungen bezogen, unter denen sich ein Individuum als dieses

Selbst versteht. Somit spielt die Form, in der sich ein Wesen durchhält, eine nicht zu unterschätzende Rolle. Das zeigt sich beim Menschen nicht nur in der Haltung des aufrechten Gangs, nicht nur im Aufwand für Hygiene, Kleidung und Schmuck, sondern auch in den schon früh und an zahllosen Nebensächlichkeiten hervortretenden Attributen des eigenen Stils. So, wie schon das Kind ohne seinen Teddy nicht einschlafen kann, können manche Erwachsene nicht denken, ohne ihren Kaffee getrunken oder ihre Zigarette geraucht zu haben. Schon das kann zu den Eigenheiten gehören, die einem Einzelnen wichtig sind. Und sie werden umso wichtiger, je größer die (vermutete) Gefahr der Verwechslung mit anderen ist.

Es mag lediglich eine Schrulle sein, wenn jemand glaubt, einen Vortrag nur halten zu können, wenn sein Auditorium im Dunkeln sitzt. Aber wenn er darauf bestehen sollte, selber beim Reden nicht sichtbar zu sein, oder wenn er gar wünschen sollte, dass niemand erfährt, wer da spricht, dann hat er etwas Wesentliches nicht verstanden – es sei denn, er will als der große Anonyme in die Kulturgeschichte eingehen. Üblicherweise aber sind Vorträge mit der Vorstellung verbunden, dass sich ein Referent als Person präsentiert, und die Person, so wenig eitel sie auch sein mag, wird Wert darauf legen, tatsächlich als eben diese Person erkannt zu werden. Bewerbungsvorträge haben nur unter dieser Voraussetzung einen Sinn.

Das Beispiel illustriert, wie selbstverständlich es ist, dass unsere Identität gewahrt bleibt, dass sie erkannt und anerkannt wird. Auch dort, wo wir mit uns selber unzufrieden sind, wo wir unser Aussehen, unser Verhalten oder unsere Leistungen zu verbessern suchen, bleibt jede Bemühung doch unser *eigener* Versuch, den wir, insbesondere im Fall des Gelingens, auch von anderen gewürdigt sehen möchten. Wir müssen nicht nur von Natur aus die oder der sein, die oder der wir sind, sondern wir *wollen* es auch – nicht zuletzt, weil dies die Bedingung jedes eigenen Wollens ist. Insofern wollen wir immer auch die Form, in der wir uns als Individuum präsentieren.

3 *„Werde, der du bist."* Die Form des einzelnen Menschen beschränkt sich aber nicht auf die körperliche Gestalt, nicht auf die kulturellen Verhaltensmuster, in denen wir uns bewegen, auch nicht auf die Sprache, die wir sprechen, sondern diese Form ist die Art, in der alles dies in einem einzelnen Wesen zu einem singulären Ausdruck kommt. Sie ist also nicht mehr und nicht weniger als das

Insgesamt der charakteristischen Merkmale, an denen die Individualität eines jeden Menschen erkannt werden kann. Und so gehört es zur ureigenen Lebensaufgabe eines jeden Individuums, sich in dieser Individualität – als Persönlichkeit – zu erhalten. *Erhaltung* aber ist, wie überall in der lebendigen Natur, nur durch *Entfaltung* zu haben.

Deshalb gilt, dass der Mensch immer erst der werden muss, der er ist. Die Pointe dieses von Nietzsche populär gemachten Spruches[1] ist, dass sich das selbstbewusste Individuum in seinem Begriff von sich selbst notwendig immer schon voraus ist. Und in diesem auf die Zukunft bezogenen Bewusstsein unserer selbst haben wir uns selbst zu erweisen. Indem wir zeigen, wer wir sind, realisieren wir uns. Insofern müssen wir immer erst die werden, als die wir uns im unvermeidlichen Vorgriff als seiend erkennen.

Doch wir können uns nichts Beliebiges zum Ziel setzen. Aus jedem von uns kann nur das werden, wozu er das Zeug hat. „Keine Gewalt", so heißt es bei Pindar, „kann die angeborene Art unterdrücken." (*Olymp. Od.* XIII, 13) Die „angeborene Art" aber „ändert weder der brennrote Fuchs, noch tun es lautbrüllende Löwen" (*ebd.* XI, 19/20). Und so gilt, dass jeder in allem „an sich selber sein Maß hat" (*Pyth. Od.* II, 34). Damit ist der Vorstellung von der unbeschränkten Machbarkeit der Person und ihrer eigenen Zukunft Einhalt geboten. Man kann nicht alles werden, weil man nun einmal nicht alles hat und nicht alles ist. Daran wird auch die Gentechnologie nichts ändern.

„Modern" im schlechten Sinne ist, die Zukunft für unbegrenzt machbar zu halten. Doch da man nicht alles haben kann, kann man auch nicht alles werden. Nietzsches Aufnahme des Pindar-Spruches ist gegen die Projektemacherei des individuellen Daseins gerichtet. Er fordert den Menschen zwar auf, etwas zu werden, etwas aus sich zu machen und folglich über sich hinaus zu gehen. Doch dabei sollte jeder bei dem anfangen, was ihm tatsächlich zu Gebote steht. „Werde, der du bist" sucht die Zukunft des Menschen von

1 F. Nietzsche, Ecce homo – mit dem Untertitel: „Wie man wird, was man ist." Zur Deutung vgl.: Menschliches, Allzumenschliches I, 263, und Fröhliche Wissenschaft, 270; Nachlass 1888, 14 [113]. Vgl. Pindar, *Pythische Ode* II, 72, und Goethes „Stirb und werde!" in *Heilige Sehnsucht* im West-Östlichen Divan.

einer gleichermaßen realistischen wie idealistischen Prämisse aus. Unter der steht sogar die von Goethe entlehnte Maxime: Setze dir hohe Ziele, und gehe daran zugrunde.[2] Auch dazu hat bereits Pindar den Kommentar gesprochen: „Von Zeus ist den Menschen kein deutliches Zeichen mitgegeben. Dennoch begeben wir uns in hochfliegende Pläne und planen vielerlei. [...] Doch stachelt kein Wahn *(mania)* so sehr wie die Begierde nach Unerreichbarem." (*Nem. Od.* XI, 44/45) Vor diesem Wahn maßloser Selbstproduktion haben wir uns zu hüten. Jedes Leben ist – auch unter höchsten Ansprüchen – so zu führen, dass es zu Ende gelebt und dabei als das eigene Leben gerechtfertigt werden kann.

4 *Gebot der Individualisierung.* Fassen wir alle bisherigen Überlegungen in eins, ist die Konsequenz zu ziehen, dass alle mögliche Entwicklung der menschlichen Kräfte unter dem Gebot der Individualisierung steht. Befreien kann man sich davon nur durch Selbstpreisgabe, durch das Opfer seiner selbst. Da sich aber niemand freiwillig selbst aufgibt, um dennoch am Leben zu bleiben, hat er in allem Denken und Handeln die Option für seine eigene Individualität. Auch wenn er sich so, wie er ist, vielleicht selbst nicht akzeptiert, ist jede denkbare Veränderung gleichwohl eine Entwicklung seiner selbst. So gesehen kommt niemand von sich los, ja, er kann es noch nicht einmal sinnvoll wollen. Er denkt notwendig in der Kategorie seiner Einmaligkeit.

Daraus dürfen wir schließen, dass der Mensch offenbar Individuum sein will. Er *ist* es, und er *will* es sein. Er will sich als Individuum erweisen. Vielleicht liegt in dieser ausdrücklichen Transposition eines Faktums in eine Norm das schwierigste Problem der philosophischen Ethik.

5 *Das Faktum wird zur Norm.* Das Problem entschärft sich, weil es sich bei genauerem Zusehen lediglich als eine *theoretische* Komplikation erweist. Denn praktisch, d. h. in unserem auf eigenes Handeln bezogenen Selbstverständnis, wird der Übergang vom Faktum zur Norm jederzeit mit Selbstverständlichkeit vollzogen. Wir verstehen uns nämlich immer schon als ein *Sein*, das –

2 Vgl. F. Nietzsche, Vom Nutzen und Nachtheil der Historie für das Leben, 9; KSA 1, 319; entsprechend: Nachlass 1873, 29 [54]; KSA 7, 651.

so wie es ist – einem *Sollen* untersteht. Wir sind etwas, das so, wie es ist, sich nicht genügt. Deshalb greifen wir notwendig vor, präsentieren uns immer auch im Licht unserer Möglichkeiten und nehmen zu unserer Realität immer auch unsere Ansprüche hinzu. Wir verstehen uns jeweils in unseren Rollen, die keineswegs bloß von Erfahrungen, sondern immer auch von regelgeleiteten Erwartungen getragen sind. Zum Dasein des Menschen gehören seine Ansprüche hinzu. Er bedeckt seine ontologische Blöße mit normativen Forderungen an sich selbst. Also ist er so, wie er von sich und von anderen wahrgenommen wird, niemals bloß ein Sein, sondern immer auch ein Soll.

Unser Selbstbegriff umfasst somit faktische und kontrafaktische, empirische und normative, real gegebene und ideell aufgegebene Momente unserer selbst. Das Selbstbild gewinnt erst im Gegenlicht der Zukunft Kontur. Es ist immer auch mit dem Glanz unserer Hoffnungen umgeben und durch die Furcht vor dem Kommenden jederzeit zu schwächen. In jedem Fall trägt es die Züge unseres Willens – sei er nun entschlossen, schwankend oder abgelenkt.

Man beachte nur, wie Menschen vor der Kamera oder vor ihrem eigenen Spiegelbild posieren. Sie kehren ihr „besseres Ich" mit Freundlichkeit oder entschlossener Miene hervor. Man zeigt sich immer auch in seinen Möglichkeiten und findet es nur billig, wenn andere uns in ihrem Urteil nach diesen Möglichkeiten bewerten. Und in dieser – wenn nicht „geschönten" oder „gestylten", dann doch wenigstens – „fairen" Version, die uns immer noch „Chancen" zugesteht, möchten wir erkannt, anerkannt und geachtet sein. Im Begriff der Person ist diese Verknüpfung deskriptiver und präskriptiver Elemente angelegt, und als Persönlichkeit haben wir diese Einheit in eine biographische Form gebracht.

Wir brauchen also nur eine theoretische Lösung für ein praktisch immer schon bewältigtes Problem. Und die kann gefunden werden, wenn wir erkennen, dass der Begriff unserer selbst niemals bloß ein pures Sein erfasst, sondern immer auch Gewohnheiten, Erwartungen und Ansprüche, ein ständig von uns vermehrtes und aufgefülltes Defizit – also ein echtes Soll – einschließt. Kein Individuum ist so, wie es sich versteht, schon fertig. Es hat an sich noch nicht alles, was es zur Erfüllung seiner Ansprüche braucht. Insofern verlangt es stets mindestens etwas von sich selbst. Damit ist es ein normativ aufgeladenes Faktum. Und dies ist es keineswegs nur für sich selbst, sondern auch für seinesgleichen: Zumindest unter Bedingungen der Nähe, also wenn uns unsere Mitmenschen als Familienmitglieder, Freunde, Nachbarn, Mitarbeiter oder Mitreisende begegnen, steht bereits die Tatsache ihres Auftritts unter den Gesetzen des alltäglichen Umgangs: Sie sollten uns grüßen, beachten, beistehen, vielleicht sogar lieben oder einfach aus dem Wege gehen. Jeder von ihnen steht also auch vor seinesgleichen unter einem Bündel von Maßregeln, Vorschriften und Verboten. Niemand kann sich von normativen Ansprüchen gänzlich befreien. Jeder Selbstbegriff – komme er von außen oder vom Einzelnen selbst – schließt präskriptive Erwartungen ein.

6 *Jeder will er selber sein.* Die normativen Momente unseres Selbstbegriffs, die notwendig allgemeinen Charakter haben, kommen nur individuell zum Ausdruck. Selbst wer sich ganz hinter seiner Rolle zu verstecken sucht, fällt dadurch in seiner Eigenart auf. Im Jahrhundert Freuds machte sich jeder, der sich betont förmlich verhielt, verdächtig. Hinter vorgehaltener Konvention wurden abnorme Persönlichkeitszüge vermutet. Also schloss man in jedem Fall auf das Individuum zurück, obgleich zu dessen Analyse nur höchst allgemeine Kategorien zur Verfügung stehen.

Das wiederum bestätigt, dass man sich auch im Medium von seinesgleichen nur als Individuum profilieren kann. Als gesellschaftliches Wesen gewinnt der Einzelne stets erst in Abgrenzung zu anderen Kontur. Also wird er, sofern er bewusst handelt – und natürlich auch nur, sofern ihm am Erfolg seines Handelns liegt –, durch sein gesellschaftliches Umfeld zur Artikulation seiner Individualität genötigt. Auch hier treten die Momente einer Steigerung von Singularität offen hervor. Entscheidend aber ist der eigene Anspruch auf die individuelle Selbstständigkeit. Jeder will er selber sein. Er gründet sich auf seinen eigenen Begriff und möchte so sein, wie er sich versteht.

7 *Selbstbegriff.* Wer sein möchte, wie er – nach besten Kräften – ist und dabei – wie es sich eigentlich von selbst versteht – konsequent sein möchte, der stellt sein Leben unter den Anspruch der *Moral.* Deshalb ist mit der exemplarischen Beschreibung eines solchen Wesens der Ausgangspunkt für eine *Ethik* markiert. Unter Ethik verstehe ich die Lehre von der Verfassung, die sich das In-

dividuum selbst zu geben und zu bewahren sucht (2.5/6). Eine solche Lehre wäre nicht nötig, wenn der Mensch nicht die Erfahrung machte, dass er die Fassung verlieren und seine eigenen Ansprüche verfehlen kann. Das sind die negativen Anzeichen dafür, dass er selbst unter normativen Erwartungen steht.

Tatsächlich lebt der Mensch unter Forderungen an sich selbst. Sein Selbstbegriff beschreibt nicht nur eine Realität, sondern immer auch eine idealisierte Lage, die keineswegs die „Bestform" sein muss, wenn auch der Begriff der „Tugend" in seinem griechischen Ursprung *(arete)* auf die „Tüchtigkeit" jener verweist, die zu den Besten zu rechnen sind. So gesehen, kann man *arete* gut und gern mit „Exzellenz" übersetzen. In jedem Fall enthält das Selbstverständnis einen Vorgriff auf ein mögliches Gelingen, in dem man seinen Selbstansprüchen genügt. Dabei ist man nicht einfach nur auf einen gewünschten Erfolg bezogen; mit dem Streben nach Erfolg sind bekanntlich alle Vollzüge des Lebens imprägniert; insofern hat alles Geschehen einen pragmatischen Untergrund.

Der Mensch denkt sich selbst in seine Erfolge hinein, wobei er sich, wie in jedem Entwurf, an *Regeln* orientiert, ohne die er – hier wie dort – nichts verstehen würde. Mit Blick auf seine eigene Zukunft sind diese Regeln nicht mehr bloß deskriptiv, sondern immer auch präskriptiv: Er schreibt sich selber etwas vor, selbst wenn er nur daran denkt, wie er sich als (natürlich) fairer Sportler, als (versteht sich) guter Autofahrer, als (was sonst?) exzellentes Akademiemitglied oder als (wie anders?) treuer Ehemann verhält. Dieses Ich, das sich im Licht eines nach Regeln erreichten Erfolges vorwegnimmt, hat den Status eines Ideals.

8 *Vernunft als Wirklichkeit.* Den Selbstbegriff unter Selbstansprüchen kann der Mensch fassen, weil er Vernunft hat. Die führt ihm – gleichsam als *Instrument* – das Ganze seiner selbst vor Augen und wirkt zugleich als die *Instanz*, der er sich unterstellt (8.7/8). So kann sich das Individuum mit eigenen Mitteln eine eigene Verfassung geben, die es – mit den gleichen Mitteln der Vernunft – für sich als verbindlich ansieht. Die Allgemeinheit der Vernunft, die sich ja nicht allein in ihren Begriffen und in ihren Schlüssen zeigt, sondern die ihren Grund bereits in der Objektivität des Selbstbewusstseins hat, macht es möglich, dass dieser begriffliche Selbstentwurf des Individuums keine solipsistische

Phantasmagorie darstellt. Die Vernunft ist eine Wirklichkeit im menschlichen Dasein.

In die reale Verfassung eines Menschen sind also Normen eingelassen. Das individuelle Sein steht dem Sollen weder sehnsüchtig noch ängstlich zitternd gegenüber, es bedarf keines methodologischen Rüstzeugs, keiner „Deduktion“, um vom Sein zum Sollen zu gelangen, auch keines „Faktums der reinen Vernunft“, sondern im Selbstbegriff eines menschlichen Seins ist immer schon ein Sollen wirksam. Bewusstes menschliches Dasein vollzieht sich unter präskriptiven Zielen. Jedes Individuum steht unter Selbstansprüchen, unter regelhaften Erwartungen, denen es freilich nicht immer genügt. Der Mensch versagt dann vor sich selbst – oft genug aus Schwäche oder Unachtsamkeit, nicht selten aber auch, weil ihn konkurrierende Anforderungen lähmen und er einfach nicht weiß, wie er sich entscheiden soll. So stellt er von sich aus die Frage, die bereits alle auf die Ethik gerichteten Erwartungen erkennen lässt – einschließlich der offenbar selbstverständlichen Ausrichtung auf eine gültige Norm. Diese Frage lautet: Was soll ich tun?

9 *Was soll ich tun?* Schon die Herkunft dieser Frage aus mir selbst stellt außer Zweifel, dass ich mir die Antwort *selbst* zu geben habe. Zwar kann es Handlungslagen geben, in denen sich die Frage durch das Eingreifen anderer oder durch den Wechsel der Umstände erledigt. Möglicherweise macht mich auch der Rat eines anderen darauf aufmerksam, dass ich hier gar nicht zuständig bin. Dann entfällt die Frage *Was soll ich tun?* natürlich auch. Aber wenn sie bleibt, wenn mich der Zweifel quält und wenn die Entscheidung nicht länger aufgeschoben werden kann, dann kann ich mich nicht entziehen, und es kommt allein auf mich selber an.

Zwar kann ich mich auch dann noch mit anderen beraten, kann mir an einem anderen ein Beispiel nehmen oder mir durch die exemplarische Selbstbesinnung der Ethik helfen lassen. Vor allem darauf setzen die Philosophen, wenn sie eine Ethik als Lehre von den Bedingungen, Gründen und Zielen menschlichen Handelns entwerfen. Doch alles das ändert nichts daran, dass jeder mit seiner Frage: *Was soll ich tun?* auf sich selbst verwiesen ist. Er hat seine Antwort auf das Problem, das er sich selber ist, ausschließlich selbst zu geben. Deshalb ist eine „Diskursethik“, sofern sie nicht eine Verhaltenslehre für Diskurse sein soll, ein Widerspruch in sich.

10 *Kein Mensch möchte sich selbst verlieren.* Die Probleme, die der Mensch mit sich selber hat, kann man ethisch auf eine generelle Formel bringen: Kein Mensch möchte sich selbst verlieren. Das gilt natürlich zuerst und in allem für seine physische Existenz. Hier ist die Selbsterhaltung der organische Imperativ schlechthin, auch wenn er sich, wie wir aus zahllosen Beispielen wissen, im Interesse der Gattung aufheben kann: Eltern opfern sich für ihr Kind, Soldaten sterben für ihr Land, Liebende folgen einander in den Tod. Zu solchen Handlungen kommt es jedoch nur in den Grenzlagen der Daseinssicherung; sie stellen extreme Handlungsvarianten dar. Unter den üblichen Lebensbedingungen ist der organisch vorgegebene Egoismus der Grundimpuls (10.8). Er trägt auch die psychischen und intelligiblen Leistungen des menschlichen Individuums. Jedem Individuum geht es primär um die eigene Existenz.

Also können wir auch für die voll entwickelte Form des menschlichen Individuums wiederholen: Kein Mensch möchte sich selbst verlieren. Jeder möchte er selber sein. Das höchste Ziel ist die Wahrung der eigenen Identität. Moralisch ist jeder auf die Sicherung seiner Eigenart bedacht, und niemand möchte in dem, was ihm wichtig ist, verwechselt werden. Das aber heißt, dass sich die moralische Frage auf nichts anderes als auf den Anspruch bezieht, aus eigener Kraft – vor sich selbst und vor anderen – ein Individuum zu sein.

Selbst eine Ethik, deren letztes Ziel auf „Selbstverleugnung" gerichtet ist, sieht sich genötigt, an der Prämisse des individuellen Selbstinteresses festzuhalten. Ein Zitat aus der einflussreichen Ethik Wilhelm Herrmanns, die 1901 erstmals erschien, sechs Auflagen erlebte und beträchtlichen Einfluss auf Karl Barth wie auf Rudolf Bultmann hatte, mag als Beispiel genügen: „Denn ihren Endzweck, dem menschlichen Wesen eine neue Lebensstufe zu eröffnen, kann sie [die Ethik; V. G.] nicht erreichen mit entnervten Geschöpfen, sondern mit Menschen, die natürlich lebendig sind und die an ihrer Umgebung zeigen, dass sie ihrer Herr werden wollen."[3] „Entnervte Geschöpfe" brauchen Schonung und Beistand. Sie sind – in der Regel auch in ihrer Selbstwahrnehmung – nicht die maßgebenden Subjekte der Ethik.

3 W. Herrmann, Ethik, 1901, 10.

Seiner selbst „Herr“ zu werden, sein „eigener Herr“ zu sein, ist bereits das klassische Ziel der antiken Ethik (3.2/3). Eine fehlgeleitete, wenn auch unter Umständen verständliche Kritik, die glaubte, von den jeweiligen Zielen von Macht und Herrschaft absehen zu können, hat den Begriff der Herrschaft in Misskredit gebracht. Tatsächlich aber kann keine Gesellschaft auf Herrschaft verzichten – schon gar nicht, wenn sie auf das Recht gegründet sein soll. Und eine demokratische Ordnung, in der Toleranz und eigenständiges Urteil keine bloßen Versprechen sind, verlangt in erster Linie Individuen, die sich selbst beherrschen können. Absurd wäre die Vermutung, dass sie sich damit „nur“ und „in allem“ zu disziplinieren hätten.

11 *Mensch und Menschheit als Norm.* Die Besonderheit der moralischen Lage besteht darin, dass der Einzelne sich in ihr selbst als Problem erfährt. Er ist nicht einfach nur objektiv zu einer Problemlösung herausgefordert, seine Schwierigkeit besteht nicht etwa darin, dass ihm ein bestimmtes sachliches Lösungsmittel nicht zur Verfügung steht, sondern dass er *sich selbst* in einem Konflikt befindet: Er ist sich selbst nicht im Klaren darüber, ob er sich so oder so entscheiden soll. Also indiziert das moralische Problem eine Schwierigkeit im eigenen Selbstverständnis. Die kann letztlich nur individuell erfahren werden.

Eine Lösung aber kann nur finden, wer ein Selbstverständnis praktisch werden lässt, das den lähmenden Selbstwiderspruch beseitigt und zu einer begrifflichen Einheit führt, die auch die Übereinstimmung mit der problemauslösenden Situation erlaubt. Dazu aber benötigt jeder einen Selbstbegriff, der ihm ein umfassenderes Verständnis seiner selbst erlaubt. Das ist, nach traditionellem Verständnis, der Selbstbegriff des vernünftigen Wesens, der aber kein anderer als der des selbstständig handelnden Menschen ist. Der Handelnde muss sich, wenn er wirksam handeln will, *konkret* verstehen. Aber er kann dabei von den *allgemeinen* Bedingungen seiner Existenz nicht absehen. Er hat sich als lebendiger Teil eines lebendigen Ganzen aufzufassen; er hat Natur und Kultur als die Bedingungen anzuerkennen, die ihn allererst möglich machen.

Letztlich ist es die *Humanität*, die als Regulativ einer individuellen Ethik fungiert. In ihr kommt der Begriff der Gattung zu der von uns beanspruchten normativen Geltung. Deren begriffliche

Konditionen, die überhaupt erst ihre kritische Kontrolle ermöglichen, liegen jedoch allein in der Vernunft. Und zwar, um kein Missverständnis aufkommen zu lassen, in der *menschlichen* Vernunft. Sie begreifen wir in ihrer formalen Leistung als das „Vermögen zu schließen". Dabei ist sie an einen zweckgerichteten Impuls gebunden, insofern mit dem Willen verknüpft und *a priori* auf eine Ganzheit gerichtet, in der ihr eigener Ausgangspunkt eine systematisch ausweisbare Position innehat.

Die Vernunft weiß also für sich selbst bereits vom Anfang und Abschluss ihres Tuns, das sie in von ihr erschlossenen Grenzen vollzieht. Sie hat einen Ort im Leben. Der aber ist identisch mit dem Ort des Menschen, der, soweit wir wissen, allein über Vernunft verfügt. Da sie ihren konkreten Ausgangspunkt jedoch allgemein zu denken versucht, erfasst sie den einzelnen Menschen immer auch als Teil seiner Gattung, auf die er bereits durch die soziomorphe Struktur seines Selbstbewusstseins bezogen ist. Und da die Vernunft den Menschen niemals bloß in seinem empirischen Bestand, sondern immer auch in seinen Ansprüchen begreift, werden ihr Mensch und Menschheit zur Norm. So wird die Humanität zum notwendigen ethischen Maß für das Individuum. Denn selbst wenn es die Humanität in der Masse der Menschen – gleichsam als soziologische Größe – nicht geben sollte, so kann sie doch im Verhalten eines einzigen Menschen ihren evidenten Ausdruck finden.

12 *Moral als selbstbewusste Sicherung der Individualität.* Kein Mensch möchte sich selbst verlieren. Jeder möchte er selber sein. In diese Formel geht alles ein, was wir aus der Entwicklung der Ethik seit Sokrates kennen: die Selbsterkenntnis, der Anspruch auf Tugend, in der nach Platon jeder sein Bestes zu geben hat, die Maxime der optimalen Entfaltung der eigenen Kräfte unter den jeweiligen Bedingungen, um die es Aristoteles ging, die vernünftige Selbsterhaltung der Stoiker und schließlich die Formel der Autonomie, die wir Kant verdanken. Um diese Konsequenz zu begreifen, brauchen wir nur den kategorischen Imperativ als das zu bezeichnen, was er von Anfang an ist, nämlich als das *individuelle Gesetz*, das sich jeder selbst zu geben hat (9.8/9).

Um aber zu dieser Einsicht zu gelangen, braucht man nicht mehr als die Annahme der menschlichen Individualität, die sich in jedem

Individuum selbst zu entfalten sucht. Wo immer dies bewusst in der ernsthaften Absicht einer Bewältigung einer existentiellen Aufgabe geschieht, in welcher man *sich selbst zum Problem* wird (oder zumindest werden kann), da haben wir eine moralische Frage. Die Moral beginnt dort, wo ein Individuum sich bewusst als Individuum unter seinesgleichen zu sichern versucht. Das erlaubt eine prägnante Definition: Die Moral ist selbstbewusste Sicherung der Individualität. Sie ist die aktiv betriebene personale Spiegelung im Medium der Sozialität. Genauer: Sie ist die ernsthafte Selbstdarstellung eines Individuums in praktischer Absicht. In der Moral ist es wirklich bemüht, es selber zu sein.

Selbst das zutiefst menschliche Streben nach Größe, für das Sokrates ein unverdächtiges Beispiel gegeben hat (*Apologie* 34e/35 a), ist durch den Anspruch der Moral gedeckt. Der Mensch muss sich selbst für *wert* halten. Er muss sich *wichtig* nehmen können. Gewiss wünschen wir jedem, dass er auch auf Distanz zu sich selber gehen, dass er über sich lachen kann. Aber das wirkt nur im entspannenden Kontrast zum Ernst der eigenen Aufgabe, die man in der Moral zu sichern sucht. In diesem Ernst strebt man mit seinesgleichen auch immer über seinesgleichen hinaus. Darin liegt kein Widerspruch zur Moral, sondern, im Gegenteil, ihre exemplarische Erfüllung.

13 *Meinesgleichen als vernünftiges Wesen.* Um dem begrifflichen Anspruch ernsthafter Selbstpräsentation zu genügen, braucht jeder, der es von sich aus will – und zwar allein vor sich selbst –, Einsichten und Gründe, die ohne Vernunft nicht zu haben sind. Mit der Vernunft aber ist der Mensch ausdrücklich bei einer allgemeinen Instanz, die sich freilich nicht mehr allein auf verschiedene individuelle Lebenslagen und den damit gegebenen sachlichen Zusammenhang des Daseins beschränken kann. Die Vernunft muss vielmehr in der Lage sein, auch anderen verständliche Gründe zu nennen. Denn die anderen, mit denen ich zusammenlebe, sind durch meine Handlungen tangiert. Die individuelle Vernunft denkt von sich aus in einem interindividuellen Horizont.

Tatsächlich ist vieles durch das Tun eines Menschen berührt. Gründe ist jeder aber nur seinesgleichen schuldig. „Seinesgleichen“ sind alle jene, die nach Gründen verlangen und gegebenenfalls selbst Gründe äußern. Sie sind es, mit denen ich bereits im Medium meines Selbstbegriffs verbunden bin. Denn im Hinblick auf die Unverzichtbarkeit von Einsichten und Gründen verstehe ich mich wie sie. Auch insofern sind sie Menschen wie ich. Das Feld der Humanität wird durch Gründe bestellt, so richtig es auch ist, dass darauf ohne Liebe, Mitgefühl, Tatendrang und Urteilskraft nichts gedeiht.

Jeder Mensch ist in seinem Selbstbegriff als vernünftiges Wesen auf seinesgleichen bezogen. Der Zusammenhang der Gattung bekommt damit von innen her ein zusätzliches Gewicht: Er gewinnt eine Bedeutung, die adäquat nur durch Vernunft zu verstehen und praktisch auch nur durch Vernunft zu erfüllen ist. Dabei sind die physischen und physiologischen, die historischen und ökonomischen Elemente des Lebenszusammenhangs natürlich nicht suspendiert. Gattung oder besser: Population ist und bleibt die uns Menschen verbindende Kategorie des Lebenszusammenhangs. Sie bezeichnet den Erzeugungskontext des Menschen, zu dessen Natur längst auch seine Kultur zu rechnen ist (5.1).

Aber das, was die menschliche Gattung ausmacht, ist zureichend nicht mit empirischen Daten zu füllen. Zu ihr gehört immer auch eine ideelle Konnotation, nämlich die der *Menschheit*. Menschheit ist mehr, als der faktische Bestand aller toten und lebenden Menschen zum Ausdruck bringt. Sie enthält das Ideal eines dem menschlichen Selbstverständnis angemessenen Lebens. So ist die moralische Frage eines Individuums nicht nur von sich aus auf die Vernunft, sondern durch die Vernunft, die das Ganze des natürlichen und historischen Zusammenhangs zu bedenken hat, stets auch auf die Humanität bezogen.

14 *Eigene Gründe.* Entscheidend ist, dass der Mensch die notwendig allgemeinen Momente seiner Einsicht zu Elementen seiner eigenen Gründe macht. Was immer ihm wichtig ist, hat er – allein schon aus dem Anspruch seines Selbstbegriffs – in die Form *mitteilbarer Motive* zu bringen – Motive, in denen er sich schlüssig präsentiert. Nur so kann er vor sich selbst gerechtfertigt sein, und nur so besteht die Chance, dass andere ihn als ihresgleichen verstehen. Auch wenn alle Anforderungen an das Handeln nur aus konkreten Situationen entspringen, auch wenn jemand nur ansprechbar ist, sofern er selbst ein Problem damit verbindet, obgleich also jemand nur als partikulares Individuum dazu kommt, etwas zu tun und etwas zu begründen, obgleich er also vollkommen in die Welt und ihre Geschichte eingebunden ist, hat er gleichwohl *aus eigener Einsicht* zu handeln.

Die eigene Einsicht aber ist ohne begriffliche Elemente nicht zu haben. Der Mensch braucht ein Verständnis der Welt, benötigt eine Vorstellung von seinesgleichen und schließlich einen Begriff von sich selbst, der in den erkannten Kontext passt. Sobald er sich nun als *dieses* Individuum (das sich auch in schwierigen Lagen des Lebens nicht verlieren will) in *dieser* Handlungslage von seinen unvermeidlich allgemeinen Einsichten leiten lässt – bestimmt er sich selbst. Hier hat er sich auch praktisch zu dem Individuum gemacht, das er sein will. Darin liegt der äußerste Punkt möglicher Selbstorganisation. Und alles, was darüber hinauszugehen scheint, sei es auf Gott, auf die politische Ordnung oder eine kulturelle Leistung bezogen, fördert die Steigerung der Individualität.

Der Nachdruck, mit dem hier die Einbindung des Einzelnen in die Welt betont wird, dient der Abwehr eines auf den ersten Blick nahe liegenden Missverständnisses: Es könnte so scheinen, als sei der begründungstheoretisch radikalisierte Individualismus ein *Solipsismus*. Sehen wir jedoch, wie alle Momente der Individualität auf die umgebende Welt bezogen sind, realisieren wir, dass Individuelles sich nur in vergleichender Abgrenzung zu Individuellem konturiert, nehmen wir ernst, dass Individualität nur ein Phänomen einheitsstiftender Abgrenzung von anderem vor anderen ist, dann gibt sich der hier vertretene Individualismus als das genaue Gegenteil des Solipsismus zu erkennen. Individuen sind Elemente der Welt. Das hat hier auch den Sinn, dass sie ohne ihre Mitwelt gar nichts sein und werden können, obgleich sie die unverzichtbare Fähigkeit haben, sich mit eigenen Gründen gegen ihre Mitwelt zu behaupten. Sokrates hat dafür ein bis heute nachvollziehbares Beispiel gegeben *(Apologie*; *Kriton)*.

15 *Moral und Ethik.* Moral (als die praktizierte Sittlichkeit des Menschen) besteht in der Wahrung und Sicherung der Individualität, und Ethik (als philosophische Disziplin) ist auf die Analyse der Bedingungen und Ziele des moralischen Handelns gerichtet (2.5/6). Diese Analyse erfolgt in der Erwartung, in den Bedingungen und Zielen *Kriterien* und *Prinzipien* freizulegen, die dem Einzelnen bei seiner Antwort auf die Frage *Was soll ich tun?*

Hilfen geben. Die Ethik reflektiert den mundanen Zusammenhang, in dem der Mensch als soziales Wesen zu handeln hat; in der Moral zieht jeder daraus seine eigene Konsequenz.

Dabei ist die Allgemeinheit, mit der die Ethik ihre Aussagen trifft, so lange gerechtfertigt, als es Individuen gibt, die darin Anleitung für ihre Antworten finden. Man darf nicht vergessen, dass es stets nur Individuen sind, die nach Gründen suchen. Nur unter Konditionen der Individualität kann man sich für die eigenen Gründe interessieren. Es sind jeweils einzelne Menschen, denen an der Übereinstimmung mit ihresgleichen liegt. Auch im praktischen Zusammenhang sind Individualität und Allgemeinheit aufeinander angewiesen. Sie fordern sich wechselseitig, sobald das Individuum *selbst*, also *frei* entscheidet.

Nur unter dem lebensbedrohenden Bann eines gesellschaftlichen Zwangs, wie ihn totalitäre Herrschaft erzeugt, wird dem Individuum durch das Allgemeine Gewalt angetan. Dann ist die freie Entsprechung zwischen der Individualität und dem öffentlich gültigen Begriff willkürlich gestört. Doch daraus lässt sich keine allgemeine Lehre im Stil einer „negativen Dialektik" machen. Und wer es dennoch theoretisch versucht, kann zwar mit dem Zorn des Propheten den Fluch auf das Ganze schleudern; er hat aber praktisch schon keine Möglichkeit mehr, gegen eine bestimmte historische Form totalitärer Herrschaft zu argumentieren. Das war und ist das Schicksal vor allem der älteren „Frankfurter Schule", die nur diffusen Protest erzeugen konnte, aber bereits unfähig war, konkrete Veränderungen zu benennen.

Das theoretische Interesse an ihrem Gegenstand könnte die Ethik nicht begründen, wenn sie nicht selbst an begrifflicher Klärung und sachlicher Einsicht interessiert wäre. Das ist ein Interesse, das gesellschaftlich nur zum Tragen kommen kann, wenn es sich individuell ausprägt und individuell überzeugt. Also muss der Theoretiker selbst immer schon wissen, dass eine von eigener Einsicht geleitete Selbstständigkeit einen Wert darstellt. Insofern steht er in seinem theoretischen Geschäft bereits unter den Bedingungen des von ihm untersuchten praktischen Handelns. Kurz: Die philosophische Ethik ist zwar eine theoretische Disziplin, aber sie steht unter praktischen Prämissen. Die lassen sich allgemein explizieren. Aber ob sie in der Ethik auch tatsächlich zum Ausdruck kommen, hängt von der individuellen Überzeugung des Theoretikers ab.

Deshalb muss man gegen die sattsam bekannten Einwände[4] daran festhalten, dass eine Ethik von der Moral ihres Autors nicht unabhängig ist.

16 *Selbstnormierung unter den Bedingungen der Humanität.* Als Kerndisziplin der Praktischen Philosophie steht die Ethik immer auch selbst unter dem Anspruch der individuellen Praxis. Sie kann sich gar nicht der Erwartung entziehen, immer auch eine Anleitung zum moralischen Handeln zu sein. Das moralische Handeln – also die nur im tätigen Lebensvollzug eines Menschen hervortretende Moralität – besteht aber in nichts anderem als in der ausdrücklichen Wahrung der Individualität. Wie immer die universalistischen Gebote und Verbote der Ethik auch formuliert sein mögen: Sie haben ihre Bedeutung nur für Situationen, in denen sich ein Individuum als zuständig erfährt, in denen es von seinen eigenen Handlungsmöglichkeiten weiß – von Möglichkeiten, auf die es sich mit seiner eigenen Einsicht richten und für die es die für es selbst gültigen Schlüsse ziehen kann. Insofern ist eine ethisch relevante Handlungssituation auf geradezu extreme Weise individualisiert. Sie verlangt eine grundsätzliche Entscheidung *jetzt.*

Wem diese zentrale These der Ethik der Individualität allzu befremdlich erscheint, für den sei verstärkend und erläuternd hinzugefügt, dass es in einer Ethik natürlich um die Sicherung der Individualität unter den *Bedingungen der Gattung* geht. Sittlich gut ist der Mensch, wo er *als Mensch* er selber ist. In der Moral vollzieht der Einzelne eine Selbstnormierung unter den Bedingungen der Humanität. Was und wer jemand ist, erkennt er nur in Relation zu seinesgleichen.

Für meinesgleichen aber gilt das Gleiche wie für mich selbst: Meine Mitmenschen erfüllen nicht nur *faktisch* (durch ihre Zweibeinigkeit, Sprachfähigkeit, Reproduktionsfähigkeit etc.) das Kriterium der Zugehörigkeit zur gleichen Gattung, sondern ich erkenne sie immer auch an den *Normen*, denen sie sich unterstellen wie

4 Berüchtigt ist hier vor allem Max Schelers Spruch, dem zufolge der Wegweiser den Weg, den er weist, nicht selber gehen muss. Der Kalauer beruht auf einem unzutreffenden Vergleich. Eine Ethik hat immer eine belehrende und ratgebende Funktion. Welcher Lehrer aber könnte einen Schüler von etwas überzeugen, wenn er von der Sache selbst nichts versteht?

ich mich selbst. Der Mitmensch kommt mir nicht einfach nur als Naturwesen entgegen, sondern ich erkenne ihn als Teil einer Kultur, aus der ich mich selbst verstehe. Selbst unter der Bedingung gegebener kultureller Differenzen lässt sich die normative Gemeinsamkeit der Mitglieder der menschlichen Gattung nicht verleugnen. Das Minimum ist, dass da auch einer ist, der – auf dem tiefen und breiten Sockel seiner Kultur – sein Leben selber führt und damit Freiheit beansprucht wie ich.

Das Gemeinsame wird sogar existentiell, wenn die Gefahr droht, Opfer eines mit Gewalt ausgetragenen kulturellen Gegensatzes zu werden. Dann appelliert jeder Gefährdete, wie uns schon Odysseus lehrt (*Odyssee* IX, 256 ff.), an das Gemeinsame mit dem anderen, das umso wichtiger wird, je stärker der Kampf der Kulturen tobt. Deshalb darf gerade unter den Bedingungen kultureller Gegensätze das Ideal der Humanität nicht preisgegeben werden. Mit ihm verlöre das Individuum den Deutungsrahmen seines Daseins und zuletzt wohl auch – die Achtung vor sich selbst. Denn es schätzt, selbst wenn es sich zu einsamer Größe stilisierte, niemals bloß seine punktuelle Existenz, sondern immer auch die Menschlichkeit, in der es sich, seine Kräfte und seine Fähigkeiten allererst versteht. Der Mensch, so hat es Kant mit unnachahmlicher Prägnanz gesagt, achtet die „Menschheit in seiner Person“.

17 *Synchronie und Diachronie der Humanität.* Der Begriff der ethischen Universalität wird in der Regel *synchron* gebraucht. Man wendet ihn auf alle Wesen an, die *jetzt* betroffen sein können. Verknüpft man ihn mit dem gleichermaßen von natürlichen wie von geschichtlichen Konditionen getragenen Begriff der Humanität, so rückt er ganz von selbst in eine *diachrone* Dimension. Dann repräsentiert er einen Erfahrungszusammenhang der menschlichen Kulturen, den wir in unserem Selbstbegriff gegenwärtig zu halten haben. Was Menschen sind, was ich selber bin, kann nur in dem Kontext hervortreten, den Menschen historisch geschaffen haben.

Das gilt bereits für die Tugendkonzeption der Antike. Man denke nur, welche humane Nähe die Griechen zu ihrem mächtigsten Feind, den Persern, zu imaginieren vermochten. Ungeachtet der uns heute befremdlichen Ausgrenzung der Barbaren konzipiert Platon – wie selbstverständlich – eine Ethik, die für den ganzen

Erdkreis Gültigkeit haben soll (*Alkibiades* I, 105c). Schon wenig später, bei Antisthenes und in der Philosophie der frühen Stoa, wird eine Ethik unter explizit menschheitlichen Prämissen daraus. Nicht zufällig präzisiert sich unter diesen Voraussetzungen auch der Begriff der Individualität. Dass sich Universalität und Individualität wechselseitig fordern, zeigt sich hier als historischer Tatbestand.

Auch deshalb ist es von einiger Wichtigkeit, auf der Kontinuität von Antike und Moderne zu bestehen. Die großen Erschütterungen im Selbstverständnis der modernen Zivilisation, die nach 1789 und nach 1918 so lautstark geäußerte Zweifel an der Humanität nach sich zogen, wären wohl weniger heftig ausgefallen, wenn man sich die über zweitausendjährige Tradition vergegenwärtigt hätte, die durchaus vergleichbare Katastrophen überdauert hat. Gewiss, die Pariser Selbstvernichtung der Revolutionäre offenbarte einen entsetzlichen Widerspruch in der politischen Umsetzung der aufgeklärten Vernunft; die nur noch nach Millionen zu zählenden, strategisch eingeplanten Menschenopfer des Ersten Weltkriegs hatten eine technische Dimension, die nur durch die fabrikmäßige Menschenvernichtung im Zweiten Weltkrieg übertroffen wurde. Man kann nur ungläubig darüber staunen, dass danach noch Leben unter menschlichen Ansprüchen möglich ist, dass noch Kinder erzogen, Verfassungen verabschiedet, Gedichte geschrieben oder moralische Urteile gefällt werden. Und da dies – man könnte sagen: zum größten Entsetzen – so ist, da das Leben auf wundersame Weise unter menschlichen Erwartungen weitergeht, brauchen wir auch die Kontinuität der Erinnerung an den gleichwohl bestehenden menschlichen Anspruch.

Durch nichts ist die Aktualität des Humanismus so gestiegen wie durch das Versagen des Menschen im hinter uns liegenden 20. Jahrhundert. Und da nicht abzusehen ist, wie und wann eine politisch-rechtliche Realisierung der Humanität möglich ist, ist der Anspruch an den Einzelnen, sie im eigenen Verhalten exemplarisch zu machen, umso größer. Die Selbstnormierung des Individuums steht daher unter den Bedingungen des Ideals, das der Mensch – trotz allem – von sich selber hat.

18 *Das Böse.* Das Böse ist das Gegenteil des Guten. Da sich niemand die Blöße geben wird, ernsthaft zu behaupten, das Gute sei ihm fremd, empfiehlt es sich, das Böse vom Guten her zu verstehen. Tatsächlich ist der Zugang vom Guten her besonders leicht, denn gesetzt, wir haben eine Vorstellung von dem, was in einer Handlungslage gut und richtig ist, hat das Böse zwei Quellen. Zum einen die *Verkehrung* des Guten und zum anderen die *Schwäche* bei seiner Realisierung. Im ersten Fall wissen wir sehr wohl, was zu tun ist. Aber wir unterlassen es oder tun bedenkenlos das Gegenteil. Hier liegt der Ursprung des Bösen in der Bosheit. Dann gönnt man dem Bruder, dem Lehrer, dem Nachbarn oder dem Konkurrenten einfach nichts Gutes und tut das Böse.

Die zweite, jederzeit wirksame Ursache des Bösen ist die Schwäche. Sie findet sich naturgemäß beim Gutwilligen besonders häufig. Denn die Welt bietet ihm ständig Anlässe, seinen guten Willen zu äußern, aber mindestens eben so viele Widerstände. Da er nicht ständig alle Hindernisse überwinden kann, unterliegt er notwendig, und der gutwillige Handlungseffekt schlägt ins Gegenteil um. So kommt der gute Wille, wenn er seine Kräfte nicht realistisch schätzt, zur bösen Tat, die auch in einer Unterlassung bestehen kann.

Das Gute ist natürlich kein Diamant in den Tiefen des Seins. Es „gibt" das Gute nicht, wie es gute oder schlechte Taten gibt. Aber auch, was gute oder schlechte Taten sind, steht nicht ein für alle Mal fest. Wir haben vielmehr auf die gegebenen Bedingungen, die möglichen Folgen, die beteiligten Personen und ihre Absichten zu sehen, ehe wir ein Werturteil nach „gut" oder „böse" fällen können. Alle Schwierigkeiten der Begründung gebotener oder verbotener Handlungen sind auch im Spannungsfeld von gut und böse im Spiel. Wie eng die Beziehung zwischen vernünftiger Begründung und der Bewertung nach gut und böse ist, wird kenntlich, wenn man das Gute als das definiert, das vernünftige Gründe für sich hat. Das Böse kennt entweder diese Gründe nicht, oder es handelt ihnen bewusst oder aus Schwäche entgegen.

19 *Gute Nerven.* Die Moral wird keineswegs nur im landläufigen Urteil mit Selbstlosigkeit gleichgesetzt. Auch bedeutende Moralphilosophen knüpfen die gute Tat an einen altruistischen Impuls. Sie loben den Verzicht auf eigene Ziele, schätzen das Mitleid als die erste und einzige Quelle des Sittlichen oder empfehlen die Selbstüberwindung der eigenen Triebe als Voraussetzung verdienstlicher Handlungen. Je weiter man sich vom Selbst entfernt, desto näher scheint man dem Guten zu rücken. Selbst Kants *kategorischer Imperativ* scheint mit dem Kriterium eines allgemeinen Gesetzes alle Aufmerksamkeit von den individuellen Konditionen des Subjekts abzulenken. So gesehen mag es wie eine diabolische Perversion erscheinen, wenn jemand den Egoismus als eine Prämisse des ethisch Guten empfiehlt.

Dennoch bleibt im Interesse der Moral gar keine andere Möglichkeit. Der erwähnte Moraltheologe Herrmann plädiert zwar für eine Ethik der „Selbstverleugnung", denkt dabei aber nicht an „entnervte Geschöpfe". Welche Geschöpfe kommen dann aber in Frage? Doch wohl nur solche mit *guten* Nerven, Individuen, die über Geistesgegenwart verfügen, die wissen, wer und wo sie sind, und die sich im Normalfall darüber im Klaren sind, was sie zu tun haben.

Was jemand, der die Nerven behält, zu tun hat, kann aber wohl kaum auf etwas anderes bezogen sein als auf das, was er will. Was er aber will, kann nur dann überzeugend verfolgt werden, wenn es in seinem Interesse liegt. Interesse aber ist das, was er als seine eigene Sache verfolgt. Also muss es sein eigenes Anliegen sein, hinter dem sein Ego steht. Jede mit Ernst und Nachdruck betriebene Tat ist auf die Schubkraft des beteiligten Ich angewiesen. Folglich gibt es zum Egoismus gar keine Alternative, wenn es um das Urteil über einen selbstständig handelnden Menschen gehen soll. Andere Wesen aber kommen als moralische Subjekte nicht in Frage. Sie bedürfen, wo möglich, der Schonung, unter Umständen auch des Beistands und der Pflege. Die Gründe dafür aber liegen in *unserer* Einsicht und in *unserem menschlichen* Mitgefühl, das niemals gänzlich frei von Egoismen ist.

Wenn es stimmt, dass mir im moralischen Handeln *selbst* etwas zum Problem geworden ist, ja, dass ich mir selber zum *Problem* werde, brauche ich den vollen Nachdruck des eigenen Selbst, um mich dem Problem auch wirklich ernsthaft stellen zu können. Ich muss aus eigenem Antrieb handeln können, wenn tatsächlich eine mich selbst betreffende Lösung gefunden werden soll.

20 *Humane Eigenständigkeit.* Daran ändert sich nichts, wenn mein moralisches Problem durch den Anspruch anderer entsteht. Wenn ich mich ohne lange Überlegung entscheide, meine eilige Fahrt zu unterbrechen, um dem Unfallopfer am Straßenrand zu helfen, muss ich über zusätzliche Energien verfügen, um den physischen und psychischen Aufwand zu bewältigen. Ich darf die Gefahr und den Anblick des Verletzten nicht fürchten, kann kaum Rücksicht auf meinen eigenen Zustand nehmen, darf körperliche Risiken nicht scheuen und muss den Zeitverlust in Kauf nehmen. Das alles ist nichts für ein schwaches Ich, erst recht nicht für jemanden, der eigentlich gar keine Interessen hat, sondern sich nur durch das spektakuläre Ereignis am Straßenrand ablenken lässt. Und was läge moralisch daran, wenn ein Gaffer durch Zufall die Plünderung der Verletzten verhindert und dadurch auch etwas Gutes tut?

Das Beispiel spricht für sich selbst: Gerade die moralische Tat, sei sie nun persönliche Abwehr einer Versuchung oder tätige Hilfeleistung, fordert ein selbstbewusstes Ich, das von den eigenen Anliegen nicht nur weiß, sondern sie konsequent verfolgt. Und da die moralische Handlung immer *auch* geschieht, um mit sich selbst einig zu sein, setzt sie nicht nur ein standfestes Ego voraus; sie ist auf dessen Förderung angelegt. Also hat man doppelten Grund, von einer selbstbezogenen Rahmenbedingung des moralischen Handelns zu sprechen.

Selbstbehauptung ist sogar noch in der Selbstüberwindung gefordert: Denn hier muss das Ich – in schmerzlicher Erfahrung seiner Dividualität – sich selbst überwinden – und eben darin Stärke zeigen. Am Ende ließe sich fragen, was denn an einer „Selbstverleugnung" gelegen sein soll, die nicht von einem starken Ego vollzogen wird? Der Einsatz für andere hat seine moralische Größe gerade darin, dass da ein selbstbewusstes Ich von seinen eigenen Prioritäten absieht. Milde und Mitgefühl können liebenswerte Affekte sein; eine moralische Qualität haben sie erst, wenn ein Wille darin wirkt, aus eigener Kraft dem anderen Gutes zu tun.

Diese Erläuterungen werden wenig ausrichten, weil der Begriff des Egoismus nun einmal negativ besetzt ist. Er ist zum Synonym für Rücksichtslosigkeit und bornierte Eigenliebe geworden. Im alltäglichen Gebrauch steht er pauschal für alle Einstellungen, die von der Moral zu korrigieren sind. Ihm gegenüber scheint der

Altruismus für alles das zu stehen, was moralisch wünschenswert ist.

Doch so eingefleischt der Sprachgebrauch auch sein mag: Er ist falsch. Der selbstlose Einsatz für andere ist ohne moralischen Wert, wenn er nicht im Bewusstsein einer gemeinsamen Sache geschieht, an der man selbst ein Interesse zu nehmen hat. Fehlt die Sorge für sich selbst, kann im Dienst am anderen weder ein Bewusstsein der Freiheit noch ein Moment der Selbstbildung sein. Es fehlt überdies das Element der Selbstüberwindung, das den Theoretikern der Selbstverleugnung so wichtig ist. Also beanspruchen auch sie (vielleicht ohne es zu wissen) einen selbstbewussten moralischen Akteur, dem die Sorge für die anderen nur deshalb so wichtig sein kann, weil er den Wert des Selbst aus eigener praktischer Bemühung um sich selber kennt.

Um dem in der Sprache abgelagerten Vorurteil Rechnung zu tragen, sollte man noch nicht einmal vom „rationalen Egoismus“, sondern von humaner Eigenständigkeit sprechen. In ihr handelt das Individuum unter dem Anspruch der Vernunft und tut es deshalb mit besonderem Ernst, weil es weiß, dass es damit immer auch das eigene Interesse befördert. Eigenständige Individuen sind keine Egomanen; sie sehen keineswegs nur sich selbst. Sie behaupten sich selbst, gerade weil sie von den Ansprüchen anderer wissen. Schon darin liegt ein Moment der Anerkennung der anderen, die als elementare Bedingung dafür zu gelten hat, den anderen zu achten *wie sich selbst.*

21 *Liebe.* Wie falsch die moralische Entgegensetzung zwischen Egoismus und Altruismus ist, zeigt sich in der Liebe. Denn in ihr liegt beides unmittelbar ineinander und ist in allem, was in der freien Zuneigung zueinander geschieht, vollkommen moralisch. Denn das Problem, das sich jeder selber ist, wird durch eigenes Tun in der Gegenwart des anderen in selbstsüchtiger Selbstlosigkeit gelöst. Die Selbstüberwindung des im Zweifel gespaltenen Ich erfolgt in gesteigerter Form, weil der Gegensatz nunmehr auf zwei Individuen verteilt wird, die sich gerade in der schmerzlich erfahrenen Teilung emphatisch als eins begreifen. So kommt es zu der moralisch geforderten Einheit in doppelter Form aus einem verdoppelten Gegensatz.

In der Liebe, dem Affekt, in dem sich die Persönlichkeit am geliebten Anderen bildet, findet die Individualisierung ihre äußerste sinnliche Form. Was Sexus und Eros im Gang der Naturentwicklung vorbereiten, findet in der Liebe zweier Menschen ihre Vollendung. Beide bleiben mit allem Nachdruck, den sowohl die Lust am anderen wie auch die Sorge für ihn will, *zwei* Individuen und haben doch ihr Glück darin, dass sie wie *ein* Wesen empfinden. So symbolisiert die Liebe eine höhere Einheit, eine neue Form der Individualität, die umso stärker erfahren wird, je mehr eine libertinäre Umgebung die Möglichkeit der solitären Liebe in Abrede stellt.

Liebe hat auch dort eine Chance, wo nur vom Sex die Rede ist. Es gehört zum größten Glück des menschlichen Daseins, dass Liebe auch unter widrigen Umständen erfahren werden kann. Die Liebenden sind sich selbst genug. Das ist die existentielle Erfahrung des erotischen Glücks. Alles andere kann helfen oder behindern – ganz wie die Personen und ihre Welt disponiert sind. Natürlich kann es das Gefühl steigern, wenn das eigene Glück von anderen wahrgenommen oder gefördert wird. Angewiesen ist es darauf aber nicht; auch das Gegenteil ist möglich. Die Liebe kann ihr Glück auch im gemeinsam vollzogenen Widerstand finden. Entscheidend ist die erlebte Einheit, die zwei Individuen nur für sich zu finden glauben.

So gesehen ist die Liebe die vollendete Form der Individualisierung, weil sich zwei Individuen als Individuen wichtig sind. Die Kommunikation erreicht hier ihren monadologischen Abschluss. Ihren stärksten affektiven und intellektuellen Anspruch hat sie daher darin, diese Geschlossenheit auf Dauer zu stellen. Das, was nach Wunsch und Verlangen „ewig" währen soll, mindestens für das ganze Leben zu sichern, ist die moralische Implikation einer jeden Liebe.

22 *Liebe als Exempel der Humanität.* Die gegenwärtig sogar zur neuen Lebensform stilisierte Teilzeitliebe als die Quintessenz der „zweiten Moderne" entspricht nur dem Sensationalismus des Zeitgeistes, der a priori keinen Sinn für Dauer hat. In der Liebe, die schon in Sexus und Eros das wichtigste Stimulans der Individualisierung ist, kommt die Individualität zu ihrem innigsten Ausdruck. Alle Relativität, ja Abhängigkeit, die mit dieser absoluten Form des Daseins verbunden ist, wird in der Liebe kultiviert. Denn hier öffnet sich ein Individuum in seiner intimen Existenz einem anderen, das darin zum *einzigen* anderen wird.

In der Liebe steigert sich die Individualität im wechselseitigen Verlangen nach der Präsenz des anderen. Sie ist die unbedingte Selbsterschließung für seinesgleichen und ist gerade deshalb bei Enttäuschung so empfindlich und verwundbar. Sie zielt weder auf Isolation noch auf exaltierte Distanz. Sie will vielmehr mitten im Leben mit dem anderen und für ihn sein und strebt in der Regel darüber hinaus, indem es neues Leben zeugt.

In der internen Dynamik der Liebe zielt alles auf Steigerung, Wachstum und Wiederholung, die sich in vielen Formen produktiv entfalten können, wenn nur das wechselseitige Vertrauen gegeben ist. Man braucht sich also gar nicht erst auf das gegebene Wort oder auf die mit der Existenz der Kinder leibhaftig gewordene Verbindlichkeit zu berufen, um zu erkennen, dass die Liebe die stärkste Form der Selbstbindung des Menschen darstellt. Wer wirklich liebt, weiß, was er zu tun hat. Und wer dies im Bewusstsein der die Liebe tragenden Eigenständigkeit der individuellen Existenz bedenkt, kennt damit auch seine moralische Verbindlichkeit.

In der Liebe ist der Mensch der Humanität am nächsten. In der solitären Vereinigung mit dem singulären Anderen überschreitet das Individuum die bloße Individualität zur Generation der eigenen Gattung hin. Indem es sich glücklich in die Selbstproduktion der Menschheit – sei es durch Zeugung, Erziehung, Mitteilung oder herstellendes Tun – eingebunden weiß, partizipiert es nicht nur faktisch an deren Prozess, sondern bildet sich in deren Ideal. Damit kann es selbst zum Exempel der Menschlichkeit werden.

23 *Vom eigenen Sinn des eigenen Lebens.* Sinnvoll ist etwas, das einen Zweck erfüllt. Der Sinn einer Operation liegt darin, dass sie uns von einem Tumor befreit; der Sinn des Urlaubs darin, dass er uns neue Kräfte bringt, der Sinn der Wissenschaft darin, dass sie Kenntnisse und Handlungschancen vermehrt. Aber worin sollte der Sinn eines Lebens – oder gar *des* Lebens bestehen?

Man müsste einen Zweck des Seins (oder des Daseins) kennen, um angeben zu können, in wie weit er durch Tatsache oder Verlauf des Lebens erfüllt wird. Dann ließe sich eine sinnvolle Antwort auf die Frage nach dem Sinn des ganzen Lebens geben. Man müsste, wie ein Gott, außerhalb des Lebens stehen, um sagen zu können, wozu es als ganzes gut oder nützlich ist. Nur ein Gott könnte sagen, dass er das Experiment des Lebens benötige, um herauszufinden, ob sich nicht eines Tages eine bessere Welt bauen lasse. Man müsste dem Gott selbst blasphemische Motive unterstellen, um ihn etwa sagen zu lassen, dass er durch nichts besser unterhalten werde als durch das myriadenhafte Spektakel von Werden und Vergehen.

Doch alles dies sind Gedankenspiele, die unter dem Niveau unserer Selbst- und Welterkenntnis liegen. Selbst ein Atheist dürfte eine Ahnung davon haben, dass man so von Gott nicht sprechen kann. Jeder Biologe kann uns darüber belehren, dass es keine Zwecke gibt, die das Leben von außen definieren. Wir wissen lediglich, dass wir den Begriff des Zwecks aus der Selbsterfahrung unseres Handelns haben. Also kann der Begriff des Sinns sinnvoll nur auf eine zweckmäßige Handlung bezogen werden. Damit schrumpft die Frage nach dem Sinn des Lebens auf das so unscheinbar wirkende Problem zusammen, ob es gelingen kann, das Leben wenigstens nach Analogie einer Handlung zu verstehen.

Das muss natürlich scheitern, wenn es um das Leben als Ganzes – um das Leben aller Lebewesen – geht. Doch aus der Perspektive des Individuums, das sich für sein eigenes Leben interessiert, liegt darin nichts völlig Abwegiges. Gewiss, auch das konsequenteste Leben besteht aus unzähligen Verrichtungen, die sich nicht zu einer einzigen Leistung summieren lassen; weitaus das meiste hat mit der bloßen Erhaltung des Daseins zu tun, vieles geschieht nur aus Zeitvertreib, einiges, wenn nicht das meiste, ist vertan, vergeblich oder offenkundig gescheitert; noch nicht einmal beim Schlaf, der ein gutes Viertel der Lebenszeit füllt, können wir sicher über den Nutzen entscheiden. Wie soll sich das alles nach Art einer einzigen Handlung verstehen lassen?

Und dennoch ist die Frage nach dem Sinn des Lebens nicht abwegig – und zwar dann nicht, wenn wir sie *an uns selber* stellen. Auch wenn es vermessen oder kleinlich klingt: Wir können unser eigenes Dasein tatsächlich *wie eine Aufgabe* begreifen, in deren Dienst wir uns selber stellen. Dann setzen wir *selbst* den Zweck, in dessen Realisierung das eigene Leben seinen Sinn erhält. Dann wollen wir ein verlässlicher Freund, ein guter Vater oder ein tüchtiger Lehrer sein und haben eben darin unseren Zweck. Und es ist weder semantisch noch praktisch widersinnig, darin auch unseren *Sinn* namhaft zu machen, in dem sich unser Leben erfüllt.

Schon die exemplarische Aufzählung zeigt, dass der individuelle Lebenssinn nicht auf *einen* Zweck beschränkt sein muss. Es dürften sogar die Ausnahmen sein, in denen jemand nur Komponist, nur Dichter, Lehrer, Arzt, Pilot oder Hausmann sein will. Das kultivierte Dasein des Menschen kennt viele Rollen, und man kann, wenn es nicht um Höchstleistungen geht, gewiss in mehr als einer Aufgabe tüchtig sein.

Also hat die Frage nach dem Sinn des Lebens doch eine Antwort, die freilich nur unter der Bedingung individueller Lebensführung überzeugen kann: Der Sinn des Daseins liegt in den Zielen, die man sich selber setzt. Und es ist Sache des Einzelnen, was sich davon als sein eigener Sinn erfüllt. Es gibt den Sinn des Lebens – aber nur als den eigenen Sinn des eigenen Lebens.

24 *Das Selbst als Maß.* Die Auskunft, dass der Sinn des Daseins aus unserem eigenen Anspruch folgt, ist eine echte Enttäuschung. Man sucht nach einer Orientierung im Ganzen des Lebens, nach einem Maß des Daseins überhaupt – und findet nur sich selbst mit seinen begrenzten eigenen Zielen. Der Sinn des Lebens, der uns den Sinn des Seins entziffern (und uns gleichsam Gottes Schöpfungsplan verständlich machen) sollte, kann noch nicht einmal sinnvoll erfragt oder gedacht werden. Stattdessen werden wir auf uns selbst verwiesen, und zwar auf das, was wir durch eigene Gründe versichern wollten: nämlich unsere eigenen Absichten und Pläne.

Es gab eine Zeit, da wurde dieser enttäuschende Verweis auf unsere eigenen Kräfte wie ein neues Evangelium begrüßt. Nietzsche sah darin die frohe Botschaft, die über den Nihilismus triumphiert. Nach dem Tode Gottes war der Mensch nun endlich zu sich selbst befreit. Er konnte sich nicht nur individuell, sondern auch epochal zum Herrn seines Schicksals erklären. Das war das Pathos, mit dem schon Feuerbach seine Kritik am Christentum vortrug und von dem sich der junge Marx nachhaltig anstecken ließ. Der Mensch, so hieß es, werde zum „Subjekt der Geschichte". Ähnlich klingt es bereits aus Goethes *Prometheus*, der uns freilich – vor aller Spekulation auf ein neues Zeitalter – daran erinnert, dass hier die Hoffnung der Jugend liegt, die sich der alten Autoritäten entledigt.

Heute ist die „Sinngebung des Sinnlosen", wie man noch im 20. Jahrhundert trotzig sagte,[5] zu einer müden expressionistischen

5 Th. Lessing, Die Geschichte als Sinngebung des Sinnlosen, Leipzig 1919.

Formel geworden. Das Pathos des Aufbruchs ist verflogen. Vermutlich hat sich der moderne Mensch den Einstieg in die metaphysische Selbstständigkeit einfacher oder glanzvoller vorgestellt. Mit Sicherheit hat er ihn sich zu leicht gemacht, indem er mit der neuen Freiheit gleich eine neue Zeitrechnung beginnen lassen wollte. Außerdem hat er vergessen, dass schon die Generationen vor ihm ihre Erfahrungen mit der humanen Eigenständigkeit gemacht haben. Sie waren schon in der Antike weit darüber hinaus, Gott wie eine bloße Sache oder wie ein großes Tier anzusehen, das man einfach sterben lassen kann. Sie waren schon so souverän, um nicht nur *klug*, sondern auch *weise* mit ihren Göttern umzugehen. Ich erinnere daran, wie abgeklärt Sokrates auf die schon damals umlaufenden Parolen von ihrer Nichtexistenz reagierte (*Phaidros* 230 a).

Sokrates und seine Zeitgenossen haben vor allem den Fehler vermieden, mit sich selbst eine neue Epoche beginnen zu lassen. Die Alten kannten noch nicht die geschichtsphilosophische Obsession des modernen Menschen, der nach einer Kaskade des Neuen selber nur noch das vollkommen Neue will. Die Fixierung auf eine Alternative um jeden Preis hat zu einer habituellen Erschöpfung der Innovationskraft des modernsten Menschen geführt. Deshalb mag er inzwischen auch nichts mehr von seiner eigenen Kompetenz zur Sinngebung hören. Nachdem er Rousseau und Kant, Schelling und Marx, Nietzsche und Heidegger insofern für gescheitert hält, als sie noch nicht weit genug gegangen sind, traut er sich den Anfang aus eigener Kraft nicht mehr zu. Stattdessen starrt er auf die kleinen und kleinsten Unterschiede, so als ließe sich in ihnen der größte Sprung entdecken, mit dem die neue Epoche von selbst beginnt. Auf den einfachen Gedanken, dass schon die ehrwürdigen Revolutionäre der Moderne so neu nicht waren und auf jeden Fall zuviel des Neuen wollten, kommt er nicht. Das würde die Eitelkeit des modernen Menschen, der seit mindestens vierhundert Jahren seinen Stolz darin hat, an der Spitze der Zeit zu leben, verletzen.

Und wenn eben dieser Stolz die Folge einer irrigen Sinngebung wäre? Wenn sich der moderne Mensch gerade darin falsch verstünde, dass er die Geschichte für ein fortschreitendes Überbietungsgeschehen hält? Wenn er zu seinem progressiven Progressismus nur käme, weil es ihm nicht gelingt, sich primär als Individuum zu begreifen, das *sein* Leben, *seine* Zeit und *seine* Zukunft hat?

25 *Kontinuität im Übergang.* Vieles spricht dafür, dass der geschichtsphilosophische Beschleunigungswahn der Moderne aus einem gestörten Selbstverhältnis des Menschen folgt. Das moderne Subjekt deutet die ihm bekannte Geschichte nach Analogie des individuellen Wachstums und kann dabei gar nicht anders, als sich selbst für endlich erwachsen zu halten. Die vorausgehenden Epochen dagegen sind Stadien der Kindheit und Jugend. Sie sind, so die Unterstellung, auf die pädagogische Autorität eines Gottes angewiesen, den der erwachsene Mensch nicht mehr nötig hat. Also muss sich der moderne Mensch endlich vaterlos in seine eigene Zukunft begeben. Und so wartet er darauf, dass alles endlich völlig anders wird.

Zu alledem gäbe es viel zu sagen. Wir beschränken uns auf die Feststellung, dass der Mensch mit der alten metaphysischen Frage nach dem Sinn oder Zweck des Daseins tatsächlich ganz auf sich selbst zurückgeworfen ist. Er greift ins Unendliche aus, möchte den Grund des Ganzen fassen und kommt am Ende bei sich selber an. Und das ist so, weil er sich selbst gar nicht anders denn als handelndes Wesen verstehen kann, das für sich selbst auf seinen Sinn angewiesen ist. Und wenn er die Kraft hat, seine Individualität auf das Ganze seines Lebens anzuwenden, es als *sein* Leben unter *seinen* Ansprüchen zu verstehen, dann hat er auch die Kraft, seinem Leben einen Sinn, seinen eigenen Sinn zu geben.

Damit schließt sich der Kreis der philosophischen Weltauslegung. Die Frage nach dem Sein führt letztlich auf das Selbst – nicht auf irgendein Selbst überhaupt, sondern auf das *Ich*, das *seine* Lust und Not mit *seinem* Dasein hat. Ein Ich, das nur von sich selbst ausgehen kann, aber bereits mit jedem Gedanken bei anderem vor anderen ist und somit auch im äußersten Rückzug auf sich selbst mitten in der wirklichen Welt. Hier ist es den Gewalten ausgesetzt; hier wird es niemals zum unumschränkten „Herrn". Die einzige Ausnahme vollkommener Verfügung über sein Dasein hat der Mensch im *Suizid*. Der kann daher nur die Grenze sein, von der aus er sich, wann immer ihn die Versuchung überfällt, selbst ins Dasein zurückzustoßen hat.

Und wenn er sich in seinem eigenen Dasein steigert, baut er in allem auf dem auf, was er hat. Er benötigt die guten und die schlechten Erfahrungen; möglicherweise lernt er aus den schlechten sogar mehr. Zwar hat er sich zu entscheiden, hat vieles ab- und auszugrenzen. Aber das geschieht im Namen des Ganzen, das er an sich selbst erfährt. Er ist nicht durch ein fernes Ziel gerechtfertigt, sondern allein durch den Zweck, der er selber ist. Also braucht er auch keine älteren Epochen zu verwerfen. Er kann auf jede Selbstauszeichnung seines eigenen Zeitalters verzichten. Er braucht sich auch nicht vor einer Zukunft zu verantworten, die er ohnehin nicht kennt. Was er aber kommen sieht, das geht ihn etwas an. Was er wirklich kann, das sollte er zu tun und zu verantworten suchen. Dabei müsste er sich auf das konzentrieren, worin er seine eigene Stärke sieht. Was not tut, muss natürlich zuerst geschehen; aber solange jemand Alternativen hat, sollte er das vorziehen, worin er sich selber steigern kann.

Die höchste Leistung des Menschen liegt in seiner zu Werk und Wirkung gelangten Eigenständigkeit, die allgemein gelungen ist, wenn sie eine Kontinuität im Übergang zu wahren sucht. Die Innovation ist der Akt, in dem wir selbst die Brücke vom Vergangenen zum Künftigen bauen. Ob diese Brücke trägt, ja, ob wir sie überhaupt für tragfähig halten, ist weder durch bloßes Wissen noch durch solides Können sicherzustellen. Auch die Moral hilft uns hier nicht weiter, es sei denn, wir haben ein eigenes Versprechen einzulösen. Also können wir nur hoffen, dass uns die Umstände günstig sind und die Zukunft dem eigenen Bemühen entgegenkommt. Dass wir dabei nicht gleich auf einen Gott setzen müssen, lehrt uns die *Kunst*.

VII. Kunst

1 *Das Element, aus dem wir alles bilden.* Was immer geschieht: Es geht von Individuellem aus. Was immer Bedeutung hat, hat sie nur über Empfindung, Gefühl, Verstand oder Vernunft der Einzelnen. Auch wenn diese Einzelnen das, was sie sind, stets nur im Zusammenhang mit anderen und anderem sind, obgleich sie alles, was sie haben und sind, nur im Austausch mit Umwelt und Mitwelt aktualisieren, auch wenn sie das, was sie empfinden, erleben und denken, schließlich alles, was sie äußern können, nur in seiner Allgemeinheit erfassen, so bleiben sie als lebendige Einheit jeweils hoffnungslos hoffnungsvoll individuell. Kein Individuum kann über seinen (stets eigenen) Schatten springen.

Es mag sein, dass alles bisher Gesagte befremdlich und gefährlich isolationistisch klingt. Gleichwohl ist es uns ursprünglich vertraut. Wir brauchen nur unvoreingenommen zu analysieren, wie wir denken und handeln, dann zeigt sich, dass wir unsere Individualität zwar situativ preisgeben oder momentan vergessen können. Aber aufgeben, völlig verlieren können wir sie nicht – es sei denn, wir verfallen in Auflösung und Tod. Alles Denken, alles Erleben ist an die Einheit der Individualität gebunden. Sie ist das Element, aus dem wir alles bilden, was immer Wirklichkeit oder Welt genannt werden kann. Die Einheit, die sich als individuell erfährt, um überhaupt „etwas“ zu sein, schafft sich jeden möglichen Gegenstand nach ihrem Bild. Selbst das Eintauchen in die Masse wird individuell erlebt. Und wer in der Individualisierung eine Gefahr vermutet, tut dies aus unverstandenem Eigeninteresse. Er sieht sich letztlich in dem bedroht, was ihm selber wichtig erscheint. Deshalb kann man ihm nur entgegenhalten, dass er sich selbst nicht hinreichend kennt.

2 *Ästhetische Einheit von Welt und Selbst.* Die Probe auf den ganzen Gedankengang lässt sich in den ästhetischen Fragen machen. Die Ästhetik setzt den bewussten Zusammenhang des Lebens voraus. Sie erschließt sich uns allererst im kulturell entfalteten und individuell zu sich selbst gekommenen Leben. Sie ist Ausdruck einer Selbsterfahrung, die sich zum Weltgenuss sublimiert – und dennoch gänzlich auf Selbstgenuss beruht. Dabei kommen Einheiten von Welt und Selbst ins Spiel, die innerlich wie äußerlich durchlebt sein wollen, ohne dass wir über sie aus eigener Kraft gebieten könnten.

So schön die Dinge aus der Sicht des Kindes auch sein mögen: Ein eigenes Bewusstsein für das Schöne kommt erst auf, wenn man zur Selbstständigkeit des eigenen Handelns entwickelt ist. Dabei geht es nicht um die Erfahrung der Ambivalenz der Dinge; unter ihr haben gerade Kinder besonders zu leiden. Sie sind allem Hässlichen und Bösen viel schutzloser ausgesetzt. Entscheidend ist, dass man über sich selbst und seine eigenen Einstellungen disponieren kann. Man muss sich seine Zeit einteilen und über seine Aufmerksamkeit verfügen können.

Ästhetisches Erleben ist also an die Reifung und Bildung natürlicher Fähigkeiten gebunden. Das Individuum muss sich seiner sozialen Verpflichtung, seiner Bindung an Sachen und Sachverhalte sowie seiner moralischen Verantwortung bewusst sein, wenn es für ästhetische Reize empfänglich sein will. Es muss selbstständig entscheiden und handeln können, um den Reiz zu spüren, von der lebenslangen Verbindlichkeit in einem auf Ewigkeit gestellten Augenblick abzulassen – und es im Ernst gleichwohl nicht zu tun. Das ästhetische Erleben wird möglich, sobald wir von Natur aus nicht mehr spielen müssen und es dennoch von uns aus tun.

Es gehört also nichts weniger als die Eigenständigkeit der eigenen Lebensführung hinzu, um für den eigentümlichen Reiz ästhetischer Wahrnehmung empfänglich zu sein. Um etwas als „schön", „dramatisch", „tragisch" oder „erhaben" zu erfahren, bedarf es eines Individuums, das den Unterschied zwischen Ernst und Spiel aus eigener Einsicht auf sich selbst anwenden kann. Dazu kommt es in der Regel vergleichsweise spät im Leben des Einzelnen. Deshalb steht die Ästhetik in den philosophischen Systemen sachlich wie zeitlich am Ende.

3 *Eros: Die Selbstverführung zur Kultur.* Nach unserer Einsicht in den Zusammenhang von politischer und individueller Organisation lässt sich präzisieren, dass ästhetische Erfahrung nicht nur einen sich selbst repräsentierenden kulturellen Kontext ver-

langt, der sich eine Ordnung gibt, die ihm den Anschein einer ganzheitlichen Selbstbewegung verleiht. Sie verlangt vielmehr auch ein sich analog begreifendes Individuum, das nur dadurch die Chance zur Partizipation am politischen Ganzen hat. Das ästhetische Subjekt muss Persönlichkeit sein und ein Bewusstsein davon haben, dass sich menschliches Dasein gestalten lässt.

Dazu gehört das Bewusstsein individueller Unterschiede in der praktischen wie in der theoretischen Auffassung der Welt, Unterschiede, die sich wiederum nirgendwo stärker zeigen als in der ästhetischen Empfänglichkeit. Gleichwohl gehen auch in das ästhetische Erleben allgemeine Konditionen ein. Ein Indiz dafür ist die Parallele zur erotischen Erfahrung, in der sich Natur und Kultur ununterscheidbar mischen. Auch der Eros, der uns nur als eigenständige Individuen wirklich ergreift, braucht allgemeine Bedingungen der Natur; auch er ist an Prämissen gebunden, die man nicht kennen muss, um ihm zu erliegen.

Offenkundig ist ferner, dass der Eros auf die kulturellen Bedingungen seiner Zeit bezogen ist und sie nicht selten zur Lust steigernden Abgrenzung nutzt. Wie die Natur so bereitet auch die Kultur schon vorzeitig auf die erotischen Möglichkeiten des Individuums vor. Sie übt die Verhaltensmuster der Geschlechter ein, weckt weit vorlaufende Erwartungen, gibt dem Kommenden den Glanz des Großen (von dem am Ende oft nur der Schimmer des Unerreichbaren bleibt) und spielt in allem mit dem möglichen Ernst des Erlebens, dessen Zeit aber immer erst mit der Reife des Individuums kommt. In dieser Entwicklung spielen Natur und Kultur ineinander; sie spielen ein Spiel, das in der Kunst zu sinnfälligem Ausdruck kommt. Der Sockel der Kultur muss gegründet und bewusst erfahren sein, ehe sich der spezifisch ästhetische Sinn – als *superadditum* aller menschlichen Bemühungen – entfalten kann.

Damit ist nicht ausgeschlossen, dass die „Harmonie der Empfindungen“ (Kant) schon am Anfang aller kulturellen Leistungen stand. Vielleicht war es der Glanz des geschliffenen Steins, der die Werkzeugproduktion auf Dauer stellte. Der Körper wurde geschmückt, ehe man ihn durch Kleidung zu schützen suchte.[1] So hat sich der Mensch zur Kultur verführt. Doch damit war die entspre-

1 J. Dewey, Erfahrung und Natur, 1995, 88.

chende Erfahrung noch nicht *als* ästhetisches Erlebnis bewusst. Die epistemische Abgrenzung, ihre Auszeichnung als ästhetisches Erleben konnte erst erfolgen, nachdem die auf Wahrheit und Sittlichkeit gegründeten Urteile in ihrem Eigenwert hervorgetreten waren. Auch dies macht verständlich, warum die Ästhetik in den philosophischen Systemen am Ende steht.

4 *Nur Platon macht eine Ausnahme*. Platons Philosophieren präsentiert sich mit den ersten Schriften in einer ausdrücklich künstlerischen Form. Ihm gelingt – im Augenblick der Entstehung – die literarische Vollendung des Dialogs, den Nietzsche als „Vorbild des Roman's" bezeichnet.[2] Tatsächlich ist der Dialog eine Kunstgattung *sui generis*, mit der Platon die Tragödie von der Bühne holt, um sie mitten im selbstbewussten Dasein neu zu inszenieren.

So wird es ihm als Künstler möglich, auf die Karriere als Tragödiendichter zu verzichten und die Nachfolge des Sokrates anzutreten. Dabei ist es ein sicheres Indiz für seinen existentiellen Ausgangspunkt, dass er in seinen ersten Dialogen auch sachlich bei ästhetischen Fragen einsetzt. Der biographische Bezug ist unübersehbar: Im *Ion* macht Platon das Selbstverständnis des Künstlers zum Thema, entwirft (als sei er bereits mit dessen romantischer Selbstüberschätzung vertraut) das Selbstportrait des Genies, um sich davon in einem Akt philosophischer Selbstdisziplin abzugrenzen. Im ersten *Hippias* lässt Platon seinen Sokrates mit einem bedeutenden Sophisten um eine Theorie des Schönen konkurrieren. Entgegen der kunstvoll-raffinierten Selbstbeschreibung im *Theaitetos* (149 a–151 a) erweist sich Sokrates im Gespräch mit Hippias als überaus produktiv und entwirft eine im besten Sinn des Wortes „ästhetische Theorie", die weit auf das vorausgreift, was später Kant auf die bis heute gültigen paradoxalen Grundbegriffe der Ästhetik bringt.

Platons frühe Ästhetik kann sich freilich auf die im Tod des Sokrates existentiell beglaubigte Ethik stützen. Sein uns auch heute noch bestimmender Anfang des Philosophierens dürfte nicht wenig damit zu tun haben, dass Platon in Sokrates bereits ein Ende

2 F. Nietzsche, Die Geburt der Tragödie 14; KSA 1, 94. – Zur Entfaltung der literarischen Gattung des Dialogs im Umkreis des Sokrates siehe: Ch. H. Kahn, Plato and the Socratic Dialogue, 1996, 7 ff.

des Philosophierens vor Augen hat. Mit jedem Philosophen stirbt eine Philosophie. Aber mit dem Todesurteil gegen Sokrates sollte die Philosophie selbst an ihr Ende gebracht werden. Indem Platon dieses Ende vor Augen führt, es sogar verständlich macht und gleichwohl darüber hinausdenkt, gelingt ihm ein absoluter Anfang.

5 *Beseelung im Überschuss an Sinn.* In der ästhetischen Erfahrung erhält ein allgemeiner, sonst nur begrifflich fassbarer Lebenszusammenhang eine individuierte Gestalt. Jede Gestalt, sei sie nun Bild, Klang, Handlung, Bewegung oder bloße Form eines widerständigen Stoffs (in einem Bau oder einer Skulptur) ist so, wie sie sinnlich erfahren wird, offenkundig individuell. Sie bringt in durchaus einmaliger Weise etwas zum Abschluss. Aber ästhetische Gegenstände bieten mehr: Sie blicken und sprechen uns an, als seien sie die Zeugen eines individuellen Schicksals. Das Schöne, Tragische, Dramatische oder Erhabene „rührt", wie man früher treffend sagen konnte. Da hieß es dann auch: Es greift uns ans Herz; es bewegt unser Gemüt, wendet sich unserer Seele zu, so als sei es selber seelenhaft.

So spricht man heute nicht mehr. Aber man versteht, was gemeint war: Die ästhetischen Gegenstände übermitteln eine höchst bedeutsame *allgemeine* Botschaft so, als sei sie an den Betrachter *persönlich* gerichtet. Damit ist das ästhetische Erleben der individualisierende Akt schlechthin. Etwas *Universelles* tritt nur im *individuellen Erleben* hervor.

Das hat die Folge, dass die Individualität einer Person durch wenig anderes so offenkundig wird wie durch ihren Geschmack. Wer glaubhaft machen kann, dass er sich auf die Kunst, auf ein exquisites Sammlerstück, erlesene Materialien oder den subtilen Reiz einer Landschaft versteht, der hat den sozialen Bonus einer einzigartigen Existenz. Sie kann sich heute auch in der bewußten Exposition ins Grelle, Rohe, Perfide oder schlechterdings Alternative behaupten wollen. „Ästhetisch" meint in allen diesen „klassischen", „modernen" oder „nachmodernen" Formen die Überfülle an Sinn, durch die einer sich aus eigenem Anspruch existentiell beleben und begeistern lässt.

Das ästhetische Minimum ist die lustvolle Herausforderung durch die Vieldeutigkeit einer Situation. Kunst gibt „viel zu denken" (Kant), ohne uns damit lästig zu sein. Die Vielfalt der Welt stimmt ursprünglich mit unserer eigenen Vielseitigkeit zusammen. In der Einheit von Selbst und Welt genießen wir, nicht bloß auf *eine* Möglichkeit festgelegt zu sein.

6 *Die private Öffentlichkeit der Kunst.* Kunstwerke sind, wenn man bloß auf die Tatsachen achtet, nichts anderes als Gegenstände oder Ereignisse neben anderen Gegenständen und Ereignissen in der Welt. Aber sie wirken ästhetisch als Medium einer vielsagenden Einsicht, die aus intimer Kenntnis des Betrachters zu kommen scheint. Das Kunstwerk zieht seinen Betrachter ins Vertrauen; die universell aufgeladene Wirksamkeit der Kunst ist stets persönlich zugespitzt. Die implizite Öffentlichkeit ihrer Präsentation, die eine bloß private Existenz der Kunst gar nicht erlaubt, entfaltet ihre ganze Dynamik nur im privativen Erlebnis. Die Musik, auch wenn sie den ganzen Saal erfüllt und auf tausend Ohren trifft, spricht nur zu mir. Ihr Sinn, auch wenn er von nicht mehr zu überbietender Allgemeinheit ist, erschließt sich nur mir selbst.

Das zeigt sich spätestens bei dem Versuch, den erlebten Sinn in Worte zu fassen. Dabei scheitert man selbst bei größter Ausdruckskraft. Die Sprache der Musik ist dem begrifflichen Ausdruck unendlich überlegen – wobei man „unendlich" hier auch deshalb wörtlich nehmen kann, weil uns die Musik – mehr als jede andere Gattung der Kunst – die Unendlichkeit räumlich gegenwärtig macht.

Geistig gilt freilich das Gleiche für Bild und Skulptur, Lyrik und Roman, Tragödie oder Komödie, Film oder Architektur. Das fällt nur deshalb nicht immer auf, weil es ein ersatzweises Sprechen über Kunstwerke gibt, das sich auf beiherspielende Zwecke richtet. Die Architektur ist selten von allen praktischen Aufgaben freigesetzt. Daher bieten die Momente der Nutzung oder der Repräsentation genuine Anhaltspunkte, um Stil und Funktion zu erörtern. Ein Gedicht kann eine Liebeserklärung sein; ein Roman kann eine Epoche feiern oder verabschieden wollen, Skulpturen können Menschen ehren oder karikieren; Bilder – wie etwa Portraits – haben auch einen Erinnerungswert. Alle Kunst kann zu unterhaltenden oder kritischen, politischen oder pädagogischen Zwecken in Anspruch genommen werden. Und man kann es niemandem verwehren, seinen Weg zu Gott über das ästhetische Erleben zu suchen.

Die Vielfalt praktischer Zwecke kann den Charakter des Kunstwerks nicht zerstören. Es dürfte sowieso keinen Gegenstand geben, der nicht für *mehr* als einen Zweck geeignet wäre. Solange ein Werk immer auch etwas anderes bietet als einen praktischen Nutzen und dennoch in seiner sinnlichen Gegenwart von vitaler intellektueller Bedeutung ist, kann es als Kunstwerk gelten. Aber wir können umso leichter von ihm sprechen, je stärker es in praktische Absichten eingebunden ist. Das belegt das Beispiel der Architektur oder das der Gartenkunst. Hier sprechen wir über das Schöne stets im Vertrauen auf die Erfüllung lebensdienlicher Funktionen. Das gilt natürlich auch für die Musik, wenn sie erhebende, erbauliche, belebende, zerstreuende oder, wie bei Gesang und Tanz, erregende oder entspannende Leistungen impliziert. Der Film erfüllt die Aufgaben der Unterhaltung bis heute so effektiv, dass es den auf die klassische Hochkultur fixierten Theoretikern noch immer schwer fällt, in dem billigen Freizeitvergnügen für die Massen eine erstrangige Gattung der Kunst zu akzeptieren.[3]

7 *Der Reiz der Eigenart.* In der ästhetisch anmutenden Gestalt wird das Ganze eines Erfahrungszusammenhangs ins *Bild* (oder in eine verwandte *Gestalt* aus Klang, Bewegung oder gebannter Widerständigkeit) gerückt, um in seiner Bedeutung den Zusammenhang des Lebens in anschaulicher Steigerung exemplarisch zurückzuspiegeln. Das klingt komplex und ist in der Tat auch höchst voraussetzungsreich, lässt sich aber leicht erklären – wenn wir uns nur daran erinnern, was uns im ästhetischen Erleben gegenwärtig ist: Hier rückt die Eigenart, die etwas an sich selber hat, selbst in den Vordergrund. Wir achten nicht primär darauf, *was* etwas ist, sondern *wie* es ist.

Natürlich wissen wir auch im ästhetischen Erleben von der faktischen Natur des Gegenstandes und damit von seiner Stellung im Konnex der Dinge: Die Fassade des gotischen Doms hat ihre Funktion im Zusammenhang des Bauwerks, ist also stets auch eine Mauer. Das Gedicht ist immer auch ein Text; das Hornquintett ist eine Folge von Tönen, die durch Blasen der Instrumente entstehen. Das weiß man und kann es sogar selbst zum Thema machen, wenn man die Details einer ästhetischen Wirkung ermitteln möchte.

Doch im ästhetischen Erleben ist das alles nicht mehr als eine Voraussetzung, die dem Auffälligen zwar zugrunde liegt, die aber

3 Dazu: B. Recki, Am Anfang war das Licht, 1999, 35–60.

nicht weiter interessiert. Der Reiz geht von der *Eigenart* aus, also davon, *wie* sich der Gegenstand darstellt. Es erregt unsere Aufmerksamkeit, *dass* die Fassade des Doms so filigran gegliedert ist, *dass* im Gedicht ein purer Wortsinn musikalisch wird oder *dass* die Bläser den heiter gelösten Eindruck aufkommen lassen, wir lauschten als Eingeweihte dem uns durch kein Vokabular erschlossenen Dialekt der Natur.

In allen diesen Fällen tritt die Eigenart des Gegenstandes als solche hervor. Alles konzentriert sich auf seinen Auftritt und somit darauf, *wie* er erscheint. Um klar zu stellen, dass hier nicht die ontologische „Erscheinung" eines vermeintlichen „Dinges an sich" gemeint ist, kann man sagen, dass es sich um ein Erscheinen nach Art eines Bühnenauftritts handelt.

8 *Plötzlichkeit und Stillstand.* Der Terminus des Auftritts stellt heraus, dass es um eine Erscheinung im Augenblick geht.[4] Man achtet auf die Gegenwart der Präsentation und bezieht sich nur auf das, was im Bühnenausschnitt sichtbar wird. Der ästhetische Gegenstand geht ganz im Moment der Wahrnehmung auf. Er ist nur das, was sich gegenwärtig, mit instantaner Fülle und im vollkommenen Gleichgewicht von Auftritt und Aufmerksamkeit zeigt. Insofern sieht die ästhetische Erfahrung stets von vielem ab, auf das es im Augenblick nicht ankommt. Wir blicken wie gebannt auf den Vordergrund der Dinge und entdecken eben darin den tieferen Sinn. Damit wird die Eigenart, also die bloße Erscheinungsform zum Bedeutungsträger für den weit über das Ding hinaus reichenden ästhetischen Sinn, der stets den metaphysischen Horizont berührt.

In der Plötzlichkeit des ästhetischen Erlebens erhält die Zeit selbst eine individuelle Gestalt. Sie ist weder Punkt noch Erstrekkung, sondern hat eine momentane Fülle. Wie das Individuum selbst ist sie eine ganzheitliche Form, sie hat eine Geschlossenheit, die nur für ihresgleichen offen ist. Sogar die oft beschriebene Anwesenheit der Ewigkeit im ästhetischen Augenblick folgt dieser Analogik der Individualität: In der Gegenwart des Ewigen hat es die Verfassung eines immer währenden Moments. Das ist der Stillstand der Zeit, den nur das Individuum erfahren kann, das sich

4 K.-H. Bohrer, Plötzlichkeit. Zum Augenblick des ästhetischen Scheins, 1981.

mitten in der Bewegung, die alles mitreißt, gänzlich ruhig verhalten kann. Außen gibt es nirgendwo wirkliche Ruhe, und innen, selbst wenn der Atem stockt, pulsiert das Blut. Und doch können wir für den Augenblick dieses Erlebens vollkommen stille sein. Nur in einem solchen Stillstand spüren wir die Bewegung durch etwas, das uns gleicht, das wir aber begrifflich nicht fassen können, solange wir stille sind, und das verschwindet, sobald wir uns wieder im alltäglichen Interessenzusammenhang bewegen.

9 *Die korrelativ gesteigerte Individualisierung des Gegenstands.* Wie immer das Verhältnis von Ästhetik und Metaphysik auch sein mag: Entscheidend ist, dass die ästhetische Konturierung der Eigenart mit einer Individualisierung des Gegenstands einhergeht. Wir achten ausschließlich darauf, wie sich *diese* Landschaft, *diese* Fassade oder *diese* Folge von Worten präsentiert; wir achten nicht auf ihren physischen, logischen oder moralischen Kontext, sondern nehmen sie *rein für sich* – bloß in der Art, in der sie sich darbieten. Wenn man hinzunimmt, dass sich auch der ästhetische Betrachter auf seinen privativen Eindruck konzentriert, wird offenkundig, dass die ästhetische Erfahrung mit einer korrelativ gesteigerten Individualisierung einhergeht. Das ist ein Vorgang, der *beide* Seiten – Subjekt wie Objekt – umfasst.

Die Parallele zur Individualisierung im Gang des Lebens ist unübersehbar: Durch die Verselbstständigung der Eigenart springt etwas in seiner qualitativen Beschaffenheit aus der geschlossenen Kette der alles Lebendige verknüpfenden Zweck-Mittel-Relationen heraus und fällt *allein durch sich selber* auf. Wenn die leuchtende Farbe, der perlende Ton, die anmutige Gestalt oder auch: der dissonante Gegensatz der Stile nicht einfach nur durch die Funktion im Zusammenhang der Dinge erklärt ist, sondern auf den Gegenstand selbst aufmerksam macht, ist eben *die* Qualität exemplifiziert, auf der die ästhetischen Effekte beruhen. Darin liegt die Dominanz der *Form*, die Kant in der Exposition des Schönen so wichtig war.

Ähnlich wirkt schon die bloße Lebendigkeit der Individualität. Jedes Individuum ist natürlich auch nur Teil einer Ursache-Wirkungs-Kette, in der es auffällig wird, weil es aus sich heraus Anfänge macht und Zwecke setzt. Und wenn es sich selbst als die Bedingung der Zwecksetzung sieht, erklärt es sich für absolut, so dass es unbedingten Respekt erwarten kann. Das gilt freilich nur für den Menschen im Verhältnis zu seinesgleichen – und dies auch nur im Medium der Gegenseitigkeit, wenn also auch dem anderen der unbedingte Respekt erwiesen wird. Schon hier geht es um die Unbedingtheit einer Form, nämlich der Grenze, in und mit der sich jedes lebendige Wesen physiologisch konstituiert und die – im sozialen Kontext – Anspruch auf rechtliche und moralische Integrität erheben kann.

Entsprechend ergeht es uns mit dem ästhetischen Gegenstand: Er verlangt Respekt im Augenblick des ästhetischen Erlebens, wenn er denn als „schön", „tragisch" oder „erhaben" wirksam ist. Und jeder, dem daran gelegen ist, sich und anderen die Möglichkeit ästhetischen Erlebens zu erhalten, hat für den Schutz von Natur und Kunst zu sorgen. Dies gehört selbst zu den Aufgaben der Kultur, einer Kultur, in der sich der Mensch aus eigenem Anspruch so weit entwickelt hat, dass er in der Lage ist, sich seiner Welt anzunehmen.

10 *Belebung*. Das Wunder des Schönen liegt darin, dass es sich als lebendig präsentiert, ohne selbst lebendig zu sein. Ein behauener Stein, eine bemalte Wand, eine Abfolge von Tönen oder eine in sich stimmige Geschichte sind, wie jeder weiß, keine Organismen. Sie leben nicht so, wie eine Amöbe, eine Auster oder ein Bienenvolk lebt. Nüchtern betrachtet sind sie nichts als eine physikalische Konfiguration aus Farben, Lauten und haptischen Widerständen.

Aber wer erst einmal die Schönheit in dieser Konfiguration wahrgenommen hat, dem kann es bereits unerträglich erscheinen, darin auch nur den physikalischen Charakter bemerkenswert zu finden. Welche Ahnungslosigkeit, auch nur zu erwägen, der ästhetische Reiz einer Symphonie liege ganz und gar in der gedruckten Fassung ihrer Partitur! Musik ist das, was im Augenblick erklingt und eben darin zu einem Individuum so spricht, als spräche die Welt nur zu ihm.

Die „Belebung", die nach Kant mit der ästhetischen Erfahrung verbunden ist, lässt sich aber nicht auf das wahrnehmende Subjekt beschränken. Entscheidend ist, dass bereits das ästhetische Objekt alle Kennzeichen des Lebendigen trägt. Das Kunstwerk spricht und die schöne oder erhabene Landschaft wirkt wie ein Werk, in dem sich uns deren Schöpfer mitzuteilen versucht. In der ästhetischen Erfahrung tritt uns die Welt entgegen, als sei sie aus gleichem Geist und Stoff wie wir. Das erklärt die Karriere des Hässlichen in der Kunst des 19. und 20. Jahrhunderts: Ein Mensch, der sich selbst nicht annimmt, hebt auch das Unannehmbare in seiner Welt hervor. Aber die Tatsache, dass er dennoch ästhetische Erfahrungen für bemerkenswert hält, zeigt immerhin sein Ungenügen mit diesem Zustand an.

11 *Der tote Stein lebt.* Der Granitblock vor dem Museum ist alles andere als ein lebendiges Wesen. Aber die Form, die ihm der Bildhauer gegeben hat, spricht, auch wenn der weitgehend roh belassene Quader an seinen Rändern kaum mehr als die halbierten Bohr- und Stemmlöcher zu erkennen gibt. Sie verweisen auf die brachiale Gewalt des Menschen, der den Block aus dem Felsen sprengte. Nun stehen die aufgebrochenen Kanäle in offenkundigem Kontrast zu der Ruhe, mit der die tonnenschwere Masse vor uns lastet. Der Rohling, den wir als bloßes Material für die künstlerische Arbeit zu sehen gewohnt sind, steht da, als hätte er sich jeder weiteren Zudringlichkeit erfolgreich widersetzt. Der Stein ruht in sich – mit vollendeter Gleichgültigkeit gegen jede Veränderung, die aus ihm bestimmte Formen hervortreiben will. Das Unbehauene, das die Zeit nicht zur Unkenntlichkeit verändern kann, ragt in die – von uns erahnte – Ewigkeit.

In der souveränen Abwehr eines jeden Zugriffs hat der monolithische Block seine Form. Er demonstriert eine Grenze der Machbarkeit, auch wenn er deren Zeugnis ist: In seiner naturbelassenen Massigkeit schließt er alles ein, was Hammer, Meißel und Poliertuch aus ihm hätten machen können. Er schweigt sich aus über alles, was aus ihm hätte werden können – und eben darin spricht er uns an.

Aber er sagt es nicht in der Form einer Ansage, die jeder hören kann; er steht da nicht als Schriftzeichen, das jeder zu lesen vermag. Seine Botschaft vernimmt nur, wer sich ihm mit wachen Sinnen nähert und für eine Aussage offen ist, wie sie nur von seinesgleichen kommen kann. Der ästhetische Betrachter steht da mit offenem Sinn für den äußeren Gegenstand und – hört in sich hinein. Die Extroversion der ästhetischen Aufmerksamkeit geht mit gesteigerter Introvaganz einher. Nur wer sich überwindet und dem rohen Klotz begegnet wie sich selbst, der kann ihn auch zum Sprechen bringen. Nur wer als selbstbewusstes Individuum den Gegenstand *wie ein Individuum* gelten lässt, spürt die Belebung, die aus dem toten Stoff in ihn übergeht.

So wird selbst ein roher Steinblock zum organischen Teil eines Lebenszusammenhangs, in dem der selbstbewusste Mensch nach seinesgleichen sucht, um in ihnen den Sinn zu finden, den er seinem Leben geben kann. Dieser niemals eindeutig bestimmte Sinn wird im Kunstwerk exemplarisch. Es hat ihn gleichsam für jeden aufbewahrt, der sich ihm zuwendet. Doch zu seiner Individualität gehört, dass man nicht sicher wissen kann, ob er jedem Einzelnen dasselbe sagt. So stehen sich im ästhetischen Erleben zwei Individualitäten gegenüber, in deren privativer Beziehung sich das Ganze einer Welterfahrung vermittelt.

12 *Der blühende Baum spricht.* Die Kastanie vor meinem Fenster ist ein lebendiges Wesen. Im Winter war sie nur ein nackter Stamm mit kahlen Ästen. Im Frühjahr aber trieb sie Knospen, aus denen nach wenigen Tagen Blätter und Blütenständer platzten. Mit einem Mal war der Baum üppig, prächtig und schön. Gewiss hätte auch der kahle Baum einen ästhetischen Reiz haben können. Ich erinnere mich, dass ich dafür empfänglich war, als sich die schwarze Rinde wie ein erhabener Schatten vom verschneiten Untergrund des Gartens abhob. Doch erst als die weißen Blütenkerzen aus dem frischen Laubwerk leuchteten, wurde die Kastanie zum Gegenstand meiner ästhetischen Aufmerksamkeit.

Nun hat sie eine Lebendigkeit gewonnen, wie man sie nur von sprechenden Wesen kennt. Sie erhält in der Betrachtung eine innere Dimension, aus der sie mir von ihrer Lebenslust, ihrem Überschuss an Kraft, ihrer Freigebigkeit und ihrer offenkundigen Selbstbeschränkung in Raum und Zeit zu erzählen scheint. Denn dass die Bäume bis in ihr äußerstes Geäst hinein ihre Form zu wahren verstehen, erstaunt mich immer wieder neu. Sie haben nicht nur ein in allem wirksames Gestaltungsprinzip, sondern sie demonstrieren es auch: Die Blüten zeigen ihre Farbe. Sie entfalten ihren optischen Reichtum, ohne sich selbst sehen zu können. Ihre üppige Blütenpracht, die vielleicht schon der nächste Gewitterregen herunter wäscht, sieht und weiß nichts von den blank polierten Früchten, die im Sommer aus dem Etui ihrer stachelbewehrten Schale springen, um mit ihrem stumpfen Auge in nichts als in sich selbst zu sehen.

13 *Dieses Ding ist schön.* Nun stehe ich vor dem Baum und finde ihn schön. Natürlich ist das Wort viel zu abgegriffen, um wirklich kenntlich zu machen, was ich empfinde. Aber jeder versteht, dass mein Urteil über den „schönen" Baum eigentlich ein Urteil über mich selber ist. Ich bin entzückt und schreibe meinen Zustand dem Naturschauspiel zu, das der Baum für jeden, der Zeit, Sinn und Verständnis hat, inszeniert. Die Kastanie, so wie sie mir vor Augen steht, versetzt mich in das Erlebnis einer gesteigerten Individualität. In ihr weiß ich mich nicht nur mit diesem Stück Natur, sondern mit der Natur überhaupt verbunden. Die Individualisierung im ästhetischen Erleben vollzieht sich also – wie im Zustand erotischer Stimulation – im Bewusstsein des Zusammenhangs mit anderen in anderem.

Trotz dieser Verbindung, die im ästhetischen Erleben als gesteigertes Gefühl der Verbundenheit gegenwärtig ist, weiß ich genau zwischen dem Gegenstand und mir selbst zu unterscheiden. So sehr das Urteil über das schöne Objekt immer auch als Selbstaussage des Betrachters zu werten ist, so bleibt es doch der *Gegenstand*, auf den sich das Urteil bezieht. Die Rede ist von der Kastanie; *sie* ist schön, nicht aber ihr Betrachter; der belebt und steigert sich nur dadurch, dass er sich als Spiegel des schönen Gegenstands erfährt.

14 *Symbolischer Ausdruck.* In der wechselseitigen Spiegelung erscheint der Baum in einer Lebendigkeit, die über seine organische Eigenart hinaus geht. Seine ganze Existenz wird zur korrelativ gesteigerten Individualisierung für einen Zusammenhang, aus dem er seine verschwenderische *Sinnen*fülle bezieht, die einen Reichtum an *Sinn* bedeutet. Seine Einzigartigkeit im Augenblick ästhetischer Gegenwart liegt in der Verweisung auf einen umfassenden Sinn, der den Betrachter wie eine verschlüsselte Botschaft erreicht. Als ästhetischer Gegenstand wird der Baum zum *Symbol*. Auch wenn es ihn zu dieser Jahreszeit in millionenfacher Ausführung gibt, wird er als dieses singuläre Exemplar genommen, und nur als dieses Individuum in seiner augenblicklichen Eigenart weist er über sich hinaus. Der Gegenstand, den das Individuum im

Spiegel seiner eigenen Existenz betrachtet, wird ihm zum Spiegel seiner Welt.

Die wechselseitige Spiegelung, in der das ästhetische Objekt als Spiegel der Welt im Spiegel des erlebenden Subjekts erscheint, kann als äußerste, alle moralische Eigenleistung überbietende Steigerung der menschlichen Individualität verstanden werden. Hier vollendet sich das, was mit der realen Spiegelung des Menschen kulturell so wirkungsvoll begonnen hat. Die metaphorische Wendung von der Spiegelung der Welt im ästhetischen Objekt, das nur zur Geltung kommt, sofern es sich in seinem Betrachter reflektiert, macht die Differenzierung anschaulich, die im Gang der Entwicklung der menschlichen Individualität erreicht worden ist: Es *ist* nicht nur einfach ein individuelles Ganzes, wie wir es von jedem lebendigen Wesen feststellen können; es *begreift* sich auch keineswegs nur so, wie wir das von uns selbst als verständigen menschlichen Wesen her kennen – eine Fähigkeit, die einschließt, dass der Mensch die einzelnen Dinge seiner Welt nach Maßgabe seines Selbstbegriffs begreifen und mit ihnen umgehen kann wie mit sich selbst.

Im ästhetischen Eindruck *lebt* man vielmehr individuell mit den individuierten Dingen. Sie nehmen so von sich aus die Qualität von Individuen an und übermitteln die Botschaft einer Wirklichkeit, die nur nach Analogie eines Individuums aufzufassen ist. Denn sie teilt etwas höchst Allgemeines in exklusiver Singularität nur dem erlebenden Individuum mit. Was in der konzentrierenden Leistung der Selbstbestimmung nur durch Anstrengung möglich ist, wird hier wie ein willkommenes Geschenk empfangen.

15 *Die privativ geöffnete Universalität.* Auch wenn wir die älteren Stufen unserer eigenen kulturellen Entwicklung nicht kennen und den in der Evolution tatsächlich zurückgelegten Abstand nicht exakt beschreiben können, so können wir im vergleichenden Blick auf das Verhalten von Tieren, Kindern oder so genannten Primitiven immerhin die Subtilisierung ermessen, die im entfalteten Begriff einer sich in sozialen, politischen und moralischen Zusammenhängen bewegenden Einzelexistenz erreicht ist, sobald sie eine ausdrücklich ästhetische Erfahrung macht: Sie hat ein *Bild* von sich selbst, bei dem sie sich mit den Augen der anderen sieht; sie hat einen *Begriff* von sich selbst, der zahlreiche Rollenkonzeptionen umschließt und dennoch als personale Einheit hervortritt; sie hat mit diesem Begriff einen praktisch wirksamen *Anspruch* an sich selbst, unter dem sie sich selbst Regeln, ja, Gesetze geben kann.

Schließlich gewährt die ästhetische Erfahrung dem Individuum eine zwischen Bildern und Begriffen changierende Steigerung seines Selbstbewusstseins in einer sich ihm in einer singulären Konstellation privativ öffnenden Universalität. Das Erleben selbst wird zum Symbol. Das Symbol aber ist mehr als ein Zeichen: Es ist selbst Teil des Ganzen, auf das es verweist und dem auch derjenige zugehört, der es versteht. So wird das Erleben intellektualisiert, indem es sich bewusst der bloßen Sinnlichkeit überlässt.

Im Erleben des Schönen kommt es damit zur äußersten Steigerung der Selbsterfahrung von Individualität. Hier ist alles aufgehoben, was in der lebendigen, sozialen, politischen und moralischen Entwicklung seine Form gewinnt. In der ästhetischen Erfahrung findet die ganze Schwere des phylo- und ontogenetisch abgeschrittenen Lebenswegs seinen schwebend-leichten Abschluss. „Alles Schöne ist schwer", so variiert Platon mehrfach einen von Solon überlieferten Spruch (*Kratylos* 384 b; *Hippias* I 304 e). Damit ist der Weg gemeint, der zum Schönen führt. Im Ziel erscheint alles um so leichter, je beschwerlicher der Zugang war: „Leistungen, die ohne Gefahr errungen, sowohl bei Menschen wie bei [...] Schiffen, stehen nicht in Ansehen. Doch viele halten es im Gedächtnis, wenn etwas Schönes durch Mühe errungen wurde." So konnte man es gut hundert Jahre nach Solon von Pindar hören (*Olym. Od.* VI, 9/10). Das Schöne, in seiner inzwischen sprichwörtlich gewordenen „Leichtigkeit des Seins", nimmt alle Mühe der Menschwerdung des Menschen auf und lässt doch alle Anstrengung vergessen. Darin liegt das Glück in seiner Gegenwart. Was immer wir als Ding und Ereignis, Kraft und Aufwand kennen, kommt uns als Gleichnis wieder entgegen.

16 *Exempel der Welt.* Auf diese Weise wird das ästhetische Objekt zum Exempel für die Welt, in der es sich mit seinem Betrachter befindet. Der Betrachter erlebt, dass er eben darin selbst zu einem exemplarischen Weltwesen wird. In der auf Gegenseitigkeit gestellten hermetischen Individualität, die den Kristallisationspunkt der ästhetischen Erfahrung ausmacht, treten die beteiligten Elemente – Objekt *und* Subjekt – gleichermaßen als Teile des Ganzen hervor. Doch sie gehören diesem Ganzen nicht nur einfach zu, sondern sie *bedeuten* es auch: Sie verweisen auf den Sinn des Ganzen, in dem und für das sie stehen. Darin haben sie ihren symbolischen Gehalt.

In der absoluten Individualität einer ästhetischen Beziehung kommt die Einzigartigkeit des Augenblicks vor allem deshalb so unüberbietbar zum Ausdruck, weil sich in ihm das *Ganze* eines Zusammenhangs präsentiert. Die Individualität steht in unmittelbarer Beziehung zur Universalität, die sie symbolisch, also im sinnlich Einzelnen, das selbst als Ganzes genommen wird, repräsentiert. Der Augenblick wird zum Widerschein der Unendlichkeit. Individualität und Universalität stehen exklusiv in ein und demselben Sinnzusammenhang. Sie schließen sich in der Ästhetik so wenig aus wie in Logik oder Politik. Das Neue und Unüberbietbare ist lediglich, dass der ästhetische Gegenstand nur in einem singulären Augenblick erfahren werden kann. Schärfer und inniger lässt sich die Individualität nicht fassen.

17 *Widerspiel der Individualität.* Die sich steigernde Individualität stellt sich gleichwohl gerade im ästhetischen Erleben in Frage. Denn das ästhetische Subjekt überlässt sich, nach der schönen Formel Kants, dem „freien Spiel" seiner Erkenntniskräfte. Es überliefert sich einem Geschehen, in dem es sich nicht ausdrücklich selber steuert. Die ästhetische Wahrnehmung hält sich offen nicht nur für etwas, das von außen kommt, sondern auch und gerade für das, was in dieser kontemplativen Einstellung mit ihm selbst geschieht. Damit überlässt es sich den differenten Kräften in sich selbst. Es stellt sich als Individuum zur Disposition.

Der Zweifel, der einer ausdrücklich auf Wahrheit gerichteten Frage vorausgeht, die Entzweiung, in der das moralische Problem besteht: Sie stehen zwar auch hier im Hintergrund; aber sie sind im Augenblick des ästhetischen Erlebens selbst auf Distanz gebracht. Statt dessen öffnet sich das Individuum den Wechselfällen seines eigenen Erlebens, es exponiert sich in seinen widerstreitenden Erfahrungen und überlässt es dem Widerspiel von Sinnlichkeit, Verstand und Vernunft, in eine Position zum ästhetischen Gegenstand zu finden. Im Wechselspiel innerer Kräfte scheint das Individuum auf seine Individualität Verzicht zu tun.

18 *Eine Art Selbstlosigkeit.* Durch die Hingabe an den Gegenstand des ästhetischen Erlebens erscheint die Selbstaufgabe noch verstärkt. Das Individuum lässt sich ganz und gar auf den sinnlichen Eindruck ein. Die Spiegelung im ästhetischen Objekt erfolgt selbst- und willenlos. Eine Distanz gegenüber dem Problem, die sowohl in der Erkenntnis wie auch in der moralischen Einstellung unabdingbar ist, lässt sich hier nicht ausmachen. Im Gegenteil: Im Augenblick des ästhetischen Erlebens hat der Hörer der Symphonie die kritische Reserve sowohl gegenüber dem Stück wie auch gegenüber sich selber aufgegeben. Zwar wird er es in unseren Zeiten nicht auf sich sitzen lassen, wenn ihn jemand als unkritisch bezeichnet, und wenn es ein geübter Hörer ist, wird sein kritisches Bewusstsein vermutlich nie ganz ausgeschaltet sein.

Doch der Augenblick ästhetischen Erlebens ist nicht auf die kritischen Einsichten gegründet. Es ist allemal der Genuss in der Hingabe an den ästhetischen Gegenstand, der uns die unvergleichliche Erfahrung des Schönen vermittelt. Insofern sind wir *außer uns selbst*, wenn wir etwas als schön, erhaben, dramatisch oder tragisch erfahren. Im Ästhetischen liegt somit eine Entäußerung, eine Art Selbstlosigkeit, in der man zum Element dieses nicht auf Begriffe zu bringenden Ganzen wird, das einem nur in der Teilnahme seine Bedeutung enthüllt. Das ästhetische Subjekt partizipiert erlebend an einem Spiel, das es gänzlich einbezieht, aufhebt und mit sich nimmt. Denn es ist nicht nur das Zusammenspiel seiner besten Kräfte; es ist nicht nur seine Einfügung in den Weltzusammenhang; auch der ästhetische Gegenstand präsentiert sich als Moment in einem Geschehen, dessen Einheit bestenfalls als Spiel begriffen werden kann.

19 *Dionysos und Apoll.* In jeder ästhetischen Erfahrung, so könnte man auch sagen, steckt ein dionysisches Moment. Die Hingabe an einen umfassenden Sinn bewegt sich an der Grenze zur Selbstaufgabe. Selbstauflösung ist die Versuchung, mit der auch die Liebe lockt. Doch zum ästhetischen Erleben gehört zugleich die Sammlung auf den Sinn. Die Kontemplation holt sich immer wieder in ihr eigenes Zentrum zurück. Ohne apollinisches Element ist die ästhetische Erfahrung unvollständig. Dionysos und Apoll sind ästhetisch nur im gemeinsamen Auftritt wirksam.

Daher findet das Individuum im ästhetischen Urteil auch zu seiner Einheit zurück. Das ist der Augenblick, in dem es von seinem

Erleben weiß und wo ihm klar ist, dass es ihm – dem Individuum – etwas bedeutet. Und in der Mitteilung seines Eindrucks exponiert es sich ausdrücklich selbst. Das wird nicht selten dadurch verstärkt, dass es keine Zustimmung findet. Dann erfährt es die „Subjektivität" seines Urteils. Bleibt es gleichwohl bei seinem Eindruck, liegt auch darin ein Moment der Selbstverstärkung. So kommt es in der Äußerung ästhetischer Erfahrung zu einer Steigerung des Selbst im sozialen Kontext.

20 *Organ der Welt.* Im ästhetischen Akt macht sich der Mensch zum Mitspieler der Welt. Die Natur und die Kunst werden zu entgegenkommenden Partnern, die dem Betrachter durch ihre großzügig-vieldeutige Mitteilung eine „Gunst" erweisen (Kant). Die Mühe des Daseins wird zum Hintergrund, vor dem der Genuss einmal nicht als Lohn, sondern als reines Glück erfahren wird. Man ist ein verschwindend kleines Element der Welt und braucht sich dennoch nur zu öffnen – und schon erlebt man, wie einem das Ganze entgegenkommt, als habe es nur auf einen gewartet. Der Mensch – in seiner selbstbezogenen Singularität – wird ein organisches Element der Welt, genauer: ein *Organ* der Welt, das seine Stellung im Ganzen ahnt und sie in seiner Anteilnahme zu erkennen gibt.

Im ästhetischen Genuss, so ließe sich variieren, um auch auf das Zweideutige der ästhetischen Erfahrung anzuspielen: in diesem Genuss wird das Individuum zum Günstling des Daseins. Die Kunst macht den Menschen zum Gefährten in dem scheinbar ganz auf Freiwilligkeit beruhenden Unternehmen der Welt. Diese Unternehmung wird bis heute „Schöpfung" genannt, ein Name, vor dem der Unterschied zwischen Natur und Kultur ursprünglich überwunden ist. Notwendigkeit und Freiheit sind im Willen des Schöpfers vereint. Die als „Schöpfung" bezeichnete Welt ist keineswegs nur für den Menschen gemacht – jedenfalls wäre es vermessen, ja aberwitzig, etwas anderes anzunehmen. Aber der Begriff der Schöpfung zeigt an, wie sehr die erfahrene und erlebte Welt auf den Selbstbegriff des Menschen bezogen ist. Das ist die Redlichkeit in diesem biblischen Wort.

Auch die „Welt" können wir nicht anders als eine irgendwie gemachte Behausung des Menschen verstehen. Sie ist, wie gezeigt, seine ihn ganz umfangende „Umwelt". Folglich gilt sachlich für sie die gleiche Entsprechung zwischen dem tätigen Individuum und dem Ganzen. Also haben wir uns einzugestehen, dass wir sie – selbst in kühler naturwissenschaftlicher Distanz – als (wie auch immer entstandenes) *Werk* begreifen. Daran erkennen wir, dass wir immer noch in der Vorstellung der Schöpfung befangen sind.

Im ästhetischen Erleben können wir uns dieser Vorstellung in einem lustvoll gesteigerten Sinn überlassen. Wir erleben uns nicht nur selbst als Anzeichen dafür, dass wir in die Welt passen, sondern haben auch das sichere Gefühl zu wissen, warum. Wer das darin enthaltene Potenzial des Glaubens nicht akzeptiert, ist ihm gleichwohl ästhetisch nahe. Die schöne Natur holt den dafür aufmerksamen Menschen in das Reich der Gesetze hinein, so als sei hier alles auf einen vernünftigen Sinn gegründet. Die Notwendigkeit der Welt scheint sich in ein freies Spiel der Kräfte zu verwandeln. Das ästhetische Objekt wird zum Zeugnis eines alles durchwirkenden Sinns, dessen mentale Überzeugungskraft gerade darin besteht, dass er unmittelbar über die *Sinne* wirkt und dennoch den Menschen *ganz* erfasst.

21 *Selbsteinspielung in den Zusammenhang der Welt.* Welt und Natur, Geschichte und Kultur, Einzelding und einzelner Mensch können nach Analogie eines *Werks* begriffen werden, in dem sich ein – jedes einzelne Ziel überbietender – Zweck artikuliert. Man erfährt ihn aber nur, sofern man selbst in diesen Zweckzusammenhang einbezogen wird, dessen erlebte Totalität es verbietet, ihn auf bloße Begriffe zu bringen. Die ursprüngliche Vertrautheit mit dem so erfahrenen All dürfte darin liegen, dass es nicht anders denn als *lebendig* begriffen werden kann.

Diese Lebendigkeit, der wir gänzlich zugehören, wird nach dem Paradigma unserer eigenen Produktivität erfasst. Wir verstehen sie nach Analogie eines kreativen Geschehens, das wir nur als Ausdruck einer zweckmäßigen und freiwilligen Produktion zu denken vermögen. Also sind wir zweifach – als dem Leben – außen wie innen – unterworfene *Natur* und als in der Werkproduktion über uns hinausgehende Elemente der *Kultur* – in den ästhetischen Kontext einbezogen.

Der Grund für diese verwickelte Selbsteinspielung in den Zusammenhang der Welt dürfte in der einfachen Tatsache liegen, dass wir überhaupt *spielen* können *und* die gleichermaßen steigernde und entspannende Kraft des Spiels auch als vernünftige Wesen erleben können.

22 *Die Produktivität der Liebe.* Letztlich wiederholt sich im Medium der ästhetischen Erfahrung die *Liebe* in ihrer subtilsten Gestalt. Das Individuum, das liebend ursprünglich auf seinesgleichen bezogen ist, hat hier das geliebte, ihm etwas zuflüsternde, zuraunende und zuspielende Wesen in seiner allgemeinen Form. Kultur und Natur zeigen sich günstig und locken mit ihren Reizen den Betrachter aus der Reserve, machen ihn frei für einen phantasievollen Umgang mit sich und seiner Welt und beschenken ihn mit einer Überfülle an Sinn. In der ästhetischen Erfahrung darf sich der Mensch umworben sehen – vom Ganzen seines Daseins. Er kann zwar nicht erfahren, *wie* er als Ganzer in die Welt als ganze passt; dazu fehlen ihm die Begriffe. Aber er kann an sich selbst erleben, *dass* er in die Welt passt,[5] und eben darin auch in seinem intellektuellen Selbstanspruch befriedigt sein.

Das Äußerste der Einfügung in die Welt liegt in der Produktivität des Menschen. In ihr lässt er sich bewusst, wenn auch nicht in jeder Hinsicht wissend, auf die gegebenen Bedingungen des Daseins ein, um mit ihnen über sie hinaus zu gehen. Im Umgang mit den vorhandenen Beständen schafft er etwas Neues, das er mit einem Sinn auszeichnet, durch den er es dem ihm Bekannten integriert. So wird er schöpferisch, ohne der Welt und sich selber fremd zu werden. Er findet sich im Sinn des eigenen Werkes wieder und erfährt seine Kraft als produktives Vermögen, das seinen Ursprung letztlich *in ihm selber* hat. Er *selbst* jedoch, der sich als Produzent erst in der Verfügung über die Natur erfährt, ist mehr als bloße Natur. Denn er zeigt und versteht sich im Übergang zu dem von ihm hervorgebrachten Neuen als Sinn stiftendes Wesen – inmitten der von ihm organisierten Sinnlichkeit.

Das aber gelingt ihm nur, sofern er sich nicht allein auf das sinnliche Material, sondern auf die Natur in ihm selbst verlässt. Selber Natur, geht er ursprünglich über sie hinaus und eben damit tiefer in sie ein. In der Exposition – als über die Stoffe und Techniken verfügender Produzent – ragt er zwar aus der Natur heraus. Aber das Werk gelingt ihm nur, indem er auf die Lebendigkeit, die in ihm wirksam ist, vertraut. Indem er, Neues schaffend, seine Gren-

5 „Die Schöne[n] Dinge zeigen an, dass der Mensch in die Welt passe und selbst seine Anschauung der Dinge mit den Gesetzen seiner Anschauung stimme." (I. Kant, Reflexionen zur Logik, 1820; AA 16.1, 127)

zen überschreitet, gehört er der Natur gleichsam von innen her zu. Das, was sich der ästhetische Rezipient aus der Mitte des Ganzen zuspielen lässt, spielt der Produzent selbst in die Mitte hinein.

Strukturell liegen Rezeption und Produktion damit nicht weit auseinander, zumal das Erleben des Schönen eine Aktivierung des Selbst impliziert. Doch im Ergebnis ist der Unterschied gravierend. Das Werk exponiert den neuen Sinn in sinnlicher Eigenständigkeit. Das Individuum erzeugt seinesgleichen und überschreitet individualisierend seine eigene Individualität. Es setzt etwas Einzigartiges in die Welt, schafft etwas nach seinem Bild, das selbst zum Bild des Schaffenden werden kann. So geht der Produzierende auch insofern über sich hinaus, als er etwas Bleibendes erzeugt, das seine Individualität über seine Abwesenheit hinaus bewahrt.

Um dies zu verstehen, muss man auf den Ursprungsakt zurück, den Platon die „Zeugung im Schönen" (*Symposion* 206 e) nannte. Das ist der elementare Vorgang, in dem sich der Mensch selbst erzeugt – dies aber eben nicht nur als Natur-, sondern auch als Kulturprodukt. Wir brauchen Ideen, um von uns aus tätig zu werden, und die wirksamste, der Erde und dem Himmel am nächsten, ist die Idee des Schönen. In ihr wirkt die beste Kraft des Menschen, nämlich die Liebe, weit über die Erzeugung von Nachkommen hinaus. Aber sie kommt zum Entferntesten nur, indem sie das Nächste aus innersten Impulsen formt und als ein Ganzes auf sich wirken lässt.

23 *Das Ganze des Daseins.* Welt ist das Ganze, das Bedeutung für uns hat. Sie ist die Umwelt des Menschen, das „Haus", in dem wir alle sind, in das wir passen, auch wenn uns darin das Schlimmste zustoßen kann. Das zeigt die ästhetische Erfahrung nicht nur im Schönen, sondern auch im Komischen und im Tragischen an. In der Welt spielt der Mensch alle seine Rollen durch; im Kleinen kann er auch „Hüter" oder „Hirte" sein, im Großen und Ganzen aber bleibt er ein den Gewalten unterworfener Teil. Verantwortung hat er nur für sich selbst – und für den kleinen Kreis der ihm zugänglichen Bedingungen seiner selbst.

Das „Sein" bleibt für den Denkenden bloß ein Gedanke. Vom bloßen Gedanken aus kann man nicht denken, was wirklich ist. Der Weg kann nur umgekehrt beschritten werden. Philosophisch gesehen gibt es daher keine Möglichkeit, vom Sein zum Dasein zu gelangen. Das Dasein, *unser* Dasein, ist für uns das Erste und Letzte. Ästhetisch aber haben wir die Chance, einen weiteren Schritt zu tun, nämlich in einem Ganzen zu sein, das auch noch die Welt als das Weiteste und Größte umfängt – und dennoch ist wie wir. Obgleich es das Äußerste ist, scheinen wir es gleichwohl zu verstehen. Ja, es ist das Allgemeine schlechthin, das jedoch nur im Augenblick, nur in der sinnlichen Selbsterhellung des individuellen Daseins wie eine Botschaft anwesend ist. Im ästhetischen Erleben ist das Universelle reine Bedeutung, die als individueller Sinn gegenwärtig ist. Ästhetisch sind wir dem am nächsten, wovon in anderen Worten die Religion zu sprechen versucht.

24 *Gott.* Wir haben keine Vorstellung davon, wie fern sich schon ältere Zeiten ihren Göttern empfunden haben. Es ist eine Selbstüberschätzung der Aufklärung – der ersten griechischen wie der zweiten in Mitteleuropa – zu meinen, sie sei als Erste in Distanz zu den Göttern gerückt. Wer nachdenken konnte, hatte schon immer Mühe, sich Gott so vorzustellen, wie es in den alten Berichten überliefert war. Nicht ohne Grund hat der biblische Gott davor gewarnt, sich ein Bildnis von ihm zu machen. Und was für das *Bild* zutrifft, gilt erst recht für den *Begriff*.

Die Tatsache aber, dass wir die Existenz Gottes nicht mit logischen Mitteln beweisen können, beweist nichts für das Gegenteil. Nietzsche hatte den richtigen Instinkt, als er meinte, es läge an der Grammatik, dass wir Gott nicht los werden. Wir brauchen nur den linguistischen Positivismus dieser Behauptung zu streichen, um auf den wahren Grund unserer intellektuellen Gottesnähe zu stoßen: Er liegt in der einfachen, wenn auch schwer verständlichen Tatsache, dass wir *denken*. Im Denken sind wir Gott am nächsten. Unsere Tragik ist allerdings, dass uns das Denken, kaum dass wir es lernen, auch schon in Distanz zu dem Gott in unserer intellektuellen Nachbarschaft bringt: Wir nehmen ihn implizit an, sobald wir denken, und wir können ihn nicht explizit akzeptieren, sobald wir ihn zu denken versuchen.

Das klingt paradox, und das ist es auch: Sobald wir denken, denken wir aus der Position unvordenklicher Objektivität. Die Perspektivik unserer Begriffe ist uns selbst nicht bewusst. Alles scheint so zu sein, wie es gedacht wird – so wie jeder, der Verstand und Vernunft hat, es jederzeit und überall auch erkennen kann. Es kostet uns, wie wir gesehen haben, einige Mühe, die Anthropozentrik unserer Begrifflichkeit aufzudecken. Und selbst wenn uns dies gelungen zu sein scheint, denken wir augenblicklich weiter wie zuvor, so als sähen wir auf jeden Sachverhalt aus der Perspektive der Unendlichkeit. *The View from Nowhere* – so hat Thomas Nagel die implizite Optik unseres Denkens genannt.[6]

Diese natürliche Einstellung des Denkens impliziert eine *ideale* Position, die wir als Menschen *faktisch* niemals einnehmen können. Denn faktisch betrachtet wäre es die Perspektive Gottes. Nur er ist überall und nirgends. Und da haben wir die unabweisbare Paradoxie: In jedem Gedanken okkupieren wir die Stellung, in die wir uns nicht real versetzen können. Schlimmer noch: Da wir uns ein Denken ohne Handeln nicht vorstellen können, operieren wir nicht nur implizit mit einem ständig *mitgedachten* Gott, sondern wir kommen auch nicht davon los, ihm in dieser notwendigen Entfernung eine *Tätigkeit* zu unterstellen. Diese Tätigkeit kann aber keine bloße *Betrachtung* sein – bei uns nicht und erst recht nicht bei einem Gott.

Damit haben wir den *Begriff* eines Gottes, der unseren Vorstellungen und unserer Logik gehorcht. Nur leider ist es ein Begriff, der ihn instantan in unsere menschliche Sphäre zieht. Mit jedem auch noch so gut gemeinten theologischen Gedanken zwingen wir Gott in eine Perspektive, die immer nur unsere menschliche sein kann. Wir ziehen ihn aus der unendlichen Entfernung in die Endlichkeit unseres Begreifens. Damit aber nehmen wir ihm die Größe, die er in seiner Unendlichkeit notwendig hat. Das *bloße* Denken ist ein intellektueller Gottesdienst.[7] Es ist die Frömmigkeit im Denken, aber kein angemessenes Begreifen mehr. So gebietet uns die philosophische Einsicht in die unausdenkbare Eigenart Gottes, philosophisch über ihn zu schweigen.

Wenn wir aber gleichwohl der Erfahrung nahe sein wollen, die im Glauben an Gott gemacht wird, bleibt uns, rein begrifflich gesehen, nur das ästhetische Erleben. Da es die intellektuelle Redlichkeit verbietet, über Gott zu sprechen wie über einen historischen oder metaphysischen Sachverhalt, können wir in aller Bescheiden-

6 Th. Nagel, The View from Nowhere, 1986.

7 „Das Denken an sich aber geht auf das an sich Beste, das höchste Denken auf das Höchste." (Aristoteles, *Metaphysik*, Buch VII, 1072b18/19)

heit die Erfahrung des Schönen und Erhabenen, des Komischen und des Tragischen nehmen, um dem wenigstens nahe zu sein, was wir zwar nicht wissen, aber dennoch (auf der Basis unseres Wissens) gar nicht anders als – *glauben* können. Wenn überhaupt, so haben wir in der sinnlich-geistigen Vollkommenheit des die Universalität individuell präsentierenden ästhetischen Erlebens das säkulare Äquivalent der religiösen Erfahrung. Wer für Ästhetisches empfänglich ist, darf Religiöses nicht beiseite tun. Zur Unendlichkeit Gottes gehört, dass er sich jedem auf seine Weise erschließt. Nicht ohne Grund ließ sich das scholastische *deus ineffabilis est* so umstandslos in das moderne *individuum ineffabilis* übertragen.

25 *Das Schöne als Maß.* Dem Menschen bleibt nichts anderes übrig, als an sich selber Maß zu nehmen. Darin liegt das Risiko und die Chance seiner Existenz. Da er sich in allem, was er denkt und macht, unmittelbar auf die wirkliche Welt bezieht, muss nicht befürchtet werden, dass er den Bezug zur Realität verliert. Und da er, solange ihm Gründe abgefordert werden, den Rekurs auf seinen Selbstbegriff nicht aufkündigen kann, wird er das Mögliche nach Maßgabe seiner Vernunft zu bewerten haben.

In der Vernunft wirkt, was viele bis heute übersehen, ein *Motiv*, das den Menschen, sofern er genötigt ist, Gründe zu geben, auf die Erhaltung des Daseins verpflichtet, in dem er leben will. Das Motiv ist notwendig auf die Welt des Menschen bezogen, und es wäre absurd, ihm die Verantwortung für die Schöpfung oder für das Ganze des Daseins aufzubürden. Aber er trägt, aus der vernünftigen Sorge für sich selbst, Verantwortung für sein eigenes Leben. Das schließt, so weit sein Wissen und sein Können reichen, auch die Sicherung der Bedingungen dieses Lebens ein. Er hat also gute Gründe für die Wahrung der Natur und für den Schutz des ihn tragenden und ihn umgebenden Lebens. Er braucht sich nur selbst in seiner Lebendigkeit wahr- und ernst zu nehmen, um Anteilnahme nicht nur für vernunftbegabte Wesen zu spüren.

Wir haben also genug Vorgaben, Maßregeln und Kriterien für das menschliche Handeln. Die kulturkritischen Klagen über den angeblichen Orientierungs- und Werteverlust des Menschen – womöglich noch nach dem angeblichen „Tod Gottes“ – sind gegenstandslos. Solange der Mensch seine eigenen Möglichkeiten nutzt, seine Vernunft gebraucht, an sein kulturelles Erbe und an die nur gemeinsam zu bewältigende Zukunft denkt, kann er in den ihm gesetzten Grenzen wissen, was er zu tun hat. Die Humanität ist, trotz aller fadenscheinigen Zweifel und trotz der ins Unermessliche gewachsenen Anforderungen, das verlässlichste Maß für das menschliche Handeln.

Wer jedoch glaubt, ein *zusätzliches* Kriterium zu benötigen, und nach stärkeren Motiven für das Gute und Wahre sucht, dem kann auch mit dem Eintritt ins dritte nachchristliche Jahrtausend nur der antike Rat gegeben werden, das *Schöne* als Maß zu nehmen. Wem es mit den gewachsenen technischen Möglichkeiten gelänge, seine Welt nach den Regeln der *Kunst* zu gestalten, der hätte nicht nur die *Vernunft* auf seiner Seite, sondern könnte sich der Zustimmung seines *Gottes* sicher sein.

Literatur

Assmann, Jan: Stein und Zeit. Mensch und Gesellschaft im alten Ägypten, München 1991.

Boehm, Gottfried: Bildnis und Individuum. Über den Ursprung der Porträtmalerei in der italienischen Renaissance, München 1986.

Boehm, Gottfried/Rudolph, Enno (Hg.): Individuum. Probleme der Individualität in Kunst, Philosophie und Wissenschaft, Stuttgart 1994.

Bohrer, Karl-Heinz: Plötzlichkeit. Zum Augenblick des ästhetischen Scheins, Frankfurt a. M. 1981.

Cassirer, Ernst: Philosophie der symbolischen Formen, 3 Bde., Berlin 1925–1931.

Ders.: Individuum und Kosmos in der Kultur der Renaissance, Berlin 1931.

Ders.: Die „Tragödie der Kultur", in: Zur Logik der Kulturwissenschaften. Fünf Studien, 6. Aufl., Darmstadt 1994, 103–127.

Ders.: Form und Technik (1930), in: Symbol, Technik, Sprache, hg. v. E. W. Orth u. J. M. Krois, Hamburg 1985, 39–91.

Castañeda, Hector-Neri: Individuation und Verschiedenheit, in: ders., Sprache und Erfahrung, übers. v. H. Pape, Frankfurt a. M. 1982, 263–287.

Dewey, John: Erfahrung und Natur, Frankfurt a. M. 1995 (Experience and Nature, New York 1925).

Ders.: Logic. The Theory of Inquiry, New York 1938.

Dilthey, Wilhelm: System der Ethik, in: Gesammelte Schriften, Bd. X, 4. Aufl., Stuttgart/Göttingen 1981.

Dosch, Hans Günter: Sind Atome individuell?, in: G. Boehm/E. Rudolph (Hg.) Bildnis und Individuum, a. a. O., 86–98.

Damont, Louis: Individualismus. Zur Ideologie der Moderne, Frankfurt a. M./New York 1991.

Frege, Gottlob: Ausführungen über Sinn und Bedeutung (1892–1895), in: Schriften zur Logik, aus dem Nachlaß mit einer Einleitung v. Lothar Kreiser, Berlin 1973, 27–36.

Goodman, Nelson: Weisen der Welterzeugung, Frankfurt a. M. 1984.

Hampe, Michael: Gesetz und Distanz, Heidelberg 1996.

Herrmann, Wilhelm: Ethik, Tübingen/Leipzig 1901.

Höffe, Otfried: Politische Gerechtigkeit, Frankfurt a. M. 1987.

Hofmann, Hasso/Dreier, Horst: Repräsentation, Mehrheitsprinzip und Minderheitenschutz, in: Hofmann, H., Verfassungsrechtliche Perspektiven, Tübingen 1995, 161–196.

Kahn, Charles H.: Plato and the Socratic Dialogue. The Philosophical Use of a Literary Form, Cambridge 1996.

Kant, Immanuel: Kant's gesammelte Schriften, hg. v. der Preußischen Akademie der Wissenschaften (Akademie-Ausgabe = AA), Berlin 1900 ff.

Kondylis, Panajotis: Macht und Entscheidung, Stuttgart 1984.
Ders.: Das Politische und der Mensch. Grundzüge der Sozialontologie, Bd. I, Berlin 1999.
Lorenz, Kuno (Hg.): Identität und Individuation, Bd. 1: Logische Probleme in historischem Aufriß, Bd. 2: Systematische Probleme in ontologischer Hinsicht, Stuttgart-Bad Cannstatt 1982.
Mayr, Ernst: Eine neue Philosophie der Biologie, München/Zürich 1991.
Nagel, Thomas: The View from Nowhere, Oxford 1986.
Nietzsche, Friedrich: Sämtliche Werke, hg. v. G. Colli/M. Montinari, Kritische Studienausgabe (KSA), München 1981.
Plessner, Helmuth: Die Stufen des Organischen und der Mensch. Einleitung in die Philosophische Anthropologie (1928), in: Gesammelte Schriften, Bd. IV, Frankfurt a. M. 1981.
Prauss, Gerold: Die Welt und wir, Bd. I/1, Stuttgart 1990, Bd. I/2 u. II/1, Stuttgart/Weimar 1993 u. 1999.
Recki, Birgit: Am Anfang war das Licht. Elemente einer Ästhetik des Kinos, in: Wiener Reihe, Bd. 10, hg. v. Ludwig Nagl, Wien 1999, 35–60.
Rohs, Peter: Die Zeit des Handelns, Königstein/Ts. 1980.
Ders.: Feld – Zeit – Ich. Entwurf einer feldtheoretischen Transzendentalphilosophie, Frankfurt a. M. 1996.
Rudolph, Enno: Odyssee des Individuums, Stuttgart 1991.
Ders. (Hg.): Die Renaissance als erste Aufklärung, 3 Bde., Tübingen 1998.
Schmitt, Carl: Der Begriff des Politischen. Text von 1932 mit einem Vorwort und drei Corollarien, Berlin 1979.
Schwemmer, Oswald: Ernst Cassirer. Ein Philosoph der europäischen Moderne, Berlin 1997.
Ders.: Die kulturelle Existenz des Menschen, Berlin 1997.
Seel, Martin: Versuch über die Form des Glücks, Frankfurt a. M. 1995.
Simondon, Gilbert: L'individuation psychique et collective, Breteuil-sur-Iton (Aubier) 1989.
Ders.: L'individu et sa genèse physico-biologique, Grenoble (Millon) 1995.
Skoyles, John R.: Brain Size and Expertise: Human evolution expanded brains to increase expertize capacity, not IQ, in: *Psycoloquy*, 1999, 2 (Internet).
Strawson, Peter F.: Individuals, London 1959 (dt. Einzelding und logisches Subjekt, Stuttgart 1972).
Taylor, Charles: Quellen des Selbst. Die Entstehung des neuzeitlichen Individuums, Frankfurt a. M. 1994.

Register

Personenindex

Sachindex

Buchanzeigen

Reihe „Denker“ in der Beck’schen Reihe
herausgegeben von Otfried Höffe

Volker Gerhardt
Friedrich Nietzsche
3. Auflage. 1999. 236 Seiten mit 9 Abbildungen. Paperback
Beck’sche Reihe Band 522

Kai Hammermeister
Hans-Georg Gadamer
1999. 142 Seiten mit 3 Abbildungen. Paperback
Beck’sche Reihe Band 552

Wilhelm Schmidt-Biggemann
Blaise Pascal
1999. 176 Seiten mit 16 Abbildungen. Paperback
Beck’sche Reihe Band 553

Hauke Brunkhorst
Hannah Arendt
1999. 184 Seiten mit 4 Abbildungen. Paperback
Beck’sche Reihe Band 548

Otfried Höffe
Kant
5., überarbeitete Auflage. 2000. 334 Seiten mit 8 Abbildungen. Paperback
Beck’sche Reihe Band 5060

Uwe Dreisholtkamp
Jacques Derrida
1999. 191 Seiten mit 1 Abbildung. Paperback
Beck’sche Reihe Band 550

Verlag C. H. Beck München